O SUPREMO E O PROCESSO ELEITORAL

O SUPREMO E O PROCESSO ELEITORAL

organizadores

Joaquim Falcão
Diego Werneck Arguelhes
Thomaz Pereira
Felipe Recondo

FGV DIREITO RIO

Este material, seus resultados e conclusões são de responsabilidade dos autores e não representam, de qualquer maneira, a posição institucional da Fundação Getulio Vargas / FGV Direito Rio.

Dados Internacionais de Catalogação na Publicação (CIP) de acordo com ISBD

S959 O Supremo e o processo eleitoral / Bruno Leandro Palhares Perez ... [etal.] ; organizado por Joaquim Falcão ... [et al.]. - Belo Horizonte : Letramento ; Casa do Direito ; FGV Direito Rio ; Supra ; Jota, 2019.
264 p. : il. ; 15,5cm x 22,5cm.

Inclui bibliografia.
ISBN: 978-85-9530-245-7

1. Direito. 2. Direito eleitoral. 3. Supremo. 4. Processo eleitoral. I. Perez, Bruno Leandro Palhares. II. Haber, Carolina. III. Keller, Clara Iglesias. IV. Arguelhes, Diego Werneck. V. Dimoulis, Dimitri. VI. Sussekind, Evandro Proença. VII. Recondo, Felipe. VIII. Leal, Fernando. IX. Bambini, Gustavo. X. Bolivar, Iago. XI. Machado, Igor Suzano. XII. Falcão, Joaquim. XIII. Cani, Julia Wand-Del-Rey. XIV. Alvim, Juliana Cesario. XV. Campos, Ligia Fabris. XVI. Esteves, Luiz Fernando Gomes. XVII. Migliora, Luiz Guilherme Moraes Rego. XVIII. Godoy, Miguel Gualano De. XIX. Herdy, Rachel. XX. Oliveira, Renan Medeiros de. XXI. Batini, Silvana. XXII. Lunardi, Soraya. XXIII. Bottino, Thiago. XXIV. Pereira, Thomaz. XXV. Título.

CDD 342.07
2019-716 CDU 342.8

Elaborado por Vagner Rodolfo da Silva - CRB-8/9410

Índice para catálogo sistemático:
1. Direito eleitoral 342.07
2. Direito eleitoral 342.8

Belo Horizonte - MG
Rua Magnólia, 1086
Bairro Caiçara
CEP 30770-020
Fone 31 3327-5771
contato@editoraletramento.com.br
grupoeditorialletramento.com
casadodireito.com

Casa do Direito é o selo jurídico do Grupo Editorial Letramento

O QUE É O SUPRA?

O Supra é uma coluna dentro de um *site* de jornalismo, o JOTA. O foco é analisar e avaliar a atuação dos poderes da república, em geral, e do Supremo Tribunal Federal, em particular, quanto a questões que afetam a vida constitucional brasileira. Sua pauta vai além das agendas intelectuais dos seus múltiplos autores.

A pauta do projeto Supra é também exógena, e se forma na combinação das motivações acadêmicas com o debate nacional do momento. Trata-se de uma iniciativa independente de um grupo de professores, de tendências múltiplas e visões às vezes contraditórias sobre a teoria e a prática do Direito, o Supremo, a constituição e sobre o próprio Brasil.

A construção de cada texto envolve discussões prévias, presencialmente ou *on-line*, sobre a oportunidade de cada tema e o conteúdo dos argumentos. Cabe sempre ao autor, contudo, a decisão última de se, como e quando aceitar as críticas e decisões dos outros colaboradores. Por isso, o autor que assina é o único responsável pelo seu texto.

No ano de 2018 o grupo foi coordenado pelos professores da FGV Direito Rio, Diego Werneck Arguelhes e Thomaz Pereira, contando com Gabriela Gattulli e Renan Medeiros de Oliveira como pesquisadores, e Sérgio Kezen como estagiário de pesquisa. Os professores colaboradores, cuja lista completa pode ser encontrada ao final do livro, abrangem várias instituições, dentre as quais a Fundação Getulio Vargas, UERJ, USP e UFRJ.

Essa comunidade adota uma estratégia de comunicação comum, aderindo sempre que possível uma linguagem acessível. O compromisso é o de viabilizar uma maior compreensão pública sobre a vida do Supremo, da constituição e, consequentemente, sobre a atuação dos próprios profissionais jurídicos. No Supra, pretendemos ter leitores e interlocutores para além da comunidade profissional do Direito.

No acompanhamento das sessões do Supremo, das decisões dos ministros e da pauta política nacional, pretendemos, sempre que possível, nos colocar no lugar do leitor, fazendo algumas perguntas básicas. Por que o Supremo decidiu assim? Se ainda não tiver decidido, o que esperar da decisão futura? O que a explica? Quais as consequências desta decisão na vida do país?

Todo ano publicamos um livro, impresso e virtual, encontrável para *download* gratuito, no *site* do JOTA e no repositório digital FGV. Nele estão reunidos todos os artigos produzidos no ano. O leitor tem mãos o quarto volume dessa coleção, reunindo os textos escritos no quarto ano de existência do projeto. Trata-se de uma espécie de memória crítica do Supremo. Do Supremo visto de fora do Supremo.

Na elaboração de cada livro tentamos encontrar uma chave interpretativa que nos permita destacar alguns elementos centrais para compreender o ano que passou, e que podem anunciar alguns dos desafios para o ano seguinte. Assim reunidos, textos de conjuntura podem colaborar para a formação de uma visão geral acerca das transformações mais relevantes pelas quais o Supremo e a democracia brasileira vêm passando.

Dedicamos este livro a Otávio Frias Filho, pioneiro e vencedor do jornalismo didático.

Joaquim Falcão
Diego Werneck Arguelhes
Thomaz Pereira
Felipe Recondo

RETROSPECTIVAS

01

SUPREMO: O TEMPO DO PROCESSO É O OVO DA SERPENTE[1]

Joaquim Falcão
11|03|2019

A CRENÇA NO PADRÃO DECISÓRIO NÃO ATIVISTA

Na análise do desempenho do Supremo, tanto o senso comum dos cidadãos, quanto os juristas formalistas ou criptoformalistas se dão as mãos. Em geral.

Convergem.

Partilham da crença de que as decisões se baseiam em três princípios constitucionais:

a. o princípio da separação dos poderes. Ambos têm fé de que o poder controla poder. E vivem em harmonia. Poucas vezes. Na maioria das vezes, quando pretendem, não controlam. Vivem em tensão permanente;

b. o princípio de que Supremo é uma instituição. Ambos têm fé que o Supremo não é uma pessoa. É um colegiado. Poucas vezes é. É monocrático, a maioria das vezes. Mais de 90% das vezes;

c. o princípio de que o Supremo toma decisões finais. Ambos têm fé que as decisões são previsíveis e terminativas. Poucas vezes. Na maioria das vezes se destroem cognitivamente. Como no Alzheimer. São mutantes, tateantes, conflitantes e hesitantes.

Uma análise com base no constitucionalismo de realidade mostra que o padrão decisório do Supremo pouco tem tido a ver com estes princípios.

O padrão tem sido outro. Tem sido o de decisões monocráticas, fugazes e interminadas.

---

1 Agradeço à Julia Wand-Del-Rey Cani e ao Paulo Augusto Franco pela revisão e sugestões.

A fé de que estes princípios constitucionais, de fato, modelam a instituição parte de outra crença. A de que, como o Ministro Celso de Mello gosta de afirmar, o Supremo é quem decide por último. Assim, o que importa é que estes princípios prevaleçam por último também.

Será?

Evidências empíricas amortizam a fragilidade desta crença.

Perguntamos. Durante as diversas etapas do processo, até o final, estes princípios prevalecem também? Nos embargos, petições, liminares, despachos de infinitas naturezas? Prevalecem em cada segmento do tempo processual?

E se algumas destas decisões, em que estes princípios não prevalecem, forem implementadas? Como revertê-las depois de implementadas? Quando a implementação concretiza o princípio que não expressa? Reverter *a posteriori*?

Como ficamos?

Mais ainda. E se não houver decisão final?

Os dados mostram que no estoque sem decisão final existem milhares de processos aguardando. Por gerações. Assim atestam relatórios do projeto Supremo em Números.[2]

Muitos, por décadas.

Quando isto ocorre, das duas, uma. Ou prescrevem processualmente. Ou seus efeitos fáticos não são mais possíveis. O tempo passou e o mundo mudou. Ultrapassaram o tempo implementável. O prazo de validade para produzir os efeitos desejáveis. Como um remédio de prazo vencido.

Portanto estes princípios são apenas crenças. Atos de fé, muitas vezes, do senso comum e das teorias hegemônicas da jurisdição constitucional.

Só julgam, como diria João Moreira Salles, o intenso agora. E este intenso agora tem características próprias, não necessariamente modeladas por estes princípios.

---

2 Sobre o tema, ver: FALCÃO, Joaquim; HARTMANN, Ivar A.; CHAVES, Vitor P. III Relatório Supremo em Números: o Supremo e o tempo. Escola de Direito do Rio de Janeiro da Fundação Getúlio Vargas, 2014. Disponível em: <http://bibliotecadigital.fgv.br/dspace/handle/10438/12055>. Acesso em: 11 mar. 2019.

FALCÃO, Joaquim; HARTMANN, Ivar A.; BATINI, Silvana. *VI Relatório Supremo em Números:* o Supremo, o Crime e a Improbidade. Escola de Direito do Rio de Janeiro da Fundação Getúlio Vargas, 2019.

E, para o padrão decisório que observamos em 2018, muita vez julgar o intenso agora foi objetivo mais importante do que julgar o momento final.

É como se os 60 segundos processuais nunca completassem um minuto de decisão. Nem os 60 minutos imaginados nunca completassem uma hora. A hora final quase sempre é indeterminável.

É o que constatamos, como nunca dantes, em 2018.

O que caracterizou o Supremo não foram suas decisões finais. Foram suas sucessivas, e muita vez contraditórias, hesitações conjunturais.

Partiram, repartiram, quebraram, desrespeitaram, refizeram, chocaram-se, saborearam o tempo, ao bel prazer.

Foram monocráticas decisões fugazes.

Ah, o tempo!

Além de senhor da razão!

O tempo processual tem sido também o senhor da justiça.

O que caracterizou o Supremo de 2018 foi a disputa, entre os ministros, não pela decisão final, mas pela privatização temporária do tempo. Do apenas "durante". Da fragmentação. Da decisão com hora marcada para morrer.

"Em questão de dias, sucessivamente e às vezes com horas de diferença, ministros do Supremo responderam 'sim', 'não', 'sim' e 'não mesmo', sobre a permissão para que o ex-presidente Lula pudesse conceder entrevista."[3]

O que caracteriza 2018 é que nunca foi elevada a tanto a ambição de alguns ministros do Supremo de se apropriar e privatizar, em suas subjetividades temporárias, os quinze minutos de pretensa legalidade e potencial implementação de suas liminares. De seus despachos. De seus pedidos.

A subjetividade de cada um, vencendo a objetividade da constituição, lembra Silvana Batini aqui, em seu artigo sobre o caso Demóstenes.[4]

---

3 ARGUELHES, Diego Werneck. Entrevista de Lula, guerra de liminares e a 'legitimidade circulante' do Supremo. JOTA, 10 out. 2018. Disponível em: <https://www.jota.info/stf/supra/entrevista-de-lula-guerra-de-liminares-e-a-legitimidade-circulante-do-supremo-10102018>. Acesso em: 7 fev. 2019.

4 BATINI, Silvana. "Caso Demóstenes: STF troca objetividade da lei pela subjetividade dos ministros". JOTA, 18 abr. 2018. Disponível em:

A APROPRIAÇÃO PRIVADA DA DISCRICIONARIEDADE JUDICIAL

Três fatores pragmáticos, e não três princípios abstratos, quase nunca, visíveis, explicam este padrão.

Trata-se mais do que se apropriar e privatizar a discricionariedade judicial. Trata-se, muita vez, de transformar esta discricionariedade em arbitrariedade. Trata-se de exercer e usufruir de um absolutismo temporário.

Aliás, não são quinze minutos de fama. É mais. São quinze minutos como rei do Brasil. Como imperador do Brasil, como diz Felipe Recondo. A quem os brasileiros deveriam instantânea obediência constitucional.

De poder absoluto. Pois, no fundo, o despacho ministerial é decisão potencialmente exigível pela força.[5]

Até ser revogada, mudada ou confirmada, ninguém controla o poder do ministro decisor. Afinal, como lembra Julia Cani, é o supremo quem controla o Supremo.[6]

Nem os outros colegas ministros controlam individualmente a momentânea apropriação pelo decisor. Nem o colegiado. Nem a turma. Nem a presidência. Nem o Legislativo. Nem o Congresso. Nem a opinião pública. Nem a mídia.

Às vezes discordam, protestam e se vingam nas redes sociais. Mas protestar, discordar e vingar estão longe de significar controlar.

<https://www.jota.info/stf/supra/caso-demostenes-stf-troca-objetividade-da-lei-pela-subjetividade-dos-ministros-18042018>. Acesso em: 11 mar. 2019.

5 Há o benefício individual da autoridade e capital acumulado pela instituição. No entanto, a ação individual erode essa autoridade e ninguém tem incentivo para repor. Ver: PEREIRA, Thomaz. A tragédia do STF. Folha de S. Paulo, 20 set. 2017. Disponível em: <https://www1.folha.uol.com.br/opiniao/2017/09/1919967-a-tragedia-no-stf.shtml>. Acesso em: 11 mar. 2019.

6 CANI, Julia Wand-Del-Rey. Para onde foram as 'teses' no Supremo?. JOTA, 27 jun. 2018. Disponível em: <https://www.jota.info/stf/supra/para-onde-foram-as-teses-no-supremo-27062018>. Acesso em: 11 mar. 2019.

Nem mesmo os destroços ou a colagem das teorias que escolhem para revestir a apropriação privada lhes colocam limites. Como diz Fernando Leal, o Supremo só ouve quem quer e quando quer.[7]

Diz Werneck: "O Supremo é o principal intérprete de seus próprios poderes – e, ao lê-los, vem sendo bastante generoso consigo mesmo."[8]

O tempo. Ah! O tempo.

Sem controle nem autocontrole.

Naquele intenso agora, a constituição sou eu. O Supremo sou eu.

Nem mesmo, nós somos. Eu sou.

Em 2018, a ambição de poder de alguns ministros, minoria é certo, pelo fugaz absolutismo, várias vezes suspendeu o Estado Democrático de Direito.

Ficamos sem ar. Ficamos ofegantes. Como na decisão no último dia do ano judicial de Marco Aurélio a suspensão da execução provisória da pena a partir da 2ª instância.

O país ficou na espera ansiosa que o advogado ou o procurador ou o presidente do Supremo, como foi o caso, fossem ativados e trouxessem oxigênio, ou, pelo menos, um Continuous Positive Airway Pressure (CPAP) constitucional.

O *TIMING* DO ATIVISMO ELEITORAL

Mas, além dos quinze minutos de poder absoluto, a decisão fugaz acarreta outro benefício: uma poderosa macro influência nos destinos do país.

Influencia o comportamento de todos os brasileiros. Pelo simples fato de ser potencialmente exigível. De ser uma ameaça cumprível. Influencia além das partes envolvidas. Pulam os muros formais do processo. Influenciam profissionais jurídicos ou cidadãos. A própria magistratura.

---

7 LEAL, Fernando. O mito da sociedade aberta de intérpretes da Constituição. JOTA, 8 mar. 2018. Disponível em: <https://www.jota.info/stf/supra/o-mito-da-sociedade-aberta-de-interpretes-da-constituicao-08032018>. Acesso em: 11 mar. 2019.

8 ARGUELHES, Diego Werneck. Reforma do Supremo Individual: resistência dos ministros não fará a pauta sumir. JOTA, 8 ago. 2018. Disponível em: < https://www.jota.info/stf/reforma-do-supremo-individual-resistencia-dos-ministros-nao-fara-a-pauta-sumir-08082018>. Acesso em: 11 mar. 2019.

O poder absoluto do ministro se concretiza na influência de sua voz sobre todos os cidadãos. Não necessariamente na execução compulsória, prisão ou multa de quem desobedecia.

O resultado em 2018 foi claro.

Nunca os quinze minutos de absolutismo do Judiciário, e dentro dele do Supremo. Nunca as teorias sociais, e dentro delas a teoria da intepretação e jurisdição constitucional com que se revestiram. Nunca os recursos processuais dos advogados, denúncias e investigações do Ministério Público e dos órgãos de controle, manifestações e pressões de associações de classe, influenciaram tanto, direta ou indiretamente, a campanha e o resultado eleitoral.

Nunca o sistema judicial, como um todo, influenciou tanto o resultado do sistema eleitoral.

Eis o cerne de 2018 – um Supremo fugaz, mutante e hesitante, contraditório a influenciar, intencionalmente ou não, o futuro maior do Executivo e do Legislativo: a escolha de seus dirigentes.

Este é o novo ativismo. O ativismo eleitoral.

Atenção: ele não decorre da justiça eleitoral. Pois este existe desde 1932 dentro de incertezas já balizadas, lembra Silvana Batini: faz parte de nossa cultura jurídica.[9]

Não há o que estranhar. No máximo aperfeiçoá-lo para que a justiça eleitoral seja mais eficiente: *a priori* e não *a posteriori*.

O novo ativismo eleitoral foi cultivado na incerteza patológica administrativa e na imprevisibilidade processual, além de jurisprudencial, que se pratica hoje no Supremo.

E que o dessacraliza, como bem aponta Jânio de Freitas.[10]

---

9 BATINI, Silvana. Ativismo do STF em matéria eleitoral: solução para o passado, incerteza para o futuro. JOTA, 12 mar. 2018. Disponível em: <https://www.jota.info/stf/ativismo-do-stf-em-materia-eleitoral-solucao-para-o-passado-incerteza-para-o-futuro-12032018>. Acesso em: 11 mar. 2019.

10 FREITAS, Jânio de. Esperar e receber. Folha de S. Paulo, 28 jun. 2018. Disponível em: <https://www1.folha.uol.com.br/colunas/janiodefreitas/2018/06/esperar-e-receber.shtml>. Acesso em: 11 mar. 2019.

Não se viu nada de separação de poderes. Viu-se o contrário. Interferência quase diária, apaixonada, fria ou sutil, necessária ou abusiva no processo eleitoral.

Aqui, ao contrário da música icônica, não é verdade que: "quem sabe faz a hora." Saber não é preciso. Navegar o *timing* é preciso.

O *timing* faz a hora.

Escolhe na estante das doutrinas disponíveis aquela que mais lhe convém. A busca da verdade ou da justiça não determina univocamente a escolha da tese jurídica.

Decido agora? Adio? Coloco em pauta ou peço mais informações? Durante o ano judicial ou no plantão? Devolvo à turma ou mando para o plenário? Peço vista? Até quando?

OS QUINZE MINUTOS DE FAMA ALÉM DA TV JUSTIÇA

Finalmente, além do poder absoluto que influencia os cidadãos, a decisão fugaz traz também os quinze minutos, aí sim, de fama, no sentido de Andy Warhol. De presença na mídia, de pautar o debate nacional. De nos propor rumo, mesmo des-rumo. De holofotes.

Esqueçam, por favor, a ideia de que estes quinze minutos de fama são produto da TV Justiça. Que ela é a culpada de tudo. Isto é questão do passado. Discussão envelhecida.

Com as mídias sociais e a permissão tácita do Supremo de seu ministro falar a qualquer momento, em qualquer lugar, fora ou dentro dos autos, sobre qualquer assunto, a TV Justiça é hoje apenas uma palha no palheiro.

A influência judicial que ocorreu no processo eleitoral em 2018, umas por bem, outras necessárias, outras nem tanto, ocorreu cada vez mais fora da TV Justiça.

Pode até, por vezes, ter começado nela. Mas tem se multiplicado cada vez mais independentemente. Fora dela.

O televisionamento das sessões tende a se espraiar, como foi o caso do julgamento da chapa de Dilma Rousseff no TSE e o didático e corajoso voto do Ministro Herman Benjamim a ganhar a audiência.

Aliás, considere-se também que não é mais apenas os meios de comunicações que pautam o Supremo. Os ministros aprenderam. O Supremo também sabe pautar a mídia. Com ou sem TV Justiça.

Como, por exemplo, repetimos, quando o ministro Marco Aurélio pautou, espetaculosamente, da solidão de seu gabinete, e ganhou todas as manchetes, com suas liminares nas vésperas do recesso, no final de 2018, no caso da execução provisória da pena a partir da 2ª instância.

Como quando o Presidente Dias Toffoli, sem TV Justiça, no Largo de São Francisco, marca sua posição sobre o golpe de 64. Não mais golpe, nem revolução. Mas "movimento". Foi um posicionamento eleitoral do Ministro. Foi claramente um alinhamento político com as forças militares também ativas nas eleições.

Nem foi por causa da TV Justiça, mas sim dos votos e despachos que dão em seus gabinetes, que Ministros são criticados e filmados dentro de aviões ou nas ruas.

No mundo da múltipla comunicação, das múltiplas linguagens, do produtor que é consumidor, dos múltiplos meios, colocar a culpa na TV Justiça é, no mínimo, antigo.

Não vale nem mesmo uma furtiva lágrima, diriam Verdi e Piñón.

O que agora vigora e revela as engrenagens latentes das decisões fugazes, é a combinação de transparência democrática, participação tecnológica e liberdade de expressão. Bem mais complexo.

Em resumo. Ficou claro em 2018.

Decisão fugaz = A apropriação privada do [Poder absoluto + influência legalmente exigível + a comunicação de massa + a fragmentação processual].

Esta foi a engrenagem do ativismo eleitoral do ano de 2018.

O visor mostrou exaustivamente a questão da candidatura de Luiz Inácio Lula da Silva e Dilma Rousseff. Preso pode dar entrevista? Caixa dois eleitoral é crime? Julga-se na justiça eleitoral ou na justiça comum.

Qual a extensão dos beneficiados do foro privilegiado? Quando ele é constitucional? E a execução provisória da pena? É constitucional a prisão em segunda instância?

Poderia elencar dezenas de outras decisões que, por estarem em aberto, permitiram o Supremo radicalizar seu ativismo eleitoral.

Fake news podem anular as eleições como afirmava, fora da TV Justiça, o Ministro Luiz Fux?[11]

---

11 KELLER, Clara Iglesias. Podem as fake News anular as eleições?. JOTA, 16 jul. 2018. Disponível em: <https://www.jota.info/stf/podem-as-fake-news-anular-as-eleicoes-16072018>. Acesso em: 11 mar. 2019.

Todas são matérias de direito eleitoral sim. Mas foram abusivamente transformadas em matérias constitucionais.

O ativismo eleitoral nasceu – e vive – das indefinições constitucionais processuais.

O ATIVISMO ELEITORAL COLETIVO

Este ativismo eleitoral não foi somente de alguns ministros. Foi de todos os professionais que se relacionam com o Supremo.

Não se trata de buscar culpados. Trata-se de descrever rotinas.

Percebendo que o padrão decisório é o da decisão monocrática fugaz, com ministros em permanente embate político ideológico, os advogados, os procuradores, as partes, todos tiveram que jogar dentro deste padrão. Aproveitá-lo para ganhar suas causas. Manipulá-lo.

O padrão da decisão fugaz, tal como um vírus, penetrou em todas as relações do Supremo. Internas e externas. Atinge-lhe em todas as relações profissionais, judiciais, políticas ou administrativas.

Em seu artigo, aqui neste livro, Thiago Bottino, Soraia Lunardi, e Dimitri Dimoulis claramente explicam:

> O juiz que toma decisões de cunho processual e as partes que apresentam reinterpretações das regras processuais conforme seus interesses, manuseiam essa "arma" silenciosa para alcançar resultados materiais, isto é, para conseguir pequenas ou grandes vitórias no processo sem dizer sequer uma palavra sobre seu mérito.[12]

Não são estes profissionais que vão mudar o mundo. Nem necessariamente fazer justiça. Isto cabe aos magistrados, segundo a ideologia profissional atual. Estes profissionais são pragmáticos. Têm que ser assim.

Precisam, até por dever profissional, ganhar suas causas. Se o Supremo atua desta maneira, dentro deste padrão decisório, imprevisível, joga-se assim mesmo. Aperte simplesmente a tecla "Enter".

---

12 LUNARDI, Soraya; BOTTINO, Thiago; DIMOULIS, Dimitri. As regras processuais como armas: Lições da ADC 43. Disponível em: <https://www.jota.info/stf/supra/as-regras-processuais-como-armas-licoes-da-adc-43-11042018>. Acesso em: 11 mar. 2019.

Sua aceitação tácita pelo próprio Supremo o transforma em bactéria resistente aos democráticos antibióticos, às inovações internas pelas quais tanto lutam Luís Roberto Barroso e Alexandre de Moraes.

Cabe aqui então o alerta do prêmio Nobel Ada Yonath. Ou se combate as bactérias agora e se inova em medicamentos, ou, em poucos anos, o custo da cura das infecções será muito alto. No caso, o custo da ilegitimação do Supremo.

Ficaremos todos incurados.

O exemplo paradigmático desta contaminação bacteriana pluriprofissional foi do advogado de Lula, Cristiano Zanin, que usava suas ações junto ao Supremo como comício televisivo e publicidade profissional.

Chegou a usar painéis *backdrop* de seu próprio escritório, tal qual faz o setor de *marketing* de um banco, por exemplo, para dar notícia sobre Lula e, ao mesmo tempo, anunciar-se a si próprio.

Sepúlveda Pertence não aguentou.

No meio deste padrão de apropriação privada da decisão judicial ficou em pé Rosa Weber. Recusou-se a se enredar nesta lógica de manipulação fugaz do tempo processual.

Mesmo sendo aparentemente contra a prisão em segunda instância, abriu mão de si própria para respeitar a jurisprudência do Supremo que era a favor.

Enquanto a jurisprudência não fosse mudada, ela teria o dever institucional de seguir o que o colegiado do Supremo decidira. Foi um comportamento de reforço da credibilidade institucional.

Em tudo diferente dos votos do Ministro Celso de Mello que continua a não obedecer às decisões do colegiado. Ou do Ministro Marco Aurélio no caso da suspensão da execução provisória da pena. O Ministro Ricardo Lewandowski, no caso da concessão de entrevista do ex-presidente Lula à *Folha de S. Paulo*, que igual fez.

Nestes casos, pergunta Diego Werneck, estaríamos diante de discordâncias naturais ou de insurreição?[13]

---

13 ARGUELHES, Diego Werneck. A liminar de Marco Aurélio: da monocratização à insurreição? JOTA, 27 dez. 2018. Disponível em: <https://www.jota.info/especiais/a-liminar-de-marco-aurelio-da-monocratizacao-a-insurreicao-27122018>. Acesso em: 11 mar. 2019.

UM *TIMETABLE* COMUM

Resta observação derradeira. O que facilitou o ativismo eleitoral, tanto dos membros da magistratura quanto dos advogados ou dos procuradores, foi o fato de que o cronograma eleitoral é fixo.

Assim, por exemplo, a candidatura de Fernando Haddad foi também alimentada por embates no Supremo. Mensurável a cada nova pesquisa eleitoral. Cresceu através dos recursos durante a campanha.

Ou seja, o cronograma eleitoral permite uma sintonia entre a estratégia processual dos advogados e a estratégia de marketing da campanha a partir de um *timetable* comum predefinido.

Importante notar que em determinado momento da campanha existiam dezenas de recursos pendentes em múltiplas instâncias: primeira instância, Tribunal Federal, STJ, Supremo. Em muitos relatores. E com múltiplos órgãos envolvidos: Ministério Público, Procurador Geral da República, etc.

O cronograma comum e a multiplicidade de petições de todas as espécies, usando cerca de 52 portas que a constituição abre para se chegar ao Supremo fez parte da estratégia do ativismo eleitoral.[14]

A estratégia de judicialização dos direitos e deveres teve que considerar, para cada movimento, o impacto no conjunto, no sistema, digamos, criado por todos.

Chegou-se ao absurdo de uma minoria no colegiado do Supremo querer controlar o processo eleitoral através de uma maioria na Turma.

Um jogo de xadrez, ou um jogo de dominó? Ou um pouco de teoria dos jogos *avant la lettre*?

Ou um novo padrão de ativismo que veio para ficar?

Quem o contém? Quem o controla? Não a tese jurídica ou o processo, mas o tempo do processo? Aí está o ovo da serpente.

---

14 FALCÃO, Joaquim; CERDEIRA, Pablo; ARGUELHES, Diego Werneck. I Relatório Supremo em Números – O Múltiplo Supremo. Escola de Direito do Rio de Janeiro da Fundação Getúlio Vargas, 2011. Disponível em: <http://bibliotecadigital.fgv.br/dspace/handle/10438/10312>. Acesso em: 11 mar. 2019.

02

O SUPREMO E O GOVERNO BOLSONARO: O QUE ESPERAR DE 2019?

Diego Werneck Arguelhes | Felipe Recondo

04 | 02 | 2019

O Supremo define a sua coreografia, mas essa definição tem refletido tentativas de acompanhar o pulso da política.

Bolsonaro e seu PSL, o mais novo gigante da cena partidária brasileira, foram eleitos com uma agenda de confronto com o *status* quo legislativo e constitucional. Cumprir as promessas de campanha exigirá mudanças normativas potencialmente drásticas, e caberá ao Supremo julgar se são ou não constitucionalmente possíveis. Desde a democratização, as decisões formais do Supremo contam apenas uma parte da história da relação entre o tribunal e os atores políticos. Em vários momentos críticos da conjuntura política, o foco nas decisões deixa de fora o essencial. Para compreender o Supremo em 2018, e para se preparar para acompanhá-lo em 2019, é preciso pensar também em dois aspectos da atuação visível dos ministros que não depende de decisões:

I. o que os ministros dizem que farão, mesmo que ainda não tenham feito;

II. o que deixam de fazer ou deixam de decidir, mesmo quando têm a oportunidade de fazê-lo.

Na prática do presidencialismo brasileiro, o Executivo que dita o ritmo da interação entre os poderes. O presidente tem instrumentos poderosos, formais e informais, para moldar a pauta do Congresso Nacional e mobilizar a opinião pública. A pauta legislativa, por sua vez, molda também a pauta judicial. Cada vez mais, no Brasil, toda decisão política nacional minimamente relevante acaba sendo judicializada perante o Supremo Tribunal Federal – tão logo seja aprovada pelo Executivo ou pelo Congresso, ou até mesmo antes de sua aprovação.

O Supremo será, assim, invariavelmente convidado a se manifestar sobre cada passo que o governo Bolsonaro tomar em sua agenda de reformas. O recente decreto flexibilizando os requisitos para a posse de arma, por exemplo – uma das bandeiras centrais da campanha de Bolsonaro – já foi questionado perante o Supremo. Mas o tribunal não é obrigado a aceitar esse convite – ao menos não nos exatos termos em que foi formulado. O presidente dá o ritmo do processo legislativo nacional, mas não determina diretamente a coreografia judicial, que inclui recursos além das decisões formais. Por meio de sinalizações e ameaças públicas, bem como pela manipulação da agenda de julgamentos do Supremo – nas turmas e no plenário – os ministros podem colocar o tribunal em posições mais ou menos protegidas, mais ou menos expostas, ao mesmo tempo em que ajudam a moldar a pauta legislativa futura. O Supremo define com grande liberdade o seu próprio ritmo interno e, com isso, pode influenciar o mundo fora do tribunal.

SINALIZAÇÕES DE 2018 PARA 2019

Para quem planeja reformas legislativas drásticas, a decisão judicial ideal é aquela que nunca chegará. Em toda grande inovação legislativa há um risco potencial de inconstitucionalidade. Em um país com controle judicial de constitucionalidade, como o Brasil, esse risco depende não apenas do conteúdo da reforma em si, mas da disposição ou atitude da geração corrente de juízes em enxergar ali um problema constitucional, e de agir ou não como veto. Qualquer informação sobre a extensão e direção do risco judicial – o risco de juízes agirem como veto a uma mudança legislativa – é decisiva para os políticos.

Às vezes, os ministros sinalizam uma posição substantiva futura sobre a agenda de reforma que está em pauta, caso venham a julgá-la. Quanto a maior antecedência com que uma reforma é anunciada como central para o governo, mais oportunidades os ministros terão de indicar como se posicionariam em um julgamento futuro.

Considere, por exemplo, o Escola sem Partido – o vago conjunto de *slogans* que se condensou em projetos de leis em alguns municípios e estados ao redor do país, e cuja manifestação legislativa na esfera federal tramita no Congresso. Em 2018, o Supremo já teve oportunidades de sinalizar posição sobre questões relativas a liberdade de ensino e pesquisa, pluralismo pedagógico e autonomia universitária. Em outubro de 2018, entre o primeiro e o segundo turno das eleições, o Supremo se pronunciou sobre a constitucionalidade das decisões judiciais determinando incursões policiais em universidades, alegadamente para remover propaganda eleitoral. Os ministros foram unânimes em criticar esse uso de poder estatal para limitar, à força, a livre expressão e discussão de ideias nas universidades.

Em alguns dos votos, os argumentos ganharam tons mais gerais do que aquele episódio específico, e que talvez possam ser lidos como diálogos com futuras pautas do governo Bolsonaro sobre educação em geral. O ministro Alexandre de Moraes, por exemplo, afirmou que "[...] se um professor, o expositor quer falar sobre o fascismo, o comunismo, o nazismo, ele tem o direito de falar. [...] Não é a autoridade pública que vai fazer um filtro paternalista e antidemocrático."[15]

Como antecipação do debate sobre o Escola sem Partido, porém, essa sinalização tem um alcance limitado. Naquele caso, a ameaça a princípios constitucionais vinha ali de decisões do próprio judiciário, na esfera eleitoral, e que foram defendidas apenas nos termos das exigências da legislação eleitoral. É difícil negar que há alguma relação mais geral entre as intervenções nas universidades e o programa ideológico do governo eleito. Entretanto, é difícil extrair das assertivas fortes dos ministros um recado mais claro sobre propostas legislativas concretas sobre o ensino no Brasil para além das universidades. Por mais que se concorde com os ministros, essas assertivas – naquele contexto, enfocando o ensino universitário, e naquele grau de abstração – ainda nos dizem pouco sobre a posição do Supremo sobre as propostas do governo Bolsonaro para o ensino em geral.

Houve outra chance de enviar sinais mais claros e inequívocos quanto ao Escola de Partido. Estava na pauta do tribunal, no dia 28 de novembro de 2018, um caso envolvendo uma lei estadual de mesmo teor do projeto Escola sem Partido que tramita no Congresso. O ministro Luís Roberto Barroso, relator do caso, já havia antecipado na decisão liminar uma posição crítica[16] com relação à substância do projeto de lei. Dias antes da sessão, porém, o projeto de lei foi

---

15 Trecho do voto do ministro na Medida Cautelar na Arguição De Descumprimento De Preceito Fundamental nº 548. Disponível em: <https://www.jota.info/wp-content/uploads/2018/10/9d315ebd3e8890171f13093657218676.pdf?x48657>. Acesso em: 7 fev. 2019.

16 CARNEIRO, Luiz Orlando. Barroso suspende lei estadual que instituiu Escola Livre. JOTA, 22 mar. 2018. Disponível em: <https://www.jota.

arquivado.[17] Em clara evidência da sintonia entre a agenda do tribunal e o processo político, o Supremo respondeu tirando de pauta o caso envolvendo a lei estadual.

Se há, no tribunal, uma maioria de ministros que considera o Escola sem Partido inconstitucional, foi uma oportunidade perdida. O arquivamento congressual não precisava implicar engavetamento judicial. Ao contrário, o arquivamento no Congresso criou um espaço mais confortável para uma atuação judicial para o futuro. Já sabíamos quem estaria no governo e na legislatura de 2019, mas ainda estava no poder o governo anterior. Quando juízes atacam, durante o governo de hoje, um projeto importante para o governo futuro, o custo político é mais baixo. O tribunal poderia ter decidido desde já sobre o Escola sem Partido na esfera estadual para sinalizar uma possível resistência, na esfera federal, em um caso futuro. Mais especificamente, poderia dizer, desde já, o que considera inconstitucional em uma lei desse tipo, aumentando o custo de se fazer mudanças drásticas no ensino brasileiro.

Ao criar incentivos e riscos para o comportamento legislativo futuro, a decisão de hoje pode até mesmo poupar o tribunal de voltar ao mesmo tema quando o governo da vez colocá-lo como prioridade no Congresso e na agenda da opinião pública. Ou melhor: serão os políticos a assumir o custo público de legislar contra uma decisão recente e expressa do tribunal. Se não houve sinalização de resistência no momento mais fácil, de baixo custo, é menos provável que essa resistência ocorra no futuro, quando o risco político for mais alto para o tribunal.

Às vezes, as sinalizações ocorrem fora dos autos. Já é comum ver ministros do Supremo[18] antecipando posições na imprensa. Essas

---

info/paywall?redirect_to=//www.jota.info/justica/barroso-suspende-lei-estadual-que-instituiu-escola-livre-22032017>. Acesso em: 7 fev. 2019.

17 NOBRE, Noéli. Sem consenso, projeto sobre Escola sem Partido será arquivado. Câmara dos Deputados, 11 dez. 2018. Disponível em: <http://www2.camara.leg.br/camaranoticias/noticias/EDUCACAO-E-CULTURA/569744-SEM-CONSENSO,-PROJETO-SOBRE-ESCOLA-SEM-PARTIDO-SERA-ARQUIVADO.html>. Acesso em: 7 fev. 2019.

18 ARGUELHES, Diego Werneck. Afinal, ministro do Supremo é magistrado? JOTA, 15 mar. 2016. Disponível em: <https://www.jota.info/stf/supra/afinal-ministro-do-supremo-e-magistrado-15032016>. Acesso em: 07 fev. 2019.

declarações afetam o cálculo de atores políticos ao redor do tribunal.[19] Mais recentemente, um ministro em particular tem explícito nas suas sinalizações fora dos autos com relação ao cenário de 2019 – Dias Toffoli, o mais novo presidente do Supremo.

Toffoli assumiu o comando do Supremo em setembro de 2018, depois de dois anos de presidência da ministra Cármen Lúcia. A presidência anterior foi marcada por uma relação tumultuosa entre os poderes, em que o Supremo foi parte da crise – às vezes até mesmo contribuindo para o seu agravamento. Em contraste antecipado, logo antes de assumir, Toffoli se autoproclamou publicamente como "conciliador". Internamente, buscaria pacificar um tribunal conflagrado. Externamente, prometeu diálogo, colaboração e discrição, por parte do Supremo, neste primeiro ano de governo Bolsonaro.

Algumas sinalizações vieram por palavras. O ministro classificou como "movimento de 64" o golpe de Estado que deu início à ditadura militar.[20] Disse ser "[...] hora de a política retomar o protagonismo e o Judiciário se recolher ao seu papel tradicional." Antecipou seu juízo sobre o decreto que flexibilizou a posse de armas, afirmando que essa alteração seria constitucional desde que não violasse cláusulas pétreas da Constituição. Disse que o tribunal está comprometido com as reformas.

Além das palavras, algumas atitudes de Toffoli também chamam a atenção. Nomeou um militar para sua equipe no Supremo – general que depois foi nomeado ministro da Defesa por Bolsonaro. Encorajou que Celso de Mello se tornasse o porta-voz principal do tribunal na reação institucional aos ataques ao tribunal. Bolsonaro, por sua vez, consultou Toffoli sobre quem indicar para o Ministério da Defesa – outros ministros do Supremo foram consultados no processo de escolha de outros postos no governo, mas é significativo que, no caso da Defesa, o presidente tenha conversado com o Supremo dessa forma.

19 ARGUELHES, Diego Werneck; RIBEIRO, Leandro Molhano. O Supremo Individual: mecanismos de atuação direta dos Ministros sobre o processo político. *Direito, Estado e Sociedade*, n. 46, p. 121-155, jan./jun. 2015.

20 LEORATTI, Alexandre. Toffoli diz preferir chamar golpe militar de 1964 de 'movimento'. JOTA, 1 out. 2018. Disponível em: <https://www.jota.info/stf/do-supremo/toffoli-golpe-64-movimento-01102018>. Acesso em: 7 fev. 2019.

Deixar o governo eleito governar, em vez de criar obstáculos – uma mensagem clara que, na prática, deve significar uma abertura do tribunal para formar sua pauta em diálogo com o governo, e com vistas à governabilidade do país. O presidente do Supremo define, em última instância e de maneira absolutamente discricionária, quais casos serão levados a julgamento. Ao falar em "moderação" e "negociação" em 2018, o ministro Toffoli já começou a moldar as ações dos políticos em 2019.

Essas sinalizações não significam que haverá apoio judicial substantivo, no tribunal, em decisões formais favoráveis ao governo. Mas sugerem, no mínimo, que o poder de pauta, a voz pública e a liderança interna do presidente do Supremo serão utilizados para viabilizar uma atuação do novo governo com alguma margem de liberdade.

Por sua vez, o silêncio dos integrantes do tribunal quando foi retirado de pauta o caso do Escola sem Partido pode indicar que essa autocontenção anunciada por Toffoli não encontrará, em princípio, resistência ativa de uma maioria dos ministros do Supremo.

O SILÊNCIO COMO CAMINHO DO MEIO

Sinalizar "não-oposição" não é assumir um compromisso de apoio substantivo, no mérito de conflitos que chegarão ao judiciário. Como um de nós observou em recente texto com Thomaz Pereira,[21] entre "resistência" e "oposição" a uma reforma do governo existe um caminho do meio – o silêncio.[22] Essa tem sido, na verdade, uma importante estratégia do Supremo desde a redemocratização em se tratando da agenda principal do Executivo: se a única resposta politicamente segura seria chancelar a política do presidente, é preferível sequer pautar o caso. Se a resposta judicial esperada, qualquer que seja ela, deixará o tribunal exposto de alguma forma, o silêncio passa a ser

---

21 ARGUELHES, Diego Werneck; PEREIRA, Thomaz: What does a Bolsonaro Presidency mean for Brazilian Law? Part 1: Reforms from the Far Right. VerfBlog, 24 out. 2018. Disponível em: <https://verfassungsblog.de/what-does-a-bolsonaro-presidency-mean-for-brazilian-law-part-1-reforms-from-the-far-right/>. Acesso em: 7 fev. 2019.

22 PEREIRA, Thomaz; ARGUELHES, Diego Werneck: What does a Bolsonaro Presidency mean for Brazilian Law? Part 2: the Reforms and the Court. VerfBlog, 25 out. 2018. Disponível em: <https://verfassungsblog.de/what-does-a-bolsonaro-presidency-mean-for-brazilian-law-part-2-the-reforms-and-the-court/>. Acesso em: 7 fev. 2019.

uma opção estratégica. Em muitos casos, aliás, o Supremo escolhe pautar um tema muitos anos depois do contexto político original, em que a questão era politicamente explosiva. Decidir contra um governo que não começou é mais seguro que contra o governo da vez, mas decidir contra um governo ou coalizão legislativa passados, após muitos anos, é ainda mais fácil.

O Supremo possui recursos mais do que suficientes[23] para se manter em silêncio.[24] Basta que um relator não libere um caso para pauta; ou que o presidente não chame o caso para julgamento; ou ainda que, começando a ser julgado, um único ministro peça vista. Com frequência, basta o engajamento de uma única dessas peças individuais para que tenhamos uma não-decisão. Com isso, as chances de uma não-decisão sobre qualquer um dos temas politicamente sensíveis que o Supremo recebe é sempre muito maiores do que de uma decisão colegiada.

Esse baixo custo do silêncio é uma das razões pelas quais confrontos diretos entre Supremo e Executivo são raros no Brasil. Mas, além disso, mesmo nos casos que são de fato decididos, sucessivas gerações de ministros se mostraram no geral hesitantes em se opor frontalmente ao governo – a qualquer governo, mesmo que não tenha indicado uma maioria no tribunal.

O Supremo tem escolhido com bastante cuidado os casos em que se arrisca algum potencial tensão com o Poder Executivo. São reduzidos os exemplos de confronto direto dos ministros, em decisões das turmas ou do plenário, com a agenda ou programa central do presidente. Casos assim praticamente não ocorrem. Quando há intervenções do Supremo, elas tendem a ser bastante pontuais. As exceções ficam por conta de reformas que envolviam o serviço público, quando a resistência judicial tende a ser maior.

Essa não é uma crítica ao tribunal de hoje. É, antes, quase uma postura judicial consolidada, governo após governo, mesmo quando

---

23 ARGUELHES, Diego Werneck; HARTMANN, Ivar A. Timing Control without Docket Control: How Individual Justices Shape the Brazilian Supreme Court's Agenda. *Journal of Law and Courts*, v. 5, n. 1, p. 105-140, 2017.

24 ARGUELHES, Diego Werneck; RIBEIRO, Leandro Molhano. 'The Court, it is I'? Individual Judicial Powers in the Brazilian Supreme Court and their Implications for Constitutional Theory. *Global Constitutionalism*, v. 7, n. 2, p. 236-262, 2018.

as reformas em jogo envolveram profundas reformas constitucionais. Fernando Henrique Cardoso redesenhou a ordem constitucional econômica[25] e criou a reeleição para o executivo. Lula aprovou a reforma do judiciário com significativo apoio da presidência do Supremo, na época ocupada por Nelson Jobim. Temer não teve problemas com o Supremo quando aprovou a reforma trabalhista e a PEC do Teto – nesse último caso, o recurso tem sido claramente o do silêncio: as ações que contestam essas mudanças legislativas controversas ainda não foram julgadas.

Na esfera da atuação penal do Supremo, porém, os conflitos têm sido cada vez mais frequentes e intensos. Indiretamente, o Supremo se moveu dentro do campo da política partidária no caso do Mensalão. Lula assistiu a figuras centrais de seu governo, como José Dirceu, tornarem-se réus. Dilma Rousseff viu – com reserva e distância, e sem registro de interferência – os colegas de PT sendo condenados. Temer viu a si mesmo e membros de seu governo chegando perigosamente perto do redemoinho criminal do Supremo; o presidente foi salvo pelo escudo legislativo da Câmara dos Deputados, que não autorizou o processamento da denúncia oferecida pelo Procurador-Geral da República, Rodrigo Janot. Em 2019, novos desdobramentos da Lava Jato e a atuação do Ministério Público – especialmente se a recondução para um novo mandato não for possível ou desejada por Raquel Dodge, atual Procuradora-Geral da República – podem forçar confrontos entre os poderes. Se esses confrontos na arena penal eram raros nos anos 90, por diversas razões políticas e institucionais, eles têm sido uma marca crescente da política brasileira nos últimos anos.

"MINISTROCRACIA" *VERSUS* ESTRATÉGIA INSTITUCIONAL

As considerações feitas até aqui pedem uma reformulação da pergunta-título deste texto: o que esperar de cada um dos ministros do Supremo em 2019? No Brasil de hoje, essa pergunta é fundamental. Olhar o Supremo como um todo é perder de vista a lógica princi-

25 OLIVEIRA, Vanessa Elias de. Judiciário e privatizações no Brasil: existe uma judicialização da política? *Dados*, v. 48, n.3, p. 559-686, 2005.

pal de funcionamento do tribunal, que tem funcionado como um agregado – às vezes coordenado, às vezes conflituoso – de agendas, estratégias e comportamentos individuais.[26]

Toffoli, como presidente, expressou um norte, uma expectativa pública de comportamento no seu discurso na abertura do ano Judiciário. Tem utilizado a posição da presidência para neutralizar alguns arroubos monocráticos de ministros do Supremo – estratégia que, embora não inédita, não faz parte das tradições do tribunal. Mas, no fundo, Toffoli falou apenas por si. A posição do presidente, com todos os seus poderes já conhecidos e mesmo com os novos usos que Toffoli possa lhes dar, não será suficiente para impedir um ministro de usar seus poderes individuais para – por exemplo – impedir a venda de estatais, derrubar uma política setorial de governo, de suspender a posse de alguém nomeado pelo presidente da República, ou ignorar a atual jurisprudência do Supremo e garantir foro privilegiado pretérito para o filho do presidente. Na ausência de mecanismos preventivos, a invenção de mecanismos para apenas remediar decisões individuais já tomadas não neutraliza o risco de que ministros sozinhos produzam consequências graves na esfera política.

No passado, a atuação do Supremo perante o governo nos deixa com uma imagem de um tribunal buscando construir algum tipo de posição de equilíbrio – ainda que imperfeito e nem sempre estável – entre o Legislativo e Executivo, entre exigências da administração do Estado e demandas da sociedade. Nessa busca, a nota dominante na atuação individual era a da cautela, que, na dúvida, pautava a atuação colegiada – ainda que os ministros também se preocupassem em não demonstrar subserviência ao Executivo. Hoje, essa nota compartilhada de cautela parece ter ser erodido.

A busca por equilíbrio, quando aparece, não é coletiva ou institucional, mas apenas acidental. Cada ministro, com suas contas individuais, faz pender o tribunal para o lado que considera correto. Na contabilidade final de preferências individuais, o Supremo revela como posiciona os pratos da balança. Considerando, porém, que os poderes do relator para decidir sozinho e não pautar os casos que não queira ver decididos pelo colegiado são vastos, essa não é uma conta simples. Um ministro conta muito mais do que um voto

26 ARGUELHES, Diego Werneck; RIBEIRO, Leandro Molhano. Ministocracia: O Supremo Tribunal individual e o processo democrático brasileiro. *Novos Estudos CEBRAP*, v. 37, n. 1, p. 13-32, 2018.

no colegiado. O resultado final depende muito de para quem os processos são distribuídos. É essa conta quase impossível de fechar, porém, que dá o cenário instável em que o governo eleito definirá suas políticas públicas.

Toffoli afirmou que procurará ser o "algodão entre os cristais". Mas o presidente, em um tribunal assim, pode não conseguir ser nada além de mais um entre os onze – como parece ter sido o caso de Carmen Lúcia. Enquanto houver certa tranquilidade institucional, com o governo ainda dando os primeiros passos, os conflitos podem permanecer dormentes. Com o passar do tempo, porém, o governo se desgasta, a liderança presidencial será mais exigida, as pressões por reforma ficam mais intensas e os riscos aumentam. Como conter as individualidades? Algumas soluções já apresentadas ao presidente, como ampliação do uso do plenário virtual para o julgamento de processos, apenas mascaram os problemas da Corte: se os ministros quiserem deixar de lado esses procedimentos e continuar decidindo sozinhos, quem ou que os impedirá?[27]

CONJUNTURAS DIFERENTES, DISTINTOS SUPREMOS

Para produzir ação ou inação do tribunal, coletiva ou individual, os fatores mencionados acima se combinarão ainda com a conjuntura. O Supremo costuma decidir, sinalizar e formar sua agenda tomando o pulso da política nacional – e/ou das páginas dos jornais, dependendo do ministro. A conjuntura faz diferença. É muito mais seguro decidir contra o Congresso se isso significa ficar do lado do governo; e também mais seguro, embora ainda arriscado, decidir contra o governo se isso significa ficar do lado do Congresso. Nos dois casos, há menos chance de que atores insatisfeitos com uma decisão desfavorável consigam reunir os recursos políticos e institucionais necessários para atacar o Supremo.

A implicação é que, se o governo Bolsonaro começar a dar sinais de fraqueza, o Supremo terá mais espaço para agir. A eleição dos presidentes da Câmara e do Senado já é um passo decisivo na definição desse cenário. Além de ser um teste público de força do governo no Congresso, essas eleições definirão que lideranças políticas controlarão

---

27 ARGUELHES, Diego Werneck. A liminar de Marco Aurélio: da monocratização à insurreição? JOTA, 27 dez. 2018. Disponível em: <https://www.jota.info/especiais/a-liminar-de-marco-aurelio-da-monocratizacao-a-insurreicao-27122018>. Acesso em: 7 fev. 2019.

a pauta da Câmara e no Senado. Quanto mais separados governo e legislativo, mais espaço político a ser ocupado por um terceiro judicial. Dependendo da posição dos ministros sobre os temas substantivos da pauta da reformas do governo, o tribunal poderá ocupar esses espaços com decisões contrárias às políticas do governo.

Nesse sentido, o ano começa com o Supremo – ou melhor, o ministro Marco Aurélio – decidindo o que fazer com a investigação de Fabrício Queiroz, ex-assessor de Flávio Bolsonaro no Rio de Janeiro. No recesso, o ministro Luiz Fux, como presidente interino do Supremo, suspendeu o seguimento da investigação a pedido de Flávio. O agora senador argumentava que só poderia ser investigado no Supremo, pois é parlamentar. Os fatos sob apuração ocorreram quando Flávio Bolsonaro não era senador, nem se relacionam com seu mandato de senador. Logo, seguindo a decisão do Supremo, que teve apoio e voto do próprio Fux, o inquérito deve ficar a cargo do Ministério Público do Rio de Janeiro. O assunto tornou-se a primeira crise política do governo, com grande potencial de estragos. A resposta do ministro Marco Aurélio, em sentido contrário à liminar de Fux, veio já no primeiro dia do novo ano judicial.

O ano começa com Toffoli analisando o Regimento Interno do Senado para anular a primeira deliberação dos senadores do ano: a aprovação de uma questão de ordem pelo voto aberto na eleição da Mesa Diretora. Uma liminar concedida horas antes da eleição, com alta voltagem política, que beneficia um candidato – Renan Calheiros – em detrimento dos demais e depois de uma sessão tumultuada do Senado. A decisão de Toffoli foi alvo de protestos no Senado por parte dos adversários de Renan. Senadores cogitaram abertamente descumprir a decisão, mas, ao final, cumpriram-na, achando uma forma de driblá-la na substância: declarava ao microfone como estavam votando ou mostrava a cédula preenchida para o plenário – ou para as câmeras –, o que garantiu a vitória do senador Davi Alcolumbre (DEM–AP).

Esse tipo de "guerra de liminares"[28] é alimentado por divisões na opinião pública e tende a ficar mais frequente quanto mais desgastado o governo ficar.

---

28 ARGUELHES, Diego Werneck. Entrevista de Lula, guerra de liminares e a 'legitimidade circulante' do Supremo. JOTA, 10 out. 2018. Disponível em: <https://www.jota.info/stf/supra/entrevista-de-lula-guerra-de-liminares-e-a-legitimidade-circulante-do-supremo-10102018>. Acesso em: 7 fev. 2019.

No tribunal, já aportaram questionamentos às primeiras medidas do governo, como flexibilização do porte de armas e transferência da formulação de políticas indigenistas para o Ministério da Agricultura. Ainda chegarão ações contra a ampliação de autoridades competentes para impor sigilo a documentos oficiais e, certamente, ADIs contra as mudanças mais substanciais propostas – mas de incerta aprovação – pelo governo, como Reforma da Previdência. Quando o Supremo as julgará? Na "lua de mel" do governo ou após as primeiras derrotas políticas? Ou, ainda, após o fim do governo, quando a importância da controvérsia na conjuntura já tiver se desfeito? O Supremo define a sua coreografia, mas essa definição tem refletido tentativas de acompanhar o pulso da política, no ritmo definido pelos sucessos ou insucessos do governo.

Na definição de cada um desses passos, o tribunal é atravessado pela "ministrocracia". Em um tribunal tão fragmentado, e tão sensível a variações da força do governo, alguns ministros podem adotar posturas de colaboração ou obstrução ao governo que tem menos a ver com o mérito constitucional do caso, e mais com estratégias individuais de apresentação pública ou de articulação política. Quando isso acontece, nem a colaboração, nem a obstrução corresponderão, de fato, à tarefa de guardar a Constituição.

DESAFIOS INSTITUCIONAIS E PROCESSO DECISÓRIO

03

O MITO DA SOCIEDADE ABERTA DE INTÉRPRETES DA CONSTITUIÇÃO

Fernando Leal
08 | 03 | 2018

O Supremo escolhe quem ouvir e quando ouvir.

O Direito Constitucional brasileiro é dominado por mantras. Expressões que se articulam com teorias normativas e pretendem orientar decisões, mas que se tornam vazias quando passam a ser usadas como atalhos para descrever uma realidade que não existe – como se a repetição do mantra fosse obrigar os fatos a se adaptarem às ideias.

Um exemplo é a "sociedade aberta dos intérpretes da Constituição". O rótulo sugere que a jurisdição constitucional deve ser permeável à participação popular, ajudando o Supremo a lidar com o seu déficit democrático. De aspiração, porém, torna-se mantra quando se assume que a realidade de fato já é assim – isto é, no caso, a jurisdição constitucional brasileira já se abre à participação da sociedade civil. Nesse universo, prescrição e descrição se misturam de uma tal forma que forjam uma realidade ilusória. Assume-se que a interpretação constitucional é permeável à sociedade apenas porque deveria ser assim. Nessa perspectiva não está em jogo a avaliação do mérito da teoria em si, mas o quanto a sua incorporação retórica ao discurso jurídico pode ser compatível com a sua efetiva concretização no Supremo.

Na discussão sobre o auxílio moradia, a recusa do ministro Fux em admitir os memoriais de *amici curiae* de entidades que não representem interesses corporativos[29] parece um retrocesso na jurisprudência

29 FALCÃO, Márcio. Entidades: Fux só liberou associações a favor de auxílio-moradia em julgamento. JOTA, 2 mar. 2018. Disponível em: <https://www.jota.info/stf/do-supremo/entidades-fux-so-liberou-associacoes-favor-de-auxilio-moradia-em-julgamento-02032018>. Acesso em: 7 fev. 2019.

da corte. No discurso tradicional sintetizado no mantra da "sociedade aberta", o Supremo sempre permitiu participação ativa da sociedade civil no debate constitucional, seja nas audiências públicas convocadas pelos ministros – apesar de sua baixa utilidade prática no processo decisório da corte[30] –, seja pela admissão de entidades como amigos da corte. A negativa de Fux seria só uma exceção pontual.

No discurso, tudo funciona. Na prática, porém, se a participação tão celebrada apenas produz manifestações que não serão de fato ouvidas, a "sociedade aberta" significa apenas que o Supremo escolhe quem ouvir e quando ouvir. Não há necessariamente espaço efetivo para a consideração de diversos pontos de vista, em especial daqueles afetados pela decisão. Falar não significa ser ouvido, e fazer-se ouvir não significa influenciar.

Quando o tribunal pelo menos admite grupos sociais diferentes, a narrativa da permeabilidade da interpretação constitucional às suas visões pode ter algum significado potencial. No caso da negativa de Fux, porém, até esse possível efeito foi eliminado. O ministro impediu o tribunal de ouvir perspectivas diferentes sobre o tema e de enfrentar eventualmente o ônus de ter que dialogar com algumas delas. A abertura à sociedade, que costuma ser meramente simbólica, tornou-se aqui completamente inviável.

No entanto, não se trata aqui de um isolado contraexemplo à abertura do tribunal à sociedade. Ao contrário, a prática decisória do Supremo revela que a interpretação constitucional é um processo muito mais encastelado e de difícil acesso à população do que a ela permeável. Devido à complexidade e à imprevisibilidade do processo decisório do tribunal, acompanhar e compreender os movimentos dos ministros se torna assunto para especialistas.

Esse não é um diagnóstico apenas nacional. Referindo-se ao tribunal constitucional federal alemão, Michaela Hailbronner faz alusão, em diálogo estreito com o artigo de Peter Häberle do qual se extraiu o lema da sociedade aberta, a uma sociedade fechada dos intérpretes

---

30 LEAL, Fernando. Para que servem as audiências públicas no STF? JOTA, 16 jun. 2015. Disponível em: <https://www.jota.info/opiniao-e-analise/artigos/para-que-servem-as-audiencias-publicas-no-stf-16062015>. Acesso em: 7 fev. 2019.

da Constituição.[31] Restrita aos *experts* que conseguem compreender minimamente o processo decisório do tribunal. Com isso, vê-se que o grau de abertura da jurisdição constitucional à sociedade civil não é só uma função de quem participa e de quem é capaz de influenciar as decisões da corte. O próprio processo decisório e os processos de construção e comunicação das decisões podem funcionar como barreiras para a abertura idealizada pelo lema da "sociedade aberta de intérpretes".

No caso brasileiro, dados do projeto Supremo em Números da FGV Direito Rio sugerem que essa abertura também pode ser muito mais restrita do que se pensa.

No controle concentrado de constitucionalidade, por exemplo, os processos que contam com a participação de amici, que alcançam apenas 10,8%. Em todos os processos no Supremo, existem 1527 entidades que foram habilitadas para atuar como amigo da corte. Mas há uma enorme concentração: algumas poucas entidades representam a maioria das habilitações em diferentes processos.

Figura 1 – Amici Curiae em Processos Autuados entre 1988 e inicia de 2018 no STF

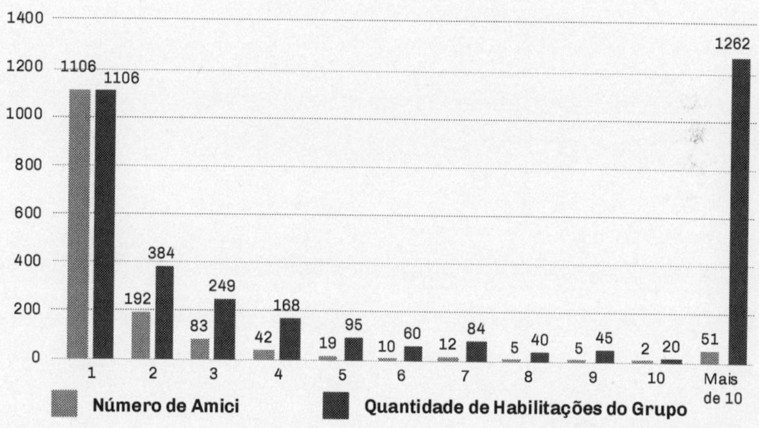

Fonte: Elaborado pelo autor.

Existem 1106 entidades que atuaram em apenas um processo. O número pode ser alto, mas não necessariamente expressa a diversidade

31 HAILBRONNER, Michaela. We the Experts. Die geschlossene Gesellschaft der Verfassungsinterpreten. *Der Staat*, v. 53, n. 3, p. 425-443, 2014.

da sociedade brasileira. No topo estão as entidades habilitadas em quatro ou mais processos – apenas essas 146 já representam 50,5% de todas as habilitações. Nesse grupo, há três principais tipos de amici:

Figura 2 – Perfil dos Amici Curiae por Total de Habilitações em Processos no STF (4 ou mais habitações)

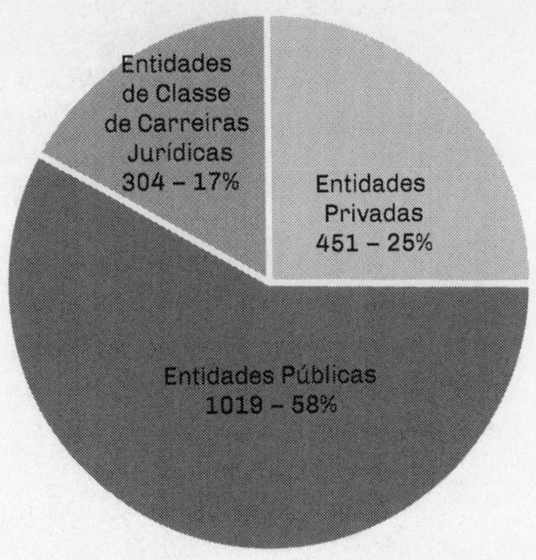

Fonte: Elaborado pelo autor.

Mais da metade das habilitações são de entidades públicas. Isso se torna mais forte quando os dez amici mais frequentes são considerados. Nesse universo, encontramos no topo o Estado de São Paulo, seguido pela União, o Estado do Rio Grande do Sul, o Conselho Federal da OAB, o Estado do Pará, o Banco Central do Brasil, o Estado de Goiás, o Estado do Amazonas, o Distrito Federal e o Estado de Sergipe.

Entre as entidades privadas, ainda de acordo com o projeto Supremo em Números, uma grande parcela é constituída por associações de classe de carreiras jurídicas, especialmente da magistratura. Embora importante, esse tipo de participação reforça a ideia de que o processo decisório do Supremo permanece acessível principalmente para os *experts*. A participação da sociedade civil "não-jurídica", um dos pretensos focos da ideia de "abertura", representa apenas um em cada quatro habilitações.

É até possível que no grupo de amici com três ou menos habilitações o perfil seja diferente. De qualquer forma, para além de estarem efetivamente autorizadas a participar, é importante saber se organizações da sociedade civil influenciam as decisões do tribunal. Um teste efetivo do alcance da teoria de Häberle no Brasil exigiria, por exemplo, diferenciar participações que são ignoradas daquelas que chegam a ser citadas na fundamentação do voto de ministras e ministros.

De qualquer forma, os indicadores disponíveis sugerem uma realidade bem distante do estado de coisas imaginado por quem recorre ao lema da sociedade aberta. Isso não significa que as pretensões normativas por trás do rótulo devam ser abandonadas. Mas, se não levarmos a sério os descompassos entre descrição e prescrição, a repetição exaustiva do mote da "sociedade aberta dos intérpretes da Constituição" servirá apenas como anestesia. O mantra da "abertura" irá, na verdade, obstruir os debates sobre a permeabilidade de fato da jurisdição constitucional brasileira à sociedade. O fechamento do ministro Fux a organizações da sociedade no caso do auxílio-moradia, antes de ser encarado como exceção, deveria funcionar como uma lembrança de que há muito ainda a ser construído.[32]

32 GOMES, Juliana Cesario Alvim. Um Supremo socialmente seletivo? JOTA, 1 fev. 2016. Disponível em: <https://www.jota.info/stf/supra/um-supremo-socialmente-seletivo-01022016>. Acesso em: 7 fev. 2019.

04

AS REGRAS PROCESSUAIS COMO ARMAS: LIÇÕES DA ADC 43

Soraya Lunardi | Thiago Bottino | Dimitri Dimoulis
11 | 04 | 2018

Senhor de seu processo, o Supremo reconfigura regras, ampliando ou restringindo competências.

Não faltam comparações e metáforas sobre a natureza do Direito Processual. Talvez a mais expressiva seja sua comparação com uma *arma*. Apresentado como neutro, formal e, acima de tudo, "não substancial", o Direito Processual pode funcionar como uma arma silenciosa, oculta e extremamente eficaz. O juiz que toma decisões de cunho processual e as partes que apresentam reinterpretações das regras processuais conforme seus interesses, manuseiam essa "arma" silenciosa para alcançar resultados materiais, isto é, para conseguir pequenas ou grandes vitórias no processo sem dizer sequer uma palavra sobre seu mérito.

As ações e os recursos que discutem perante o Supremo a presunção de inocência e, notadamente, a ADC 43, constituem exemplo de uso estratégico das regras processuais para conseguir vitórias independentemente do mérito. À importante análise sobre as conflitantes estratégias – ou manobras – utilizadas pelos ministros do Supremo nesses casos,[33] queremos acrescentar uma consideração relacionada ao significado processual da Ação Declaratória de Constitucionalidade (ADC).

Sabemos que objetivo da ADC é a confirmação definitiva da constitucionalidade de uma norma federal, em relação à qual surgiram e persistem divergências forenses. Isso permite, por um lado, confirmar a supremacia do texto constitucional e, por outro lado, decidir com

33 ARGUELHES, Diego Werneck. PEREIRA, Thomaz. O Supremo das estratégias e o STF de Rosa Weber. JOTA, 6 abr. 2018. Disponível em: <https://www.jota.info/stf/supra/o-supremo-das-estrategias-rosa-weber-lula-06042018>. Acesso em: 7 fev. 2019.

força vinculante sobre a validade do ato questionado. Sendo deferida a ADC, a norma infraconstitucional que possuía apenas presunção de constitucionalidade, torna-se definitivamente constitucional, eliminando a insegurança jurídica gerada pelas discrepâncias de sua aplicação e controvérsias acerca de sua conformidade constitucional.

Os autores da ADC 43 pediram que fosse declarada a conformidade constitucional do artigo 283 do CPP, segundo o qual:

> Ninguém poderá ser preso senão em flagrante delito ou por ordem escrita e fundamentada da autoridade judiciária competente, em decorrência de sentença condenatória transitada em julgado ou, no curso da investigação ou do processo, em virtude de prisão temporária ou prisão preventiva.

De seu lado, a Constituição dispõe que

> [...] ninguém será preso senão em flagrante delito ou por ordem escrita e fundamentada de autoridade judiciária competente, salvo nos casos de transgressão militar ou crime propriamente militar, definidos em lei" (art. 5º, LXI) e que "ninguém será considerado culpado até o trânsito em julgado de sentença penal condenatória" (art. 5º, LVII).

Trata-se, na substância, de reprodução da previsão constitucional com variações de estilo e algumas especificações que não fogem da obviedade. Diante disso, o caso perante o Supremo na ADC 43 parece simples. Em poucas linhas, o acórdão deveria constatar a constitucionalidade do artigo 283 do CPP, que nada mais fez do que positivar o entendimento anterior do Supremo[34] (HC 84.078)[35]. Difícil mesmo seria argumentar o contrário.

Essa solução decorre da interpretação ortodoxa – e, a nosso ver, correta – das regras processuais sobre a ADC:

a. *objeto* da ação é a verificação da compatibilidade de dispositivo infraconstitucional com a Constituição;

---

34 PEREIRA, Thomaz. HC do Lula: quando os dois lados têm razão. JOTA, 3 abr. 2018. Disponível em: <https://www.jota.info/stf/supra/hc-do-lula-quando-os-dois-lados-tem-razao-03042018>. Acesso em: 7 fev. 2019.

35 Conferir o acórdão em: LIVRARIA DO SUPREMO. HABEAS CORPUS 84.078-7 MINAS GERAIS. Disponível em: <http://redir.stf.jus.br/paginadorpub/paginador.jsp?docTP=AC&docID=608531>. Acesso em: 7 fev. 2019.

b. *parâmetro* dessa verificação são as normas constitucionais que regem a matéria tratada pelo legislador;

c. resultado da ação é a declaração da constitucionalidade ou inconstitucionalidade da norma examinada ou o indeferimento do pedido sem pronúncia do Tribunal sobre a constitucionalidade se não for alcançado o quórum de decisão legalmente previsto (seis ministros votando no mesmo sentido, conforme o art. 23 da Lei 9.868 de 1999).

A decisão cautelar sobre a ADC 43, clara e objetivamente afirma a constitucionalidade do art. 283, que se materializou em 250 páginas repletas de divergências entre ministros. A ação desencadeou paixões políticas e expectativas jurídicas que se aguçaram após a prisão do ex-presidente Lula e chegou a figurar, em abril 2018, na primeira página dos jornais. Além disso, discute-se o *timing* certo para a decisão e seu conteúdo, nova cautelar foi pedida e fazem-se prognósticos sobre o comportamento decisório dos integrantes do Tribunal – decisivos para formação de uma maioria.

Isso se explica pelo fato de os ministros, de comum acordo, terem criado novas regras processuais que são tácitas e eficientes como todas as armas processuais:

- O *objeto* da ADC 43 não é mais a conformidade da lei com a Constituição, mas o significado e o alcance – temporal e material – das previsões constitucionais sobre a privação de liberdade;
- O *parâmetro* para decidir a ação não são mais os dispositivos constitucionais que regulamentam a prisão, mas um conjunto vago de considerações sobre segurança pública e política criminal, misturadas com análises sobre a função do processo penal e uma retórica moralizante sobre a importância do Estado de direito e do devido processo legal;
- O *resultado* da ação deixa de ser a declaração de constitucionalidade, sendo almejada uma releitura da Constituição à luz dos critérios que cada integrante do Tribunal elege como parâmetro.

Temos uma autêntica *reconfiguração do controle abstrato de constitucionalidade* que o Tribunal construiu silenciosamente, criando *ex nihilo* uma "Ação interpretativa" que é onipotente em razão da vinculação *erga omnes*. Isso vale para a ADC, mas em grande medida também para a ADIn e a ADPF. O Supremo tende a estabelecer a regra da fungibilidade, não raramente apensando ações de diferentes categorias ou convertendo uma na outra. Ferramenta básica dessa reconfiguração é a "técnica" da interpretação conforme a Constituição, utilizada para interpretar e, no limite, para modificar o próprio texto constitucional e não apenas para definir as condições de compatibilidade constitucional de norma hierarquicamente inferior.

O mais conhecido exemplo de tal "ação interpretativa" no controle abstrato é a decisão na ADPF 132 sobre a união homoafetiva. Sob o pretexto de verificar a constitucionalidade de dispositivo do Código Civil, praticamente idêntico à previsão constitucional, a Constituição foi reinterpretada de maneira que contrariou sua literalidade.

Processualmente a ADPF 132 e a ADC 43 se assemelham. Contudo, há uma crucial diferença na substância da atuação do Supremo, isto é, no significado *político* de sua intervenção "ativista". Na união homoafetiva, o Tribunal atendeu pleitos de equiparação de uma minoria socialmente oprimida, cujos direitos em nada afetam os da maioria. O Supremo agiu como poder contramajoritário, atribuindo direitos mediante invocação dos princípios da liberdade e da igualdade.

Já no caso da prisão antes do trânsito em julgado, o Supremo tende a suspender direitos dos condenados, aumentando o número de presos em um sistema penitenciário cuja desumanidade e inconstitucionalidade crônica e estrutural foi reconhecida pelo próprio Supremo. A atuação se dá no intuito pro-majoritário, de "corrigir" opções do constituinte e do legislador processual penal com base nos ditames eficientistas da opinião pública – ou, ao menos, da opinião publicada que prevalece nesse momento. Para tanto, o Tribunal afasta a leitura mais plausível da Constituição que faz depender a execução da pena criminal do trânsito em julgado – ainda que haja discordâncias razoáveis sobre o que a Constituição de fato determina.[36]

Sendo como for, os ministros parecem concordar que a ADC 43 serve para decidir sobre o sentido do texto constitucional, apesar de isso não ser nem objeto nem resultado legítimo de uma ação de constitucionalidade. O Supremo reserva para si a arma da *autocriação processual* que lhe permite utilizar ações e processos como ferramentas de modificação do ordenamento jurídico. Tornando-se verdadeiro *Senhor de seu processo*, reconfigurando regras e ampliando ou restringindo competências.

36 PEREIRA, Thomaz. HC do Lula: quando os dois lados têm razão. JOTA, 3 abr. 2018. Disponível em: <https://www.jota.info/stf/supra/hc-do-lula-quando-os-dois-lados-tem-razao-03042018>. Acesso em: 7 fev. 2019.

Em todos os casos, o Supremo amplia seu poder, estabelecendo normas de decisão sem legitimidade para tanto. Nesse ponto parecem concordar ministras e ministros, independentemente de sua posição substancial sobre a presunção de inocência. Eficientistas e garantistas se unem quando se trata de adicionar a arma da "ação interpretativa" ao arsenal processual do Supremo.

05

PARA ONDE FORAM AS "TESES" NO SUPREMO?

Julia Wand-Del-Rey Cani
27 | 06 | 2018

Vários ministros rapidamente perceberam que a "tese" poderia ser uma útil ferramenta para a gestão de seus poderes sobre as instâncias inferiores.

De 2016 para cá, a seção de "Jurisprudência" do *site* do Supremo vinha disponibilizando a base de pesquisa Teses Jurídicas. Permitia-se acesso às "teses" firmadas nos julgamentos, dividindo-as em três grupos: teses de repercussão geral, teses de controle concentrado e teses em outros processos. Recentemente, essa base de pesquisa foi suprimida. Agora, consta no *site* apenas Teses com Repercussão Geral e Teses sem Repercussão Geral. Ou seja, estão restritas aos recursos extraordinários. O que está por trás dessa mudança?

Incluir as "teses" de variados tipos no *site* não parecia ser uma simples escolha de organização de informações. Por trás dessa escolha poderia haver uma tomada de posição dos ministros sobre questões relativas ao papel e ao funcionamento do tribunal. O que essas mudanças podem nos dizer sobre as experiências recentes dos ministros com diferentes mecanismos para controlar o alcance de suas decisões – entre os quais está a formulação de "teses jurídicas" para todos os tipos de processos?

Juridicamente, o que é uma "tese"? Embora o regimento interno do Supremo não faça menção específica a delimitação ou votação de teses, o Código de Processo Civil usa o termo em diversas passagens. O §2º do art. 979, afirma que:

> Para possibilitar a identificação dos processos abrangidos pela decisão do incidente, o registro eletrônico das teses jurídicas constantes do cadastro conterá, no mínimo, os fundamentos determinantes da decisão e os dispositivos normativos a ela relacionados.

No Supremo, vários ministros rapidamente perceberam que a figura da tese, agora positivada no CPC, poderia ser uma útil ferramenta para a gestão de seus poderes sobre as instâncias inferiores.

Em 29 de junho de 2016 houve um marco importante nesse processo de crescente apropriação, pelo tribunal, da ideia de que deviam definir e julgar "teses". No julgamento de uma proposta de súmula vinculante – n. 57 –, o então presidente Ricardo Lewandowski propôs que se desse continuidade ao trabalho de publicação das teses de repercussão geral. Segundo o ministro, o setor de informática do Supremo havia inclusive desenvolvido um sistema para recuperação dessas teses de modo facilitado.

A formulação de "teses" nunca chegou a ser regra para todos os processos. Mesmo assim, vários sinais indicavam uma expansão da prática dentro do tribunal. Sessões inteiras foram dedicadas à delimitação da tese jurídica – como na decisão do dia 9 de dezembro de 2015, no RE 837311, que envolveu direito à nomeação de candidatos aprovados fora do número de vagas previstas no edital de concurso público. Constava do *site*, por exemplo, texto em referência a uma sessão administrativa de 9 de dezembro de 2015, com o seguinte conteúdo: "As teses enunciadas pelos Senhores Ministros nas classes processuais de controle concentrado e demais classes, quando isto ocorre, estão disponíveis neste sítio para fins de estudo e pesquisa." Como exemplo dessa prática, na aba "Teses em controle concentrado", constava, dentre outras, a tese da *ADI 5081: A perda do mandato em razão da mudança de partido não se aplica aos candidatos eleitos pelo sistema majoritário, sob pena de violação da soberania popular e das escolhas feitas pelo eleitor.*

A base, como se vê, ia além dos recursos extraordinários, para os quais a formulação de "teses" é inevitável devido ao mecanismo da repercussão geral. E a supressão da base de pesquisa Teses Jurídicas foi acompanhada de uma aparente ênfase em outros mecanismos pelos quais, assim como na aprovação de "teses", o tribunal cria orientações para o futuro e para outros juízes. Por exemplo, foram criadas no *site* as abas "aplicação das súmulas no STF", demonstração do "precedente representativo" e "jurisprudência posterior ao enunciado" para cada súmula vinculante editada.

É possível que súmulas vinculantes e "teses" sejam vistas pelos ministros como ferramentas funcionalmente equivalentes. Considere o gráfico a seguir:

Figura 1 – Súmulas vinculantes

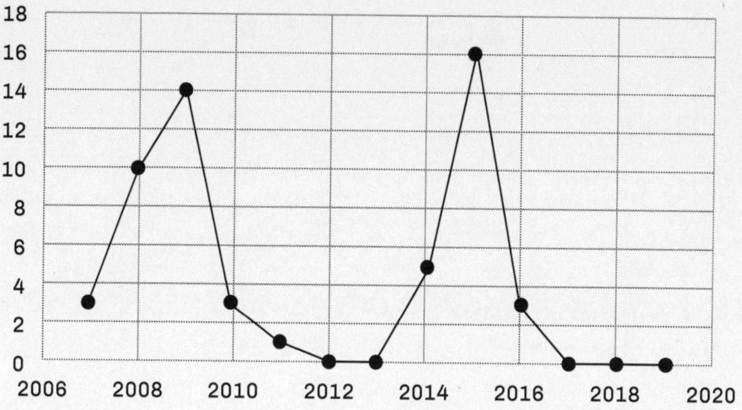

Fonte: Elaborado pelo autor.

As súmulas vinham caindo após 2015 – justamente quando, em 2016, os ministros começam a manifestar interesse nas "teses".[37] E agora, após dois anos sem edição de uma única súmula vinculante, parecem voltar a atrair a atenção do tribunal: está aberto no *site* o edital 1/2018 com a proposta de súmula vinculante n.131.

Talvez não seja coincidência que a primeira PSV de 2018, após dois anos de "jejum" de súmulas, refira-se ao foro privilegiado. Seu edital veio após o julgamento da ação penal 937, em que o Supremo afirmou estarem sob sua competência somente os deputados federais e senadores nos casos de crimes cometidos no exercício do cargo e em razão das funções a ele relacionadas. Esse é o tipo de caso que ilustra bem as diferenças práticas entre Súmulas e Teses como mecanismos para atingir o mesmo fim – o controle das decisões futuras de instâncias inferiores.

As súmulas são um mecanismo custoso – em termos de quórum e requisitos – para realizar esse controle do futuro. As teses, em contraste, não exigem observação de nenhum desses requisitos formais, especialmente o quórum qualificado de oito ministros ou a exigência de reiteradas decisões sobre a matéria constitucional.

37 CANI, Julia Wand-Del-Rey. Supremo: um tribunal (só) de teses? JOTA, 13 jul. 2016. Disponível em: <https://www.jota.info/stf/supra/supremo-um-tribunal-de-teses-13072016>. Acesso em: 7 fev. 2016.

Tome-se como exemplo o HC 126292, em que o Supremo permitiu o cumprimento da pena após decisão em segunda instância. A decisão ocorreu com placar de sete a quatro – não teria havido, portanto, quórum para aprovação de uma súmula vinculante. Além disso, sendo virada na jurisprudência anterior, poderia ser levantado contra uma eventual proposta de súmula o requisito formal de não haver reiteradas decisões sobre a matéria.

Essas controversas decisões sobre matéria penal – cujo impacto é potencializado pela Lava Jato – podem ajudar a explicar a aparente transformação do interesse dos ministros em teses ou súmulas?

Podemos imaginar o tipo de cálculo que está em jogo: a súmula é mais difícil de aprovar, porém mais fácil de fazer valer do que uma "tese". Os parâmetros do cálculo, porém, são conjunturais. Não sabemos qual o peso que os ministros atribuem a cada variável em um dado momento, em uma dada decisão. Mais ainda, sequer é possível assumir que todos os ministros estão de acordo quanto a esse cálculo. Dentro do tribunal, os parâmetros e apostas certamente variam.

Se "teses" e súmulas podem ser vistas como propostas para definir e expandir o alcance das decisões do Supremo, podemos especular que, nesse processo, os ministros estejam repensando internamente os riscos de médio prazo de investir em "teses" para formalizar mudanças jurisprudenciais tão controversas e impactantes sobre atores políticos e econômicos centrais do país.

06

DAS 11 ILHAS AOS 11 SOBERANOS

Felipe Recondo
28 | 06 | 2018

No STF de hoje, ministros têm sua própria política interna e externa.

A metáfora foi cunhada pelo ministro Sepúlveda Pertence, quando ainda estava no Supremo Tribunal Federal. O STF era composto por "11 ilhas incomunicáveis". Os ministros não conversavam sobre julgamentos, não se frequentavam, não eram necessariamente amigos. Mas, acrescentou Pertence posteriormente, o Supremo era um "arquipélago de 11 ilhas". Hoje, o tribunal já não forma um arquipélago. Na geopolítica atual do STF, há onze estados soberanos. Cada um deles declara guerra contra nações inimigas, negocia alianças diplomáticas, adota programas de governo e estabelece uma política interna própria.

Há fenômenos que evidenciam essa nova conformação do tribunal. As decisões monocráticas são o sinal mais claro dessa desagregação do Supremo. Um ministro concede liberdade para parlamentares do grupo político ao qual o associam. Outro ministro liminarmente trava uma política implementada pelo governo. Um terceiro determina que o Congresso vote ou não vote em determinada proposta. Um quarto ministro autoriza a quebra de sigilo do presidente da República. Um quinto anula pontos de uma reforma constitucional votada pelo Legislativo.

Outro ponto é a formação de alianças e a busca estratégica por maiorias, manejando o regimento e escolhendo os pares que julgarão o processo. Num tribunal colegiado, por evidente, sempre houve e haverá maiorias vencedoras e minorias vencidas. O ineditismo deste momento do Supremo é a maneira pela qual as maiorias são formadas e as motivações políticas que servem de amálgama. Como recentemente disse um ministro, algumas alianças estão na base do "defenda os seus que eu defendo os meus".

Nesta semana, o manejo dos meios para chegar aos fins ficou evidente de lado a lado. Um ministro leva um caso para julgamento na Turma, pois sabe que lá seu ponto de vista vai prevalecer. Outro colega transfere para o plenário uma discussão semelhante para que seus aliados garantam a vitória do bloco.

As manifestações públicas são outra demonstração de que os ministros estão deslocados do poder central e, não raras vezes, configuram o início de hostilidades que podem desaguar na declaração de guerra. Recentemente, um ministro ficou vencido no plenário do STF e, no dia seguinte, insinuou que a maioria do tribunal atuava contra as investigações de crimes de corrupção na Lava Jato. Noutro caso, um ministro concede uma liminar e é alvejado pelo colega, que sugeriu seu *impeachment* ou o reconhecimento de sua inimputabilidade.

Em meio a tudo isso, não há na Corte alguém capaz de liderar um movimento de unificação. A atual presidente do Supremo, ministra Cármen Lúcia, assumiu o comando do STF avocando uma estranha função de pacificadora. Fracassou, e quem o diz é a própria ministra. Na sua gestão, as cisões internas se aprofundaram. Ela, inclusive, foi acusada de manipular a pauta de julgamentos e terminou por implodir pontes com colegas – inclusive com aqueles que pensam como ela em diversas questões sensíveis. Em setembro, quando deixa a presidência, entregará para o ministro Dias Toffoli, um tribunal de guerrilhas.

O Supremo de hoje precisa de uma espécie de Paz de Vestfália, que encerrou na Europa a Guerra dos Trinta Anos, que é um marco para as Relações Internacionais. O STF precisa progredir da descentralização, que hoje trabalha contra a instituição, e volte a ser um – e apenas um – tribunal, mesmo que ainda reste espaço para um grau de individualismo. Um tribunal que exerça sua soberania sobre os seus integrantes. E não o inverso.

07

O SUPREMO E O TABELAMENTO DO FRETE: É POSSÍVEL CONCILIAÇÃO EM ADIN?

Miguel Gualano de Godoy
31 | 07 | 2018

A função do STF não é conciliar os valores mínimos do frete no Brasil, mas julgar sua constitucionalidade ou inconstitucionalidade.

A greve dos caminhoneiros já acabou, mas seus reflexos jurídicos permanecem incertos. Nesse delicado contexto, no fim da crise, o Governo Federal tabelou os preços mínimos do frete através da Medida Provisória 832[38] e da Portaria 5.820[39] da Agência Nacional de Transportes Terrestres (ANTT). A medida foi logo questionada perante o Supremo – ADI 5.956[40], ADI 5.959[41] e ADI 5.964[42], todas sob a relatoria do ministro Luiz Fux.

38 Conferir o texto integral em: PLANALTO. MEDIDA PROVISÓRIA Nº 832, DE 27 DE MAIO DE 2018. Disponível em: <http://www.planalto.gov.br/ccivil_03/_Ato2015-2018/2018/Mpv/mpv832.htm>. Acesso em: 7 fev. 2019.

39 Conferir o texto integral em: AGÊNCIA NACIONAL DE TRANSPORTES TERRESTRES. Política Nacional de Pisos Mínimos do Transporte Rodoviário de Cargas. Disponível em: <http://www.antt.gov.br/cargas/arquivos_old/Tabelas_de_Precos_Minimos_do_Transporte_Rodoviario_de_Cargas.html>. Acesso em: 7 fev. 2019.

40 O andamento da ADI 5956 pode ser consultado em: SUPREMO TRIBUNAL FEDERAL. ADI 5956. Disponível em: <http://portal.stf.jus.br/processos/detalhe.asp?incidente=5481962>. Acesso em: 7 fev. 2019.

41 O andamento da ADI 5959 pode ser consultado em: SUPREMO TRIBUNAL FEDERAL. ADI 5959. Disponível em: <http://portal.stf.jus.br/processos/detalhe.asp?incidente=5485876>. Acesso em: 7 fev. 2019.

42 O andamento da ADI 5964 pode ser consultado em: SUPREMO TRIBUNAL FEDERAL. ADI 5964. Disponível em: <http://portal.stf.jus.br/processos/detalhe.asp?incidente=5489322>. Acesso em: 7 fev. 2019.

Pouco mais de uma semana após a propositura da primeira dessas ações, o ministro Luiz Fux, em decisão monocrática,[43] suspendeu os processos judiciais em curso nas instâncias inferiores questionando o tabelamento e designou audiência preliminar antes de decidir sobre o pedido de suspensão das medidas do governo.

As primeiras duas audiências preliminares,[44] nos dia 20 e 28 de junho, reuniram órgãos e agentes do Governo Federal, representantes do setor produtivo e também dos caminhoneiros. Porém não tiveram sucesso. O ministro Luiz Fux então designou audiência pública para o dia 27 de agosto a fim de ouvir, novamente, os mesmos atores.

O que esse caso, o desfecho das audiências até aqui e a atuação do ministro Luiz Fux nos revelam sobre o papel assumido pelo Supremo nesta crise?

O ministro Fux há muito se destaca por buscar decisões dialogadas e soluções conjuntas entre as instituições públicas envolvidas, sobretudo diante de conflitos federativos no âmbito de mandados de segurança e ações cíveis originárias.

Algumas dessas iniciativas foram especialmente marcantes. Em março deste ano, o ministro Fux remeteu as ações de sua relatoria referentes ao auxílio-moradia para a Câmara de Conciliação e Arbitragem da Administração Federal para solução consensual.[45] Não houve qualquer insurgência do Plenário, tampouco da Presidência do STF.

No caso dos caminhoneiros, para além do problema, cada vez mais frequente no STF, de tomar uma decisão monocrática desse tipo

---

43 A decisão está disponível em: SUPREMO TRIBUNAL FEDERAL. TUTELA PROVISÓRIA NA AÇÃO DIRETA DE INCONSTITUCIONALIDADE

5.956 DISTRITO FEDERAL. Disponível em: <http://portal.stf.jus.br/processos/downloadPeca.asp?id=314613673&ext=.pdf>. Acesso em: 7 fev. 2019.

44 Conferir as atas das audiências em: SUPREMO TRIBUNAL FEDERAL. TUTELA PROVISÓRIA NA AÇÃO DIRETA DE INCONSTITUCIONALIDADE

5.956 DISTRITO FEDERAL. Disponível em: <http://portal.stf.jus.br/processos/downloadPeca.asp?id=314660287&ext=.pdf>. Acesso em: 7 fev. 2019.

45 O andamento da AO 1975 pode ser consultado em: <http://portal.stf.jus.br/processos/detalhe.asp?incidente=4701218>. Acesso em: 7 fev. 2019

em controle abstrato de constitucionalidade, a designação das duas audiências preliminares, destinadas à conciliação entre as partes, representa novidade.

Esse tipo de medida, porém, coloca o Tribunal em situações inéditas. É preciso discutir essas crescentes apostas do ministro Fux nesse tipo de medida de conciliação via Supremo, apesar do silêncio do Plenário até aqui.

É possível transacionar "com" e "no" controle abstrato de constitucionalidade? Por decisão monocrática? A suposta fundamentação para essa conciliação, fundada no Código de Processo Civil, pode se sobrepor à competência de controle de constitucionalidade dada pela Constituição ao plenário do STF – art. 102, I, "a"? Pode se sobrepor à lei específica que rege o processo e julgamento das ações diretas de inconstitucionalidade – Lei 9.868/1999?

As respostas parecem ser negativas.

Se um ato impugnável por ADI – ato normativo estadual ou federal, dotado de generalidade e abstração – é inconstitucional, as "partes formais" não podem transacionar a inconstitucionalidade. Não há interesse de agir, nem contraposição de interesses entre os direitos pleiteados. O interesse é o de verificação de compatibilidade da norma (MP 832 e Resolução 5.820 da ANTT, neste caso) com a Constituição. Designar audiência preliminar ou buscar conciliação no âmbito de ADI parece encontrar vedações constitucionais, óbices processuais relevantes e, mais ainda, impedimentos democráticos. Transacionar e conciliar a constitucionalidade de uma norma entre supostas partes ou interessados, por iniciativa monocrática de ministro relator, é enfraquecer a representação geral do Executivo e mitigar a presunção de constitucionalidade de normas regularmente editadas, e tudo isso à margem do devido processo constitucional. Parece haver, assim, violação ao princípio democrático e à separação de poderes.

Mas e quanto às conciliações promovidas pelo ministro Fux que produziram bons resultados? E quanto às conciliações e acordos que já ocorreram em conflitos entre União e Estados, ou entre os próprios estados da federação? Não seria louvável promover esse tipo de iniciativa dialógica no STF?

Todas essas conciliações, mesa de diálogos, foram realizadas no âmbito de ACO's, AO's e MS's. Ou seja, em ações com partes, lides, interesses contrapostos, nas quais o STF funciona como Tribunal da

Federação, e não estritamente como garante da constitucionalidade das leis e atos normativos. Conciliações em temas e processos como aqueles veiculados em ACO's, MS's e que envolvem conflitos federativos são mais do que bem vindas.

Em ADI, no entanto, é algo não autorizado pela Constituição – e por razões democráticas e institucionais bem evidentes: o STF não pode dispor de sua função de guardião da Constituição; não pode entregar sua competência sobre o controle abstrato de constitucionalidade de leis e atos normativos; não pode propor ou aceitar pedido de conciliação que busque, entre poucos agentes – supostamente tidos como partes, representantes ou interessados –, trinchar ou repartir leis e atos normativos editados pelo Presidente da República ou Congresso Nacional.

Um único ministro do STF propor conciliação em ADI sobre atos normativos editados sob as adequadas competências do Chefe do Poder Executivo e de entidade autárquica especializada é ignorar o presumido pedigree democrático que fundamenta esse tipo de política pública e se substituir indevidamente nas escolhas políticas setoriais. Mais do que isso, é ignorar que aqueles poucos escolhidos para a audiência de conciliação provavelmente não representam todos os afetados pela norma questionada.

Ao chancelar "acordos" sobre a inconstitucionalidade no todo ou em parte de certos arranjos executivos ou legislativos, o Supremo inauguraria uma nova competência institucional: para além de legislador positivo, seria também o avalista das modificações legislativas feitas por instituições que, às vezes, podem sequer ter participado do processo legislativo.

Mais apropriada é a audiência pública marcada para o dia 27 de agosto. No entanto, com os mesmos órgãos, agentes e representantes já presentes nas malfadadas audiências preliminares de junho, não parece que ela tenda a trazer novos dados ou argumentos. E, ainda que isso ocorra, é provável que eles sejam de ordem majoritariamente política ou econômica.

E aqui está o ponto convergente entre a controvérsia do assunto e as decisões do ministro Fux: o tema é predominantemente político e econômico. Está no plano e é objeto, portanto, de política pública de competência do Executivo Federal e do Congresso Nacional. Os aspectos eminentemente políticos e econômicos são da alçada do Executivo e do Congresso. Mitigar a sua atuação legislativa ou ultrapassá-los nessa seara seria, do ponto de vista material, um paternalismo infrutífero, no qual o Supremo assumiria para si um ônus de negociação e escolha típicos dos outros poderes. Seria também uma substituição indevida, por não ser essa a função do Supremo. E, por fim, do ponto de vista processual, algo não autorizado pela Constituição e leis regentes do processo constitucional.

Atuações dialógicas do Supremo, decisões conciliadas, acordos, devem ser alentados. Possuem limites, no entanto. Nem tudo está sujeito ao alvedrio do Relator, do Tribunal, ou daqueles que provocaram o exercício da jurisdição constitucional, especialmente no âmbito do controle abstrato de constitucionalidade via ADI.

O STF evidentemente tem competência para anular as medidas do governo, caso as julgue inconstitucionais. Contudo, a análise jurídica que se pode e deve fazer no caso do frete é se esses atos normativos são compatíveis ou não com a Constituição. Ou seja, a função e competência do STF não é resolver ou conciliar os parâmetros e valores mínimos do frete no Brasil, mas julgar sua constitucionalidade ou inconstitucionalidade de acordo com os parâmetros constitucionais da ordem econômica.

08

REFORMA DO SUPREMO INDIVIDUAL: RESISTÊNCIA DOS MINISTROS NÃO FARÁ A PAUTA SUMIR

Diego Werneck Arguelhes
08 | 08 | 2018

A batalha precisa ser vencida também dentro do tribunal – e, infelizmente, já há sinais de resistência entre os ministros.

Ao longo dos últimos anos, com suas visíveis disfunções, o Supremo acabou pavimentando um debate nacional sobre a sua própria reforma. Partidos e lideranças políticas vêm propondo mudanças na forma de indicação, na composição e no próprio funcionamento interno do Supremo. Considere, por exemplo, o PL7104-B/2017, do deputado Rubens Pereira Junior,[46] recentemente aprovado pela Câmara. Pelo projeto, liminares monocráticas em ADIs e ADPFs só poderiam ser concedidas pelo plenário do tribunal; ministros individuais só poderiam conceder liminares monocráticas durante recessos e, mesmo assim, a liminar teria que ser apreciada pelo plenário em até oito sessões. Segundo o deputado, "Esse projeto é uma resposta do Legislativo para evitar a monocratização do Supremo."[47]

---

46 CARNEIRO, Luiz Orlando. Câmara aprova PL que proíbe ministro de decidir monocraticamente em ADI e ADPF. JOTA, 03 jul. 2017. Disponível em: <https://www.jota.info/legislativo/camara-proibe-ministros-monocraticas-adi-03072018>. Acesso em: 11 fev. 2019.

47 VIVAS, Fernanda. Câmara aprova projeto que impede ministro do STF de suspender lei por decisão individual. G1, 03 jul. 2017. Disponível em: <https://g1.globo.com/politica/noticia/camara-aprova-projeto-que-impede-ministro-do-stf-de-suspender-lei-por-decisao-individual.ghtml>. Acesso em: 11 fev. 2019.

Esta e outras propostas enfocam o problema que Leandro Ribeiro e eu chamamos de "ministrocracia".[48] No nosso Supremo, um único ministro pode ser suficiente tanto para decidir casos importantes[49] – concedendo liminares monocráticas, como relator –, quanto para bloquear decisões, inclusive contra uma maioria dentro do tribunal – simplesmente pedindo vista dos autos.[50] Com isso, políticas públicas importantes podem ser desfiguradas, adiadas ou suspensas apenas pelas mãos de um único ministro dentre os onze.

Esses poderes individuais podem operar como uma "mão amiga" para alguns congressistas. Segurando um processo como relator ou simplesmente pedindo vista, um único ministro pode ser capaz de reduzir a velocidade de investigações criminais ou reformas desfavoráveis.

Do ponto de vista institucional, porém, a conta já parece não fechar para o Congresso. A mesma "ministrocracia" que dá sobrevida a alguns políticos no varejo pode inviabilizar reformas estruturais. Qualquer tentativa futura de reforma tributária, da previdência ou na administração pública poderá ser vítima de uma liminar ou pedido de vista – em especial se o caso envolver interesses corporativos, como os da magistratura. Até o momento, não tenho conhecimento de outro país democrático em que decisões políticas dessa magnitude fiquem tão sujeitas, às vezes em tempo real, a soluços judiciais monocráticos.[51]

---

48 ARGUELHES, Diego Werneck; RIBEIRO, Leandro Molhano. MINISTROCRACIA: O Supremo Tribunal individual e o processo democrático brasileiro. Novos estudos CEBRAP, v. 37, n. 1, p. 13-32, Jan./Apr. 2018.

49 ARGUELHES, Diego Werneck; RIBEIRO, Leandro Molhano. 'The Court, it is I'? Individual judicial powers in the Brazilian Supreme Court and their implications for constitutional theory. Global Constitutionalism, v. 7, n. 2, p. 236-262, 2018.

50 ARGUELHES, Diego Werneck; HARTMANN, Ivar A. Pedido de vista é poder de veto. Folha de São Paulo, 15 abr. 2015. Disponível em: <https://www1.folha.uol.com.br/opiniao/2015/04/1616685-diego-werneck-arguelhes-e-ivar-a-hartmann-pedido-de-vista-e-poder-de-veto.shtml>. Acesso em: 11 fev. 2019.

51 ARGUELHES, Diego Werneck; RECONDO, Felipe. Onze supremos e votos vencidos: dois fenômenos distintos. JOTA, 27 out. 2017. Disponível em: <https://www.jota.info/opiniao-e-analise/artigos/onze-supremos-e-votos-vencidos-dois-fenomenos-distintos-27102017>. Acesso em: 11 fev. 2019.

Se uma maioria no Congresso continuar seduzida pela promessa da salvação, no varejo, pelos poderes individuais dos ministros, esse cenário dificilmente se alterará. E, na verdade, mesmo que o Congresso se una em torno do excesso de poder individual no Supremo, o sucesso de qualquer reforma desse tipo dependerá, em última instância, da atitude dos próprios ministros do Supremo diante das novas regras criadas pelos legisladores.

Voltemos ao PL 7104-B/2017. O projeto é uma rara reforma em relação à qual nenhuma posição político-ideológica ou partidária pode se afirmar de antemão como perdedora. Ganharia a instituição como um todo. Infelizmente, porém, mesmo se aprovado o projeto de lei, as reformas que ele contém só surtirão efeito se contarem com a cooperação dos próprios ministros do Supremo.

Em tese, o Direito brasileiro já limita bastante o poder individual de conceder liminares em controle abstrato – como, aliás, em muitas outras espécies processuais. A lei das ADPFs só prevê liminares monocráticas em caso de "extrema urgência ou perigo de lesão grave" – um critério ainda mais excepcional do que o "perigo na demora" das liminares em geral. A lei das ADIns, por sua vez, prevê que, "salvo em períodos de recesso", liminares só serão concedidas pela maioria dos membros do tribunal, sem prever qualquer exceção expressa para liminares monocráticas. E, no entanto, não faltaram na crise política dos últimos anos liminares monocráticas em ADPF ou mesmo em ADIn. Os limites já previstos na legislação não parecem ter sido decisivos.

O Supremo é o principal intérprete de seus próprios poderes – e, ao lê-los, vem sendo bastante generoso consigo mesmo. Considere, por exemplo, o destino de duas grandes inovações do legislador na Emenda Constitucional da Reforma do Judiciário.

Primeiro, na discussão da constitucionalidade do Conselho Nacional de Justiça, em 2005, uma nota de rodapé do voto do relator, ministro Peluso, que dava por certo que o CNJ não tinha competência disciplinar sobre os ministros do Supremo. Chancelou-se o CNJ – desde que não fosse jamais capaz de controlar o comportamento dos ministros.

Segundo, embora a aprovação de Súmulas Vinculantes exija o cumprimento de uma série de requisitos expressos na constituição, os ministros não costumam respeitar esses parâmetros ao propor e aprovar súmulas.[52]

52 COIRO, Adriana Lacombre. Boa notícia para o STF. JOTA, 17 nov. 2014. Disponível em: <https://www.jota.info/opiniao-e-analise/artigos/boa-noticia-para-o-stj-17112014>. Acesso em: 11 fev. 2019.

Mesmo se o Congresso insistisse nesses pontos com novas emendas constitucionais, seria ainda o Supremo a interpretar – e potencialmente reescrever – o novo texto constitucional no dia a dia. Os ministros teriam, ainda, a chance de decidir se essas mudanças violam ou não as cláusulas pétreas do artigo 60 da Constituição – poderiam simplesmente considerar que as reformas violam a "separação de poderes" e a "independência judicial".

Sem um mínimo de cooperação republicana dos ministros, portanto, a reforma dos poderes individuais no Supremo não avançará. A batalha precisa ser vencida também dentro do tribunal – e, infelizmente, já há sinais de resistência entre os ministros.

O ministro Fux, por exemplo – que há anos ajuda a manter vivo o auxílio-moradia[53] para os juízes brasileiros por meio de uma liminar monocrática – veio a público criticar o PL como um "engessamento" do judiciário.[54] Imagine a trágica situação que essa declaração anuncia: uma reforma para limitar os poderes individuais dos ministros caindo por terra devido à obstrução de um ministro individual, sorteado como relator da ação contra a reforma.

Em vez de serem lidas como "ataques", essas reformas também podem representar oportunidades para ministros já preocupados com o abuso de poderes individuais. O próprio Supremo dá sinais de divisão interna quanto a esse tema, e a aprovação de reformas legislativas pode incentivar a construção de uma maioria interna preocupada em preservar a legitimidade e a autoridade da instituição ao longo do tempo.

A pauta da reforma do Supremo vem sendo anunciada há anos em discursos legislativos, trabalhos acadêmicos e críticas públicas. Ainda há tempo de lê-la como um convite para protagonismo compartilhado entre legisladores e juízes – como ocorreu na Reforma do Judiciário em 2005 –, e a resistência do Supremo não fará sumir a pauta da reforma. Voltará em outros PLs e Propostas de Emendas à Constituição – cada vez menos como convite ou proposta de aliança, e cada vez mais como ameaça ou ataque a um tribunal que não soube ou não quis reconhecer sua própria disfuncionalidade. Sozinhos, os ministros podem adiar as reformas, mas não farão desaparecer a crítica generalizada ao Supremo que as alimenta.

---

53 REDAÇÃO. Fux e o auxílio-moradia. Estadão, 11 dez. 2017. Disponível em: <https://opiniao.estadao.com.br/noticias/geral,fux-e-o-auxilio-moradia,70002115243>. Acesso em: 11 fev. 2019.

54 FALCÃO, Márcio. Fux: Projeto que proíbe liminar em ADI e ADPF é tentativa de engessar Judiciário. JOTA, 2 ago. 2018. Disponível em: <https://www.jota.info/stf/fux-projeto-que-proibe-liminar-em-adi-e-adpf-e-tentativa-de-engessar-judiciario-02082018>. Acesso em: 11 fev. 2019.

09

CÁRMEN LÚCIA: AS TURBULÊNCIAS E UM ENSAIO DE GESTÃO

Felipe Recondo
12 | 09 | 2018

A presidente caminhou sobre linha que cortejava a opinião pública sem combater polarização da Corte.

Cármen Lúcia deu azar. Nos dois anos em que comandou o Supremo Tribunal Federal (STF), as crises políticas e as tragédias se sucederam em ritmo incomparável. As investigações da Lava Jato atingiram centenas de parlamentares, colocando o Congresso na defensiva. Os escândalos de corrupção combaliram também o já fragilizado e recém-empossado governo Michel Temer (MDB). O STF seria chamado a ser o moderador numa Praça dos Três Poderes desequilibrada.

Mas com todas as idiossincrasias do tribunal, os indícios de contaminação política, suas disputas internas e sua falta de coesão institucional, o Supremo chega ao final desses dois anos fragmentado, com a legitimidade questionada e politicamente exposto. E a ministra Cármen Lúcia, que deveria representar o tribunal, não foi reconhecida pelos pares como uma liderança e não conseguiu, no cargo, evitar que o STF se tornasse, em vez de moderador, fator adicional na crise política. Em alguns episódios, ela própria foi fator de desagregação interna e conturbação externa.

Cármen Lúcia assumiu o STF exatamente doze dias depois que o Congresso apeou Dilma Rousseff da Presidência da República, e na mesma tarde em que a Câmara cassava o mandato do deputado federal Eduardo Cunha (MDB–RJ). Na cerimônia de posse no STF, Michel Temer posava de novo presidente, com a popularidade sempre em baixa e com a legitimidade questionada, e Luiz Inácio Lula da Silva mantinha-se discreto entre os convidados. Do lado direito de Cármen Lúcia, o presidente do Congresso, Renan Calheiros

(MDB-AL), recordista em inquéritos na Lava Jato, ignorava seu algoz, o procurador-geral da República, Rodrigo Janot.

No mês seguinte, uma sucessão de rebeliões em presídios no Norte e Nordeste, especialmente, deixaram dezenas de mortos e evidenciaram a falta de políticas articuladas para o sistema carcerário. O Judiciário, inclusive, com sua parcela de responsabilidade. Em Manaus, foram 56 mortes. Em Roraima, no maior presídio do estado, 33 presos foram assassinados. Na trágica soma, foram 133 mortes nos presídios do país nos primeiros 15 dias de 2017.

No dia 19 de janeiro de 2017, o ministro Teori Zavascki, relator dos processos da Operação Lava Jato no Supremo, morreu na queda do avião que o transportava para Angra dos Reis. O ministro preparava-se para homologar as dezenas de delações premiadas firmadas por executivos da Odebrecht – até aquele momento, a chamada Delação do Fim do Mundo. Sua morte jogou dúvidas sobre o futuro da Lava Jato no Supremo, expôs o decréscimo de credibilidade da Corte e abriu uma vaga no tribunal para ser preenchida por Temer.

"Não cedo diante de pressões pelo fato de eu ser mulher. A sociedade é preconceituosa. O Judiciário, muito mais", disse Cármen Lúcia sobre o fato de ser uma mulher no comando do Poder Judiciário

Em maio de 2017, o empresário Joesley Batista firmou um acordo com a Procuradoria-Geral da República (PGR) e, numa ação controlada, gravou o presidente da República, Michel Temer, em conversas comprometedoras. O governo passou a enfrentar sua maior crise, viu sua base de sustentação se fragmentar, amargou o adiamento de reformas constitucionais e teve sua sobrevivência colocada à prova.

Em junho, Temer foi denunciado pela Procuradoria-Geral da República pelo crime de corrupção, colocando novamente o tema do *impeachment* na pauta do país. Em agosto, a Câmara negou seguimento ao processo contra Temer, mas em setembro, quando o mandato de Cármen Lúcia chegava à metade, Janot oferecia a segunda denúncia contra Temer – desta vez por obstrução de Justiça e organização criminosa. E, em meio a tudo isso, investigações jogaram dúvidas sobre a lisura do acordo firmado pela PGR com a empresa JBS. Marcelo Miller, da equipe de Janot na PGR, teria atuado como investigador e advogado da JBS ao mesmo tempo. As suspeitas de jogo duplo e de manipulação de informações levaram o Ministério Público a pedir a prisão de Joesley e a revisão dos amplos benefícios concedidos aos donos da empresa.

Esses fatores externos invadiram o tribunal e aprofundaram as fissuras internas. Do lado de fora, mais do que composta por ministros mais "punitivos" e ministros mais "garantistas", a Corte passou a ser vista como dividida entre os pró e os contra a Lava Jato, entre aqueles que engrossavam o caldo da reação da política contra as investigações e aqueles que enxergavam na operação um caminho para mudar a forma de fazer política no país.

Em julho deste ano, assistiu a distância, falando apenas nos bastidores, à guerrilha judicial que envolveu o prende-solta do ex-presidente Lula. Em meio ao plantão do Tribunal Regional Federal da 4ª Região (TRF4), o desembargador Rogério Favreto decidiu soltar o ex-presidente Lula. Em resposta, o juiz federal Sérgio Moro afirmou que Favreto era incompetente para a decisão. Em seguida, o relator do processo de Lula no TRF4, desconstituiu a decisão de Favreto. Uma confusão institucional que expôs as fraturas do Judiciário e que desaguou no Conselho Nacional de Justiça (CNJ), onde o caso ainda espera uma decisão.

"A Justiça é impessoal, sendo garantida a todos os brasileiros a segurança jurídica, direito de todos. O Poder Judiciário tem ritos e recursos próprios, que devem ser respeitados", disse Cármen Lúcia sobre o prende e solta de Lula.

Esta conjuntura teria sido difícil para qualquer presidente. Mas como atuou Cármen Lúcia neste cenário? Seria apenas uma vítima de todas as circunstâncias externas e internas? Ou teria ela também sua parcela de responsabilidade – e, em caso afirmativo, pelo quê? Como poderia ter agido diferente nessas difíceis circunstâncias?

Por mais que seja factualmente visível que Cármen Lúcia tenha enfrentado momentos de extrema turbulência, a própria ministra deu no seu discurso de posse o tom de como pode hoje ser julgada. "Talvez, estejamos vivendo tempos mais difíceis do que as experiências históricas anteriores. Talvez porque cada geração tem a ilusão e a soberba de achar que o seu é mais difícil porque é o seu", disse ela em 2016. Para acrescentar: "Os conflitos multiplicam-se e não há soluções fáceis ou conhecidas para serem aproveitadas. Vivemos momentos tormentosos. Há que se fazer a travessia para tempos pacificados. Travessia em águas em revolto e cidadãos em revolta."

Ela, portanto, foi apresentada – inclusive pela imprensa – como solução, a austera madre superiora – imagem que a ela atribuíram – que combateria privilégios, como pacificadora que saberia negociar com os pares e com os demais Poderes a solução para tempos revoltosos, como a juíza sem vaidades ou pretensões, algo raro num tribunal de individualidades. Mas, no resumo de dois anos, Cármen Lúcia sai com outra imagem, na visão de seus colegas: uma ministra que ficou no discurso e não avançou para a prática, que abusou do *marketing* pessoal, expôs publicamente colegas para defender seu ponto de vista e, no auge da crise, deixou-se colocar como alternativa política.

Paga o preço por tentar caminhar sobre uma linha que cortejava a opinião pública, sem confrontar o governo e sem combater ativamente a polarização do tribunal.

Por diferentes razões, expectativas quanto à gestão de Cármen Lúcia não passaram de expectativas

Foi o político José Aparecido, comumente citado por Cármen Lúcia, quem lhe disse que, no Supremo, ela sofreria o cargo, não exerceria a função. Sua gestão no STF e no CNJ foi cercada de expectativas: combateria os privilégios da magistratura, pacificaria o tribunal com seu jeito mineiro e saberia articular soluções para os entraves na Corte, não transigiria com a política em detrimento do Direito, não compactuaria com o adiamento indefinido de soluções para processos tormentosos em tramitação no STF, racionalizaria o CNJ.

Outras expectativas foram levantadas pela própria ministra, como o compromisso de terminar sua gestão sem crianças dentro dos presídios – "Se não tiver nenhuma lei, vamos aplicar a Lei do Ventre Livre, mas um brasileirinho não vai nascer e viver numa prisão. Ele não deve nada", dizia a ministra. Ou sua liderança no enfrentamento da crise no sistema carcerário, com visitas surpresa a presídios pelo país e reuniões com governadores, presidentes de tribunais e, por fim, com o próprio presidente da República.

Por diferentes razões, em todos esses *fronts* de reformas prometidas, as expectativas não passaram de expectativas. Por dois anos, Cármen Lúcia fez o discurso da austeridade. Questionou as associações de juízes sobre o recebimento de salários acima do teto – "O teto está na Constituição, basta cumprir. No Supremo, ninguém ganha acima do teto. Se há distorções no Judiciário, temos que corrigi-las. É a lei" – e protestou contra o pagamento do auxílio-moradia, dizendo ser incompatível com a Constituição.

Mas o discurso não produziu efeitos. Os juízes continuam a receber auxílio-moradia, as ações judiciais que tratam deste tema não foram julgadas nesses dois anos e outra ação que poderia colocar fim a outros tantos penduricalhos pagos aos magistrados está liberada para julgamento desde o ano passado, mas não entrou na agenda de Cármen Lúcia. No mais, no CNJ, a ministra reciclou uma resolução que obrigava os tribunais a publicarem os rendimentos dos magistrados – o que já era feito desde 2012. E, ao final da gestão, ficou confortavelmente vencida ao deixar para os colegas o ônus de enviar ao Congresso uma proposta de aumento de vencimentos para a magistratura.

"Se não tiver nenhuma lei, vamos aplicar a Lei do Ventre Livre, mas um brasileirinho não vai nascer e viver numa prisão. Ele não deve nada", disse Cármen Lúcia sobre a manutenção de filhos presos junto às mães.

Os resultados da gestão de Cármen Lúcia também foram dúbios no enfrentamento das calamidades do sistema carcerário. No dia imediato da primeira da série de rebeliões que marcaram o final de 2016 e início de 2017, a ministra silenciou. Depois, saiu a campo: fez visitas surpresa a presídio, reuniu-se em casa com o presidente da República, convocou presidentes dos tribunais de justiça e conversou com governadores e secretários de segurança.

Sua equipe sugeriu diversas medidas para minorar o problema: acompanhamento permanente e investigação das mortes em presídios, fiscalização pelos tribunais dos gastos orçamentários nos cadeias do país, acompanhamento do uso de recursos do Fundo Penitenciário, um censo da população carcerária, promover inspeções regulares para apurar o cumprimento da Lei de Execuções Penais e o julgamento pelo STF de uma ação – pronta para plenário – que poderia obrigar os governos estaduais a apresentarem propostas de melhorias no sistema ao CNJ.

De todas as sugestões, o censo foi o único a sair do papel. Os mutirões carcerários, que completariam dez anos em 2018, foram abandonados. As inspeções feitas por Cármen Lúcia não geraram alteração no quadro nem se tornaram prática corriqueira. As verbas do Funpen, descontingenciadas por determinação do STF, foram aplicadas, mas desvirtuando a finalidade original exigida pelo tribunal – sendo utilizadas, inclusive, para a compra de armas. E a presidente não levou a julgamento a ADPF 347, que obrigaria os governos estaduais a planejarem ações para melhoria do sistema. Se não fosse solução, ao menos seria uma política permanente – e não uma medida reativa quando detonada a próxima rebelião.

Nem mesmo a "lei do ventre livre", mencionada por Cármen Lúcia foi aplicada por ela. Dizia a ministra a colegas que, quando terminasse sua gestão, não haveria nos presídios nenhuma criança encarcerada junto à mãe. Uma proposta inexequível, conforme seus próprios apoiadores – o Judiciário não teria competência para indultar mulheres com filhos nesta situação e seria impensável tirar os filhos de dentro dos presídios, rompendo o vínculo afetivo com a mãe.

A ministra chega ao final do mandato com 438 mulheres grávidas ou com seus "brasileirinhos" junto a elas na cadeia. E assistiu seu antecessor, o ministro Ricardo Lewandowski, proferir uma decisão que, esta sim, buscava solucionar o problema. O ministro concedeu *habeas corpus* coletivo, determinando a substituição da prisão preventiva por domiciliar de mulheres presas, em todo o território nacional, que sejam gestantes ou mães de crianças de até doze anos ou de pessoas com deficiência.

Cármen Lúcia ficou entre assumir parte da responsabilidade pela busca de soluções para o problema ou deixar para o Executivo o problema e os custos políticos. Na sua equipe, prevaleceu o cálculo pragmático.

No CNJ, a ministra assumiu com pelo menos uma promessa clara: sanear as 250 resoluções aprovadas pelo órgão desde sua criação. Estabeleceu prazo para isso e criou um grupo de trabalho para isso, prometendo uma resposta já em 2016. O trabalho foi entregue pelos assessores, mas nada foi aprovado. O estudo e a proposta de otimização das resoluções foram, no final das contas, descartados.

Além de não sanear as resoluções, Cármen Lúcia aprovou apenas cinco novas propostas – e todas apenas na última sessão de seu mandato de dois anos, a toque de caixa, como criticaram conselheiros. A primeira delas trata do Cadastro Nacional de Presos. A segunda estabeleceu uma política de acolhimento a vítimas de crimes. E as outras três diziam respeito ao enfrentamento à violência contra a mulher, à participação das mulheres nas instituições do Poder Judiciário e a procedimentos de atenção às mulheres gestantes e lactantes presas.

Antes de Cármen Lúcia, o CNJ enfrentou críticas pela gestão corporativista do ministro Ricardo Lewandowski. O contraponto que seria feito pela ministra não se efetivou. Administrativamente, criticam os conselheiros, o CNJ ficou travado. E o plenário ficou conflagrado, também de acordo com os integrantes do conselho, pela falta de articulação e propensão ao diálogo da presidente. A expectativa agora é de que o ministro Dias Toffoli estabeleça um norte para o órgão.

Dentro do tribunal a ministra pouco contribuiu para a pacificação

A autoridade do presidente do STF não está no cargo que ocupa. Mas na liderança que exerce e na percepção dos colegas sobre suas posições. Numa Corte de iguais, o ministro que comanda a casa tem poderes reduzidos. O mais notório é a definição da pauta e a coordenação das sessões.

Da mesma maneira, a legitimidade do STF não é automaticamente criada pela previsão formal, na Constituição e na legislação, de suas amplas atribuições – de Corte recursal, criminal e constitucional. A capacidade de ser, de fato, a última instância para as disputas políticas e sociais é construída na prática, e os textos legais e suas interpretações são insuficientes para isso. Como costumava dizer o ministro Ilmar Galvão quando julgava um processo, tão importante quanto o Direito era saber se aquela decisão seria cumprida. Se não fosse, talvez fosse melhor não proferi-la.

No passado – distante ou recente –, os exemplos de presidentes com reduzida capacidade de liderança no colegiado se acumulam. Com o STF conflagrado, fragmentado e marcado pela atuação individual dos ministros, esta tarefa é ainda mais inglória. E Cármen Lúcia sofreu novamente o cargo.

Alguns exemplos são sintomáticos, mas é preciso analisá-los dentro de categorias distintas, dependendo de como a ministra se colocou – ou foi colocada – diante dos fatos em cada cenário.

Alguns cenários fugiam totalmente ao controle da presidente, como a morte do ministro Teori Zavascki e a exposição das digitais político-ideológicas da Corte. O acidente aéreo que vitimou o ministro reverberou a crise pela qual passava e passa o STF, dividido política e ideologicamente, especialmente quando o assunto é o combate à criminalidade política. O processo de substituição de Zavascki na relatoria da Operação Lava Jato, com toda uma articulação interna para evitar que as ações caíssem neste ou naquele gabinete, gerou incertezas políticas e expuseram sobremaneira a Corte e seus ministros. Cármen Lúcia, neste cenário, fez o que pôde: organizou regimentalmente o processo de sorteio do novo relator e, neste meio tempo, assumiu a responsabilidade de homologar a toque de caixa as dezenas de acordos de delação de executivos da empreiteira Odebrecht.

"Saúde não é mercadoria. Vida não é negócio. Dignidade não é lucro", disse Cármen Lúcia em decisão que derrubou resolução da Agência Nacional de Saúde Suplementar.

Em outros casos, a presidente foi chamada a arbitrar crises decorrentes de decisões controversas dos colegas, como ocorreu nos episódios Renan Calheiros e Aécio Neves. Nestes, a atuação da maioria do Supremo – com o voto decisivo de Cármen Lúcia – colocou o tribunal abaixo do Congresso[55] – não necessariamente pelo que decidiu, mas pela forma como recuou.

Renan Calheiros

Em dezembro de 2016, o ministro Marco Aurélio Mello concedeu uma liminar para afastar o então presidente do Senado, Renan Calheiros (PMDB-AL), do cargo.[56] O Supremo havia recebido denúncia contra o senador, e Marco Aurélio entendeu que, por ser réu, Calheiros não poderia estar na linha sucessória da Presidência da República.

O ministro se baseou em posição que acreditava ser majoritária do plenário – em julgamento não concluído até hoje – sobre a possibilidade de réus ocuparem cargos na linha sucessória, uma ação movida pela Rede Sustentabilidade.

A reação do Senado colocou em xeque a autoridade da decisão de um ministro do Supremo – e repercutiu na instituição como um todo. Renan Calheiros afirmou que não cumpriria a decisão liminar, mas

---

55 ARGUELHES, Diego Werneck. Tribunal de conjuntura: O Supremo se submeteu ao Senado? JOTA, 12 out. 2017. Disponível em: <https://www.jota.info/stf/supra/tribunal-de-conjuntura-o-supremo-se-submeteu-ao-senado-12102017>. Acesso em: 11 fev. 2019.

56 HARTMANN, Ivar A. O futuro do Supremo depois de Renan. JOTA, 8 dez. 2016. Disponível em: <https://www.jota.info/stf/supra/o-futuro-supremo-depois-de-renan-08122016>. Acesso em: 11 fev. 2019.

aguardava uma decisão colegiada do STF para então submeter-se à ordem judicial. Nem na ditadura, uma decisão do tribunal – mesmo que de um de seus ministros – foi descumprida.

A presidente do Supremo viu-se numa encruzilhada. Por um lado, o Senado a pressionava, colocando o já debilitado equilíbrio entre os Poderes sob ameaça. Por outro, era a decisão de um ministro do Supremo – ainda que precária e baseada em julgamento inconcluso – que estava em jogo.

Não havia solução fácil. E Cármen Lúcia articulou a reversão da decisão – e contou com o apoio decisivo do ministro Celso de Mello. Por seis votos a três, Calheiros foi mantido no cargo, mas o STF decidiu que o senador, por ser réu, não poderia assumir a Presidência da República em caso de ausência de Michel Temer.

No ano seguinte, em outro julgamento polêmico, Cármen Lúcia disse que seria inimaginável que uma decisão do STF não fosse cumprida: "Não seria admissível que uma decisão do STF ou de qualquer órgão do Poder Judiciário não fosse cumprida. Não teríamos Poder Judiciário e não teríamos, na verdade, democracia."

Aécio Neves

O caso do senador mineiro já expunha a reação mais contundente da política ao STF. Investigado pela Procuradoria-Geral da República e flagrado negociando o recebimento de recursos com integrantes da JBS, Aécio foi afastado do exercício do mandato parlamentar[57] – depois de idas e vindas – pela 1ª Turma. No colegiado, prevaleceu o entendimento de que, para proteger as investigações, o senador tucano deveria ser afastado de suas funções.

Senadores reagiram, pressionando o presidente da Casa, Eunício Oliveira (MDB-CE), a submeter a decisão do STF ao plenário. Diante do cenário que se desenhava, Cármen Lúcia atravessou a Praça dos Três Poderes para negociar uma saída com o Legislativo. E acertou com Eunício Oliveira que a questão seria resolvida pelo plenário do STF na semana seguinte.

Estava pauta para julgamento uma ação direta de inconstitucionalidade (ADI 5526) em que os partidos – PP, PSC e Solidariedade

---

57 BATINI, Silvia. Prisões de parlamentares e o Supremo. JOTA, 01 dez. 2017. Disponível em: <https://www.jota.info/stf/supra/prisoes-de-parlamentares-e-o-supremo-01122017>. Acesso em: 11 fev. 2019.

– defendiam que medidas cautelares impostas a deputados e senadores e deveriam ser submetidas ao crivo da respectiva casa legislativa em 24 horas.

A discussão no STF foi dividida – cinco votos num sentido e cinco votos noutro.[58] E coube à ministra Cármen Lúcia, que havia costurado o acordo político com o Senado, desempatar o julgamento. A ministra tentou se equilibrar, inutilmente, na corda, fazendo parecer que concordava com os dois lados. Mas sua dubiedade foi flagrada e revelada por todos os colegas durante o julgamento. A ministra pagou um preço alto por comandar o recuo da Corte.

> Cármen Lúcia: Nós vamos ter que chegar a um voto médio.
> Edson Fachin: Mas não há voto médio aqui, presidente. Nós temos uma divergência essencial: submeter ou não à Casa Legislativa. Meu voto foi pela não submissão, o do ministro Alexandre, acompanhado por mais cinco ministros. Inclusive, Vossa Excelência, foi pela submissão.
> Cármen Lúcia: Não, é apenas um dado. Não é quanto a ser voto vencido ou vencedor.

Foram 45 minutos de discussão até que a presidente deixasse claro que votava pela possibilidade de o Congresso reverter as decisões do Supremo e que se proclamasse o resultado. "Os autos da prisão em flagrante delito por crime inafiançável ou a decisão judicial de imposição de medidas cautelares que impossibilitem, direta ou indiretamente, o pleno e regular exercício do mandato parlamentar e de suas funções legislativas, serão remetidos dentro de 24 horas à Casa respectiva, nos termos do §2º do artigo 53 da Constituição Federal, para que, pelo voto nominal e aberto da maioria de seus membros, resolva sobre a prisão ou a medida cautelar", decidiu o STF, com o voto de desempate de Cármen Lúcia.

Noutro caso, que envolveu a execução provisória da pena[59] e a manutenção da prisão do ex-presidente Lula, foi a ministra quem direcionou o tribunal, assumindo total responsabilidade pelos ônus e bônus do desfecho. Atuou solitariamente, resistindo a pressões internas – inclu-

58 RECONDO, Felipe. Aécio Neves e os 14 Supremos. JOTA, 29 set. 2017. Disponível em: <https://www.jota.info/opiniao-e-analise/artigos/aecio-neves-e-os-14-supremos-29092017>. Acesso em: 11 fev. 2019.

59 PEREIRA, Thomaz. HC do Lula: quando os dois lados têm razão. JOTA, 3 abr. 2018. Disponível em: <https://www.jota.info/stf/supra/hc-do-lula-quando-os-dois-lados-tem-razao-03042018>. Acesso em: 11 fev. 2019.

sive de ministros com os quais a ministra mantém as mais próximas relações –, controlando com mão de ferro a pauta e expondo colegas à opinião pública.

Nas oscilações da jurisprudência sobre a execução provisória da pena, o STF decidiu em 2016 que era regra a prisão após a condenação em segunda instância, mas indicou nova mudança – a partir da guinada de opinião do ministro Gilmar Mendes. A alteração de jurisprudência, com potencial dano à Lava Jato, poderia ser feita no julgamento de uma Ação Declaratória de Constitucionalidade (ADC)[60] relatada pelo ministro Marco Aurélio e que já estava pronta para ser decidida.

Mas Cármen Lúcia fez conta de chegada[61] – de olho no decisivo voto da ministra Rosa Weber.[62] Em vez de levar a ADC a plenário, preferiu dar nome e sobrenome ao julgamento. Por quê? Se levasse a julgamento a ADC, o STF poderia reverter sua interpretação da Constituição e, por consequência, garantiria a liberdade a Lula. Mas, ao pautar o *habeas corpus* impetrado por Lula contra sua prisão, Cármen Lúcia praticamente definiu o destino do petista, mudou o quadro eleitoral e adiou para 2019 qualquer tentativa de reversão da jurisprudência.

"Eu não lido [com pressão]. Eu simplesmente não me submeto a pressão", disse Cármen Lúcia sobre o movimento de ministros para julgamento das ADCs que contestam prisão em segunda instância.

Outro caso, protagonizado por outros colegas, levanta dúvidas sobre a responsabilidade da ministra na liderança da Corte. Como insiste o ministro Marco Aurélio, o presidente do STF deve atuar

---

60 LUNARDI, Soraya; BOTTINO, Thiago; DIMOULIS, Dimitri. As regras processuais como armas: lições da ADC 43. JOTA, 11 abr. 2018. Disponível em: <https://www.jota.info/stf/supra/as-regras-processuais-como-armas-licoes-da-adc-43-11042018>. Acesso em: 11 fev. 2019.

61 ARGUELHES, Diego Werneck; PEREIRA, Thomaz. O Supremo das estratégias e o STF de Rosa Weber. JOTA, 6 abr. 2018. Disponível em: <https://www.jota.info/stf/supra/o-supremo-das-estrategias-rosa-weber-lula-06042018>. Acesso em: 11 fev. 2019.

62 RECONDO, Felipe; ARGUELHES, Diego Werneck. Na moderação de Rosa Weber está o destino da execução provisória. JOTA, 22 mar. 2018. Disponível em: <https://www.jota.info/stf/supra/na-moderacao-de-rosa-weber-esta-o-destino-da-execucao-provisoria-22032018>. Acesso em: 11 fev. 2019.

como algodão entre cristais. Sob esse critério, a atuação de Cármen Lúcia foi insuficiente. Não questionou ministros que exorbitavam nas críticas em plenário ou fora dele. Não liderou o tribunal, falou pela instituição e por seus colegas em momentos críticos. Os ministros, neste quadro de vácuo, transbordaram, disputaram o debate público e acirraram os ânimos.

A Lava Jato foi o ingrediente central destas pelejas, partindo a Corte entre aqueles que enxergavam na operação um detergente para a política e aqueles que viam na atuação da Procuradoria um desbordo para o messianismo.

Este foi o cenário que emoldurou a grave discussão entre Gilmar Mendes e Luís Roberto Barroso. Mendes é crítico contumaz de posicionamentos de Barroso, e nunca se viu constrangido ou contido por um colega a diminuir o tom em prol da institucionalidade, muito menos por Cármen Lúcia.[63]

No dia 21 de março deste ano, Barroso reagiu e proferiu a frase que já entrou para o imaginário popular: "Me deixa de fora desse seu mau sentimento. Você é uma pessoa horrível, mistura do mal com atraso e pitadas de psicopatia. Isso não tem nada a ver com o que está sendo julgado aqui."

Em meio à tensão, Cármen Lúcia chamou um intervalo com o intuito de acalmar os ânimos, mas Gilmar Mendes não aceitou a ordem da presidente e rebateu: "[...] o senhor deveria fechar seu escritório de advocacia".

Depois, em evento na Feira da Língua Portuguesa, em Paraty, Barroso explicou sua reação: "Imagina você ir todo dia trabalhar com um colega grosseiro, que planta notas falsas contra você nos jornais! Fiquei chateado porque a impressão que ficou é a de um episódio de dois brigões, mas, na verdade, a nossa divergência é sobre projetos de país."

Cármen Lúcia, como presidente, numa autocrítica afirmou que não conseguiu "a pacificação social." Difícil saber como a ministra pensava que, da sua cadeira, poderia pacificar a sociedade. Mas, independentemente disso, pode-se dizer com segurança que dentro do tribunal a ministra pouco contribuiu para a pacificação.

63 FALCÃO, Joaquim. O Supremo e a raiva. JOTA, 31 out. 2017. Disponível em: <https://www.jota.info/stf/supra/o-supremo-e-a-raiva-31102017>. Acesso em: 11 fev. 2019.

Três decisões da ministra Cármen Lúcia a colocaram em contraposição ao Palácio do Planalto.

Três decisões da ministra Cármen Lúcia a colocaram em contraposição ao Palácio do Planalto e fomentaram mais turbulência no cenário já conflagrado.

Na primeira, ela suspendeu os efeitos do decreto de indulto natalino assinado pelo presidente Michel Temer. A ministra julgou inconstitucionais vários pontos do decreto e disse que indulto não pode ser "instrumento de impunidade". "Indulto não é prêmio ao criminoso nem tolerância ao crime. Nem pode ser ato de benemerência ou complacência com o delito."

Noutra decisão, suspendeu a posse da deputada federal Cristiane Brasil (PTB–RJ) no Ministério do Trabalho. Condenada pela Justiça Trabalhista a pagar indenização a um ex-motorista, a deputada foi nomeada para o cargo por Temer. Mas Cármen Lúcia suspendeu a nomeação "[...] com base no poder geral de cautela e nos princípios constitucionais da segurança jurídica e da efetividade da jurisdição, que seriam comprometidos com o ato de posse."

"Há que se respeitar opiniões diferentes. O sentimento de brasilidade deve sobrepor-se a ressentimentos ou interesses que não sejam aqueles do bem comum a todos os brasileiros", disse Cármen Lúcia às vésperas do julgamento do HC de Lula.

Na terceira, impediu que o governo federal bloqueasse repasses de recursos ao Rio de Janeiro porque o estado não estava pagando suas dívidas. A medida estava prevista no plano de recuperação fiscal firmado pela União com o governo Luiz Fernando Pezão (MDB–RJ) para tirar o Rio de Janeiro da grave crise financeira em que ainda se encontra. A ministra alegou que a retenção dos recursos para o estado poderia impedir a continuidade de serviços básicos. A decisão, contudo, gerou insegurança e diminuiu a força do Ministério da Fazenda de impor medidas de austeridade ao Rio de Janeiro e aos demais estados também em dificuldades.

Por outro lado, Cármen Lúcia deixou de pautar temas que estavam sob sua relatoria, como a autorização para o aborto em caso de contaminação por zika vírus, ação que chegou ao STF em 2016, chegou a ser pauta para julgamento no mesmo ano, mas não voltou ao plenário desde então.

E, durante os dois anos de gestão Cármen Lúcia, o Supremo julgou casos importantes, como:

- redução do escopo do foro privilegiado;[64]
- constitucionalidade da terceirização de atividades-fim por empresas;
- o direito de transgêneros alterarem seu registro civil sem a necessidade de mudança de sexo;
- reconhecimento da imprescritibilidade de ação de ressarcimento ao erário por ato doloso de improbidade;
- impossibilidade de condução coercitiva de pessoas investigadas,
- poder da polícia de firmar acordos de delação premiada;
- inconstitucionalidade de norma federal que permitia a industrialização e comercialização do amianto crisotila;
- possibilidade de desconto no salário do servidor em greve – mesmo que a greve não seja ilegal;
- desnecessidade da autorização prévia de Assembleia Legislativa para que o governo do respectivo estado seja processado criminalmente;
- possibilidade de ensino religioso confessional nas escolas públicas;
- constitucionalidade do fim da contribuição sindical obrigatória;
- constitucionalidade do Código Florestal;
- regularidade dos acordos de delação homologados por ministro do Supremo, com aplicação dos respectivos benefícios aos investigados.

Na 2ª Turma, Cármen Lúcia fará diferença no seguimento das investigações de combate à corrupção

64 ARGUELHES, Diego Werneck; RECONDO, Felipe. Foro privilegiado: incerteza ou imobilismo? JOTA, 8 maio 2018. Disponível em: <https://www.jota.info/stf/supra/foro-privilegiado-incerteza-08052018>. Acesso em: 11 fev. 2019.

Cármen Lúcia deixa a Presidência e volta a ocupar uma cadeira na 2ª Turma do STF. Sua presença mudará o equilíbrio de forças no colegiado que julga as ações da Lava Jato.

Junto a Fachin e Celso de Mello, Cármen Lúcia voltará a garantir a maioria para um grupo de ministros que é mais deferente às investigações e posicionamentos do Ministério Público.

Antes, com Dias Toffoli na 2ª Turma, a tríade composta por ele, Gilmar Mendes e Ricardo Lewandowski impôs restrições relevantes às apurações, como a decisão que libertou o ex-ministro José Dirceu da prisão.

Nesta posição, longe das pressões da Presidência, Cármen Lúcia fará diferença no futuro da Corte e no seguimento das investigações de combate à corrupção política, o que nem sempre pôde fazer quando estava na Presidência do tribunal.

Cármen Lúcia deixa a presidência com os ministros e conselheiros do CNJ, quase abertamente, dizendo-se aliviados com a mudança no comando da Corte. Esperam que agora a travessia para tempos pacificados ou menos revoltosos possa, enfim, ser feita.

10

NEUTRALIZANDO A TV JUSTIÇA EM TRÊS PASSOS

Luiz Fernando Gomes Esteves | Diego Werneck Arguelhes
24 | 09 | 2018

Práticas adotadas por ministros podem reduzir utilidade da transmissão como mecanismo de transparência

Desde 2002 a TV Justiça exibe semanalmente os ministros à população brasileira. Esse arranjo quase sem paralelos no mundo – o exemplo notável é o da Corte do México – permitiu um amplo acompanhamento de alguns dos julgamentos mais importantes da história do Tribunal, como o Mensalão, a definição do procedimento do *impeachment* de Dilma e, recentemente, o julgamento do caso que contribuiu para a prisão do ex-presidente Lula.[65]

Com o tempo, a TV Justiça gerou controvérsia. Segundo a principal crítica, a transmissão dos julgamentos em tempo real afeta o comportamento de ministros e atrapalha a deliberação,[66] que seria mais tímida e menos sincera diante das câmeras. Os elogios, por sua vez, enfatizam um ganho em transparência, com a TV Justiça jogando alguma luz sobre o funcionamento do órgão mais importante do Judiciário brasileiro. Qualquer que seja o balanço final deste debate, porém, é fato que um

65 O título do texto é inspirado no texto "Como desestruturar uma agência reguladora em 3 passos simples". Cf.: JORDÃO, Eduardo; RIBEIRO, Mauricio Portugal. Como desestruturar uma agência reguladora em 3 passos simples. JOTA, 1 nov. 2016. Disponível em: <https://www.jota.info/opiniao-e-analise/artigos/como-desestruturar-uma-agencia-reguladora-em-3-passos-simples-01112016>. Acesso em: 15 mar. 2019.

66 PULS, Maurício; FERRARI, Márcio. Déficit da deliberação. Revista Pesquisa FAPESP, n. 243, maio 2016. Disponível em: <http://revistapesquisa.fapesp.br/2016/05/19/deficit-de-deliberacao/>. Acesso em: 11 fev. 2019.

conjunto de práticas adotadas pelo STF e seus ministros pode retirar boa parte da utilidade da transmissão como mecanismo de transparência.

A primeira prática é *decidir sozinho e não colegiadamente*. O Supremo vive um excessivo protagonismo decisório de ministros individuais.[67] Nos últimos anos, várias questões importantes foram decididas dentro dos gabinetes dos ministros, liminar e monocraticamente,[68] fora da televisão. Sem a participação do plenário, nomeações de ministros de estado,[69] leis e processos legislativos foram suspensos, e benefícios milionários foram concedidos a certas categorias.[70] Quando questões importantes são resolvidas monocraticamente, às vezes sem que o plenário possa se pronunciar, os benefícios proporcionados pela transparência começam a ficar mais rarefeitos.

Essa ameaça de esvaziamento da relevância decisória do plenário, na verdade, não se limita ao plano do comportamento individual dos ministros. O segundo passo para minar a transparência é *decidir virtualmente e não presencialmente*. Após sua posse como presidente, o ministro Dias Toffoli sinalizou que uma de suas propostas seria aumentar as competências do plenário virtual[71] – um arranjo de difícil compreensão pelo público, em que os ministros adicionam seus votos no sistema do tribunal, sem que precisem jamais se encontrar, ou muito menos

---

67 ARGUELHES, Diego Werneck; RIBEIRO, Leandro Molhano. Ministocracia: O Supremo Tribunal individual e o processo democrático brasileiro. *Novos estudos CEBRAP*, v. 37, n. 1, p. 13-32, 2018.

68 BELISÁRIO, Adriano. Ministros deram liminares monocráticas em 73 ADIs e ADPFs desde 2017. JOTA, 20 set. 2018. Disponível em: <https://www.jota.info/justica/supremo-aplicacao-constituicao-20092018>. Acesso em: 11 fev. 2019.

69 ARGUELHES, Diego Werneck; HARTMANN, Ivar A. Mendes e Lula: uma liminar contra o Plenário do Supremo. JOTA, 21 mar. 2016. Disponível em: <https://www.jota.info/stf/supra/mendes-e-lula-uma-liminar-contra-o-plenario-do-supremo-21032016>. Acesso em: 11 fev. 2019.

70 REDAÇÃO JOTA. R$ 289 milhões: O custo do auxílio-moradia para os cofres da União. JOTA, 25 out. 2016. Disponível em: <https://www.jota.info/jotinhas/r-289-milhoes-o-custo-auxilio-moradia-para-os-cofres-da-uniao-25102016>. Acesso em: 11 fev. 2019.

71 CARNEIRO, Luiz Orlando; TEIXEIRA, Matheus; FALCÃO, Márcio. Toffoli quer ampliar julgamentos em plenário virtual e troca de votos de ministros. JOTA, 17 set. 2018. Disponível em: <https://www.jota.info/stf/do-supremo/toffoli-quer-ampliar-julgamentos-em-plenario-virtual-e-troca-de-votos-de-ministros-17092018>. Acesso em: 11 fev. 2019.

trocar argumentos de fato. Mais ainda, Toffoli anunciou a expansão do plenário virtual, inclusive para decidir ações do controle concentrado de constitucionalidade.

Embora o Supremo possa realizar controle de constitucionalidade em diversos tipos de processo, essas ações em particular – ADIs, ADPFs, ADCs – são as que, em última medida, justificariam a própria existência competências especializadas de corte constitucional no desenho do Supremo. São ferramentas que o Supremo – e apenas o Supremo – possui para fixar uma interpretação da Constituição e concretizá-la ao longo do tempo, e, por diversos motivos, têm sido também o foco da maior parte de estudos acadêmicos sobre como se comportam e como decidem o tribunal e seus ministros.

Esses processos seriam cada vez decididos virtualmente, e não presencialmente – ou seja, longe do plenário da TV Justiça. De acordo com o ministro, "O fato de um feito ir para o Plenário Virtual não significa que terá uma análise menor ou menos cuidadosa". Mesmo que se concorde com essa afirmação, é difícil explicar como a transparência do plenário virtual – não televisionado – se compara à transparência do plenário físico. Se os dois plenários se confundem, se não há diferenças no processo ou no resultado, por que não eliminar o plenário televisionado? No fundo, seria o plenário real apenas uma formalidade, mantida só para não gerar conflito com a exigência constitucional de que as "sessões" sejam "públicas"? A justificativa para a medida, como sempre, seria a grande quantidade de processos recebida pela Tribunal, mas é difícil ver como esse argumento – ainda que faça sentido – possa afastar o problema de transparência criado pela "virtualização" do plenário.

O terceiro movimento que enfraquece a TV Justiça é o crescente julgamento de processos por meio das chamadas "listas" – ou seja, *decidir em bloco e não pontualmente*. Neste caso, os ministros relatores elaboram listas com processos que serão julgados pelo plenário. Ao contrário do julgamento comum, porém, aqui há um julgamento rápido em frente às câmeras. O presidente do Tribunal anuncia quais processos compõem as listas e, sem nem anunciar quais são os temas envolvidos ou os argumentos do voto do relator, pergunta aos demais ministros se concordam com o voto do relator; pode ser que os ministros saibam do que se trata, mas essas informações e essa certeza não são capturadas pelas câmeras. É possível, inclusive, a votação global de todos os processos listados. Em segundos, vários processos são decididos, inclusive aqueles de controle abstrato e concentrado de constitucionalidade. O eventual telespectador assiste a dezenas de decisões sendo tomadas, diante de seus olhos, às vezes sem ter uma ideia mínima das questões em jogo.

Na sessão do dia 20 de setembro, por exemplo, mais de dez processos de controle abstrato e concentrado foram indicados em listas. Sabe-se que o tempo do plenário é escasso e precioso, e é necessário otimizar os processos decisórios, diante do gigante acervo. Contudo, esse argumento parece perder força quando o Tribunal encerra a sessão de julgamento antes do previsto, por falta de processos na pauta. No dia 20 de setembro ocorreu exatamente isso, e os ministros encerraram suas atividades no plenário duas horas antes do horário usual. Assim, há sinais de que a conversão de julgamentos pontuais em decisões em bloco pode acabar indo muito além do que seria justificável como medida de adaptação, pelo Supremo, à sua pauta sobrecarregada.

Sessões públicas televisionadas pode não ser o modelo ideal para a deliberação de um Tribunal, mas é o arranjo adotado pelo Brasil. Discussões sobre sua manutenção, aprimoramento, ou mesmo extinção são fundamentais e bem-vindas. As práticas narradas acima, contudo, indicam um cenário preocupante, em que questões importantes para a sociedade brasileira podem ser decididas longe das câmeras, e sem controle ou transparência significativas. Se ocorrer dessa forma, a neutralização da TV Justiça não será televisionada.

11

CONSEQUENCIACHISMO, PRINCIPIALISMO E DEFERÊNCIA: LIMPANDO O TERRENO

Fernando Leal
01 | 10 | 2018

O dilema é, de fato, meramente aparente.

A crítica de Conrado Mendes[72] a um consequencialismo judicial baseado em meras especulações produziu dois tipos de reações. De um lado, enfocando possíveis vantagens relativas de um consequencialismo intuitivo, José Vicente de Mendonça[73] considerou esses "consequenciachismos" preferíveis ao que chamou de "principiachismo" – o uso frouxo de ideias vagas como "dignidade humana", "moralidade" e "interesse público" em decisões judiciais. Segundo Mendonça, mesmo os argumentos "consequenciachistas" podem ser empiricamente falsificados. De outro lado, Daniel Wang[74] rejeita os dois tipos de "achismos" e, para resolver o que considera um falso dilema, propõe como solução níveis mais altos de deferência judicial a escolhas e avaliações feitas por outras instituições.

Esse dilema é, de fato, meramente aparente.

72 MENDES, Conrado Hübner. Jurisprudência Impressionista. Época, 14 set. 2018. Disponível em: <https://epoca.globo.com/conrado-hubner-mendes/jurisprudencia-impressionista-23066592>. Acesso em: 11 fev. 2019.

73 MENDONÇA, José Vicente Santos de. Em defesa do consequenciachismo. Direito do Estado, n. 413, ano 2018. Disponível em: <http://www.direitodoestado.com.br/colunistas/jose-vicente-santos-mendonca/em-defesa-do-consequenciachismo>. Acesso em: 11 fev. 2019.

74 WANG, Daniel Wei Liang. Entre o consequenciachismo e o principiachismo, fico com a deferência. JOTA, 20 set. 2018. Disponível em: <https://www.jota.info/opiniao-e-analise/artigos/entre-o-consequenciachismo-e-o-principiachismo-fico-com-a-deferencia-20092018>. Acesso em: 11 fev. 2019.

Em primeiro lugar, porque princípios e consequências estão mais próximos do que parecem. Se aplicar princípios exige, em alguma medida, raciocínios consequencialistas, o próprio raciocínio baseado em consequências poderia – e, de certa maneira, deveria – acomodar princípios jurídicos.

Segundo uma visão convencional, princípios apontam para a realização de estados de coisas sem determinar os meios que devem ser aplicados para promovê-los. Assim, decidir agora se um ato do poder público é compatível com certo princípio exige um esforço de antecipação dos efeitos que a opção – executiva ou legislativa – pode promover na realidade. Nesse processo, não apenas valorações jurídicas entram em jogo, mas também

I. preocupações sobre como o futuro pode vir a se conformar;

II. considerações sobre a evolução do estágio do conhecimento científico a respeito de determinados assuntos se tornam decisivos.

Quando debatemos a constitucionalidade da legalização da maconha, por exemplo, se quisermos usar a ideia de proporcionalidade com rigor,[75] é preciso ir além de uma desorientada disputa entre liberdade e saúde pública. Teremos que discutir a aptidão de certas escolhas públicas para promover o estado de coisas por ela visado; comparar medidas que possam promover a liberdade com a mesma intensidade da legalização, mas que eventualmente restrinjam menos a saúde pública; e apurar a confiabilidade das premissas empíricas que sustentam os objetivos constitucionais em tensão – o que a comunidade médica dispõe de informações sobre os potenciais efeitos nocivos da maconha, por exemplo. Em todas essas dimensões, considerações consequencialistas entram em cena, ainda que o rótulo utilizado para esse tipo de raciocínio seja "ponderação de princípios".

Ao mesmo tempo, se a decisão consequencialista requer a aplicação de um critério de valoração para ordenar os possíveis estados do mundo que podem decorrer de diferentes alternativas decisórias, princípios podem entrar em cena como os parâmetros jurídicos capazes de justificar a preferência por certo curso de ação. Mais ainda, para ranquear diferentes cenários possíveis como melhores ou piores, é possível recorrer a uma teoria normativa que sustente ser preferível

75 ALEXY, Robert. On Balancing and Subsumption. A Structural Comparison. *Ratio Juris*, v. 16, n. 4, p. 433-449, 2003.

que o juiz recorra a princípios em vez de simplesmente adotar apenas as suas preferências pessoais para desempenhar essa tarefa.

Isso permitiria que um critério propriamente jurídico, ainda que de significado vago, fosse usado para justificar a decisão. Nesse aspecto, o raciocínio preocupado com efeitos futuros não seria oposto ou incompatível com a aplicação de princípios, ainda que essa seja apenas uma das peças das engrenagens de raciocínios consequencialistas.

O dilema entre consequencialismo e principialismo é falso também por outra razão. Se o que está em jogo é a redução de incertezas que podem afetar a decisão judicial, tanto a decisão com princípios como a orientação em consequências padecem de dificuldades estruturais talvez insuperáveis. Se já há muita discussão sobre os limites da ponderação de princípios[76], ainda é preciso enfatizar que argumentações consequencialistas não são simples mesmo para quem tenta desenvolvê-las com seriedade. Como já sustentei questionando os alegados efeitos positivos que nova Lei de Introdução às Normas de Direito Brasileiro,[77] raciocínios consequencialistas precisam lidar com dois tipos de dificuldades.

Na dimensão propriamente normativa do raciocínio, o critério de valoração de consequências precisa, em primeiro lugar,

I. ser conhecido;

II. é necessário que receba sentido operacionalizável e que esse sentido se mantenha estável no tempo. De nada adianta, por exemplo, definir que "excepcional interesse social" ou a "moralidade" são importantes critérios de valoração de estados de coisas se não se sabe com alguma precisão o que essas palavras e expressões querem dizer;

III. é preciso que exista alguma metodologia segura capaz de justificar a prioridade de um critério de valoração em situações em que mais de um parâmetro pode ser aplicável para sus-

---

76 LEAL, Fernando. Irracional ou hiper-racional? A ponderação de princípios entre o ceticismo e o otimismo ingênuo. *Revista de Direito Administrativo & Constitucional*, v. 14, n. 58, p. 177-209, 2014.

77 LEAL, Fernando. Considerar as consequências das decisões resolve? Uma análise crítica do PL 349/15. Direito do Estado, n. 218, ano 2016. Disponível em: <http://www.direitodoestado.com.br/colunistas/fernando-leal/considerar-as-consequencias-das-decisoes-resolve-uma-analise-critica-do-pl-34915>. Acesso em: 11 fev. 2019.

> tentar decisões opostas para um mesmo problema de decisão. Nesse último aspecto, se, por exemplo, em um cenário com duas alternativas de decisão possíveis – declarar uma medida constitucional ou inconstitucional, suponhamos –, o valor segurança jurídica sustentar uma preferência pela inconstitucionalidade da medida e um objetivo social relevante reforçar a sua constitucionalidade, qual dos critérios deve prevalecer? Esses não me parecem ser problemas diferentes daqueles que, no geral, afetam o trabalho com princípios jurídicos, incluindo a confiabilidade da proporcionalidade para conduzir processos de tomada de decisão que envolvem princípios em colisão.

Na dimensão positiva, raciocínios prospectivos estão sujeitos a uma assimetria necessária entre o futuro imaginado agora e o futuro que realmente chegará. Essa assimetria exige rigor na realização de diagnósticos confiáveis sobre o que pode acontecer.[78] Em alguns casos, ela pode ser neutralizada.[79] No entanto, mesmo a inclinação prudente do que José Vicente Santos de Mendonça chamou de "consequencialismo consequente", não evita problemas de escolhas entre alternativas cujos efeitos não podem ser antecipados. Em um cenário menos cruel, ainda que efeitos possíveis possam ser antecipados, pode faltar experiência acumulada capaz de garantir a fixação de probabilidades seguras de sua ocorrência. Nem toda estimativa sobre o futuro funciona como um jogo de dados, em que é possível estimar as chances de ganho *a priori*, ou a previsão do tempo. Em problemas de tomada de decisão sob condições de incerteza radical ou ignorância sobre o futuro, a busca pela melhor resposta ganha, em uma medida relevante, uma dimensão de aposta. Por isso, o argumento da possibilidade de falsificação de "chutes" sobre o futuro que sustentariam uma decisão para um problema específico nem sempre fará sentido – na teoria e na prática.

---

78 LEAL, Fernando. Os impactos dos planos econômicos e a encruzilhada do Supremo. JOTA, 15 ago. 2016. Disponível em: <https://www.jota.info/stf/supra/os-impactos-dos-planos-economicos-e-encruzilhada-supremo-15082016>. Acesso em: 11 fev. 2019.

79 HARTMANN, Ivar A. Estatística e execução da pena. JOTA, 6 out. 2016. Disponível em: <https://www.jota.info/stf/supra/execucao-provisoria-um-supremo-empiricamente-informado-06102016>. Acesso em: 11 fev. 2019.

Por fim, na verdade, também é falsa a oposição entre consequencialismo *versus* principialismo, de um lado, e deferência *versus* ativismo de outro. Deferência judicial não é uma resposta para o tipo de pergunta que separa a escolha entre justificar uma decisão judicial em princípios ou consequências. São debates distintos, que envolvem conjuntos independentes de perguntas e respostas.

O debate sobre deferência enfatiza prioritariamente a questão "quem deve decidir?", enquanto a discussão sobre fundamentar ou não decisões em princípios ou em consequências enfoca a pergunta "como decidir?". Exatamente porque as perguntas são diferentes e independentes,[80] é possível sustentar com razões consequencialistas, por exemplo, posturas de maior deferência judicial. Por exemplo, podemos argumentar que as consequências da adoção de uma ou outra postura decisória são comparativamente melhores às das alternativas concorrentes em um dado arranjo institucional.

Os problemas e confusões levantados decerto não esvaziam a importância das discussões sobre modelos de justificações de decisões e posturas judiciais em conflitos atuais ou potenciais com outros poderes. Os textos dos três autores funcionam como alertas para o recurso ingênuo ou estratégico a consequências e normas vagas como fundamentos de decisões.

No entanto, uma ênfase exagerada no debate entre principialismo e consequencialismo pode levar à crença falsa de que essas são as opções mais viáveis para justificar decisões judiciais – seja porque são as únicas, seja porque são consideradas as melhores. Esse reducionismo pode, como efeito perverso, retirar o foco daquilo que talvez realmente falte ao direito brasileiro: reconhecer os textos legais e precedentes como limites resistentes – ainda que não intransponíveis – a escolhas judiciais e levar a sério, na formulação e na aplicação, o trabalho dogmático. Um tipo de formalismo e esforços de formalização que parecem desempenhar um papel cada menor na academia jurídica e na prática decisória do país.

Com o terreno mais limpo, o debate sobre "achismos" justificatórios pode servir para voltarmos a discutir algum tipo de formalismo como alternativa – não no sentido caricato, geralmente tido como retrógrado, rudimentar ou insensível à justiça, mas sim como uma prática decisória que pode ser parte necessária do que torna o direito socialmente valioso.

---

80 ARGUELHES, Diego Werneck; LEAL, Fernando. O argumento das "capacidades institucionais" entre a banalidade, a redundância e o absurdo. *Direito, Estado e Sociedade*, n. 38, p. 6-50, jan./jun. 2011.

12

ENTREVISTA DE LULA, GUERRA DE LIMINARES E A "LEGITIMIDADE CIRCULANTE" DO SUPREMO

Diego Werneck Arguelhes

10 | 10 | 2018

Se sempre aceito o uso de poderes individuais dos ministros para fazer valer o que acho correto, como defender a extinção ou limitação desses mecanismos?

O ex-presidente Lula pode dar entrevistas, mesmo estando preso? Em questão de dias, sucessivamente e às vezes com horas de diferença, ministros do Supremo responderam "sim",[81] "não",[82] "sim"[83] e "não mesmo."[84] A intervenção do ministro Fux, em particular, suspendendo

81 FALCÃO, Márcio. Lula pode conceder entrevista para Folha, decide Lewandowski. JOTA, 23 set. 2018. Disponível em: <https://www.jota.info/eleicoes-2018/lula-entrevista-lewandowski-28092018>. Acesso em: 11 fev. 2019.

82 RECONDO, Felipe. Fux proíbe Lula de dar entrevistas. JOTA, 28 set. 2018. Disponível em: <https://www.jota.info/coberturas-especiais/liberdade-de-expressao/fux-proibe-lula-de-dar-entrevistas-stf-triplex-lava-jato-28092018>. Acesso em: 11 fev. 2019.

83 FALCÃO, Márcio. Com críticas a Fux e Toffoli, Lewandowski reafirma autorização para entrevista de Lula. JOTA, 1 out. 2018. Disponível em: <https://www.jota.info/coberturas-especiais/liberdade-de-expressao/apos-liminar-de-fux-lewandowski-autoriza-imediata-entrevista-de-lula-a-folha-01102018>. Acesso em: 11 fev. 2019.

84 FALCÃO, Márcio. Toffoli manda cumprir liminar de Fux que suspendeu entrevista de Lula. JOTA, 1 out. 2018. Disponível em: <https://www.jota.info/coberturas-especiais/liberdade-de-expressao/toffoli-manda-cumprir-liminar-de-fux-que-suspendeu-entrevista-de-lula-01102018>. Acesso em: 11 fev. 2019.

a liminar inicial do ministro Lewandowski, chamou a atenção por seus diversos problemas procedimentais.[85]

De maneira mais geral, essa guerra de decisões monocráticas mostra como, no Supremo, é possível ter uma resposta diferente a cada vez que se faz a mesma pergunta ao tribunal. Mais ainda, mostra como é possível fazer a mesma pergunta várias vezes, contra uma resposta já dada por outro ministro, apenas variando o mecanismo processual.

Sabemos que ministros do Supremo Tribunal têm amplos poderes para agir, individualmente e muitas vezes sem controle colegiado, sobre o mundo fora do tribunal – um cenário que podemos chamar de "ministrocracia."[86] O uso e abuso desses poderes individuais erodem a legitimidade construída coletivamente por gerações de ministros do Supremo,[87] como observou Thomaz Pereira.

A "ministrocracia" é incompatível com um efetivo controle de *como* cada ministro utilizará, bem ou mal, o seu poder de decidir individualmente. Ela é disfuncional. Mas sua persistência como arranjo institucional talvez resida, em parte, na promessa implícita e sedutora que ela faz a todos nós: um dia, *um ministro sozinho pode ser decisivo para o seu caso ou para uma causa que você considere fundamental.*

Nos últimos anos, essa promessa se disseminou. O Supremo foi se apresentando mais e mais como um conjunto de empreendedores jurisprudenciais individuais. Para fora das sessões, o que temos é um conjunto de indivíduos poderosos com recursos suficientes para fazer valer uma tese jurídica ou solução concreta que você considere correta e importante.

Essa promessa ganha ainda mais força quando atrelada a uma visão "instrumentalista" do funcionamento do Supremo – uma atitude que só dá valor a decisões que sejam boas no resultado, independentemente do procedimento ou da colegialidade. No limite, se o mérito

---

85 TANGERINO, Davi. Fux e o jogo dos sete erros. Folha de São Paulo, 30 set. 2018. Disponível em: <https://www1.folha.uol.com.br/poder/2018/09/fux-e-o-jogo-dos-sete-erros.shtml>. Acesso em: 11 fev. 2019.

86 ARGUELHES, Diego Werneck; RIBEIRO, Leandro Molhano. Ministocracia: O Supremo Tribunal individual e o processo democrático brasileiro. *Novos estudos CEBRAP*, v. 37, n. 1, p. 13-32, 2018.

87 PEREIRA, Thomaz. A tragédia no STF. Folha de São Paulo, 20 set. 2017. Disponível em: <https://www1.folha.uol.com.br/opiniao/2017/09/1919967-a-tragedia-no-stf.shtml>. Acesso em: 11 fev. 2019.

da questão for a única coisa que importa, quem acha que Lula deve poder dar entrevista aprovou a decisão monocrática de Lewandowski, independentemente da magnitude do problema em exame; quem não vê ali um direito do ex-presidente ou dos jornalistas celebrou, por sua vez, a intervenção de Fux, pouco importando a confusão institucional e os problemas processuais envolvidos.

Mesmo que você tenha agora uma resposta negativa, pelas mãos de um ministro, para uma causa que considere importante, a estrutura do tribunal e o comportamento de seus ministros sinalizam que sempre é possível tentar de novo. Quanto menos o colegiado se pronunciar, e quanto mais a autoridade decisória estiver fragmentada entre ministros individuais, maior a chance de você conseguir amanhã o que o ministro de ontem não deu.

A entrevista de Lula colocou de forma clara essa "instrumentalização" –, mas agora *dentro* do próprio Supremo, com ministros esgrimindo publicamente procedimentos nada ortodoxos para determinar o resultado final.

Um contra a decisão do outro – sucessiva e circularmente. Mas as reações públicas a esse episódio também permitem ver algo sobre nós, espectadores e participantes do funcionamento do tribunal. Como temos lidado com a sedutora promessa da "ministrocracia" – a esperança das onze chances de conseguir a decisão que queremos? Para além da nossa concordância com esta ou aquela decisão individual, é preciso utilizar esse episódio para pensar sobre nossa postura diante uma questão mais geral, estrutural e urgente: *os ministros do Supremo deveriam resolver casos tão relevantes individualmente?*

Considere a liminar monocrática, do ministro Gilmar Mendes, que suspendeu, em março de 2016, a nomeação de Lula como ministro de Dilma Rousseff. Independentemente do que diz o regimento do tribunal, você considera que um ministro *deveria* ter o poder de decidir monocraticamente aquela questão? E, da mesma forma, você considera que um ministro *deveria* ter o poder de decidir, sozinho, um caso como o da entrevista de Lula, por qualquer mecanismo processual?

Se você der respostas diferentes para cada uma das perguntas, talvez sua preocupação não seja realmente com os poderes individuais de ministros do Supremo, e é possível que você já tenha sido seduzido pela promessa da "ministrocracia".

Toda decisão controversa do Supremo contará com críticos e detratores, seletivamente (des)preocupados com os procedimentos pelos quais ela foi tomada. Mais ainda, como podemos ver no conflito em torno da entrevista de Lula, essa dinâmica pode se repetir inclusive para cada decisão de um ministro individual que for *contra* uma decisão anterior do tribunal ou de outro ministro individual.

Se posso contar sempre com novas rodadas de poderes individuais – inclusive da Presidência – para fazer valer o que acho correto, por que defenderia a extinção ou limitação desses mecanismos?

Corremos hoje o risco de ficarmos reféns de uma "legitimidade circulante". Quando um ministro do Supremo age sozinho contra o que achamos importante, tornamo-nos imediatamente receptivos a uma nova rodada de ação estratégica individual para reverter o que pensamos ser uma injustiça. A legitimidade é "circulante" porque, nesse cenário, toda crítica ao tribunal será compensada por celebrações instrumentais de resultados de curto prazo – "Lula sim", "Lula não" –, que vão se alternando indefinidamente. Cada lado esperará ansioso por uma nova rodada de ação individual para "corrigir" a injustiça imediatamente anterior.

Note que a possibilidade de intervenção da Presidência do Supremo, nesse cenário, não é uma solução para o problema. Pode ser, na verdade, um agravamento: a cada dois anos, teremos um ministro com poderes individuais particularmente exacerbados – ainda menos controláveis – para fazer girar a roda da legitimidade circulante.

A "ministrocracia", quando utilizada como arma *dentro* do tribunal, de um ministro contra outro, aumenta muito a já enorme incerteza em torno de qual é, afinal, o direito constitucional vigente no país. De um ponto de vista puramente instrumental, essa contingência contém a promessa inesgotável de que, se continuarmos insistindo, o resultado será melhor – para nós. Um procedimento legítimo de solução de conflitos precisa gerar sempre o mesmo resultado, toda vez que for acionado. Mas não é o caso. Surgindo em processos diferentes, os temas nunca se banham no mesmo Supremo duas vezes.

Esse cenário explica, em parte, a persistência de poderes individuais no Supremo, mesmo quando utilizados de forma tão agressiva. Todos nós temos "causas" políticas, morais e econômicas que gostaríamos de ver o tribunal decidindo corretamente. Se nossa posição substantiva sobre esses temas for mais importante do que o valor que damos aos procedimentos de decisão colegiada, nenhuma crítica à "ministrocracia" ganhará tração. Um Supremo individual não é o tribunal de que a democracia brasileira precisa, mas, infelizmente, talvez seja o tribunal que muitos de nós queremos – não o tempo todo, mas para sempre.

13

MAIS UM PASSO PARA UM SUPREMO MONOCRÁTICO

Miguel Gualano de Godoy

23 | 10 | 2018

A decisão apequena a atuação colegiada do tribunal e fecha suas janelas para um possível e bem-vindo arejamento com diferentes ideias e perspectivas

Na sessão extraordinária do último dia 17 de outubro,[88] o Plenário do Supremo Tribunal Federal reviu seu entendimento e decidiu que é irrecorrível a decisão do ministro relator que inadmite participação de *amicus curiae*.

A decisão foi tomada no Agravo Regimental no Recurso Extraordinário 602.584, de relatoria do ministro Marco Aurélio Mello.

No caso em análise, a Associação dos Procuradores do Estado de São Paulo (APESP) havia pedido seu ingresso no RE como *amicus curiae*. Diante da decisão do ministro relator de inadmissão, a APESP interpôs agravo regimental para o Plenário do STF.

O entendimento consolidado do STF até então era o de que a decisão de admissão de *amicus curiae* seria irrecorrível, conforme previsão expressa do art. 7º, §2º, da Lei 9.868/1999. Mas, a decisão de inadmissão comportaria recurso de agravo regimental.[89]

Esse entendimento, todavia, acaba de ser revisto.

---

88 TEIXEIRA, Matheus. STF: não cabe recurso contra decisão que inadmite terceiro como amicus curiae. JOTA, 17 out. 2018. Disponível em: <https://www.jota.info/stf/do-supremo/stf-nao-cabe-recurso-contra-decisao-que-inadmite-terceiro-como-amicus-curiae-17102018>. Acesso em: 11 fev. 2019.

89 STF. Plenário. ADI 5.022 AgR/RO, Rel. Min. Celso de Mello, julgado em 18/12/2014 – Informativo STF 772

A maioria do STF decidiu que o agravo regimental interposto contra a decisão de inadmissão da APESP como *amicus curiae* no RE sequer deveria ser conhecido. Os argumentos utilizados pelos ministros no novo entendimento foram o de que:

I. a Lei 9.868/1999, em seu art. 7º, §º2 e o art. 138, *caput*, do Código de Processo Civil estabeleceram de forma expressa a irrecorribilidade da decisão de admissão do *amicus curiae*. Assim, compete exclusivamente ao Relator analisar a admissão ou inadmissão do *amicus curiae*;

II. o *amicus curiae* não é parte e, portanto, não tem interesse na causa, não lhe sendo conferido nenhum tipo de legitimidade recursal, excetuadas as previsões expressas do art. 138 do CPC;

III. não cabendo intervenção de terceiros, a admissão de *amicus curiae* é a exceção, e não a regra (art. 7º, *caput*, Lei 9.969/99);

IV. há um excessivo número de pedidos de ingresso como *amicus curiae*, os quais, no mais da vezes, representam interesses das partes, e não auxílio ao Tribunal.

No entanto, os fundamentos invocados pelos ministros do STF, se bem vistos, encontram limites nas próprias regras legais que invocaram, bem como nos princípios constitucionais básicos que deveriam informar uma jurisdição constitucional aberta, plural e democrática e a atuação do próprio Supremo.

De fato a Lei 9.868/1999, em seu art. 7º, §º2 e o art. 138, *caput*, do Código de Processo Civil estabeleceram indiscutivelmente a irrecorribilidade da decisão de admissão do *amicus curiae*. Mas, note-se, a impossibilidade de recurso é da decisão que admite o *amicus curiae*, e não da decisão que o inadmite. E faz sentido que assim seja, pois se ao ministro relator cabem a ordem e direção do processo (art. 21, I, RISTF), o juiz natural desse tipo de ação é o Plenário do STF – órgão colegiado. Assim, interessa não apenas ao ministro relator, mas sim ao Plenário do STF a verificação de efetiva contribuição a ser dada pelo aspirante a amigo da Corte.

Dessa forma, a admissão de *amicus curiae* é irrecorrível porque se o *amicus curiae* tiver algo a acrescentar, sua participação já estará garantida pelo ministro relator e o Plenário também poderá se beneficiar dessa participação. Por outro lado, se o *amicus curiae* admitido se mostrar desnecessário ou a sua participação for infrutífera, esse não acréscimo não resultará em prejuízo algum para a causa ou para o Tribunal.

Todavia, a inadmissão de *amicus curiae* pelo ministro relator poderá cercear do Plenário possível contribuição do amigo da corte aos demais ministros. Sendo o Plenário o juiz natural da causa, deve ser ele quem detém a última palavra sobre a importância ou não da participação do *amicus curiae* requerente que teve seu pedido de ingresso negado. Daí o cabimento de agravo regimental/interno da decisão do relator que inadmite a participação de *amicus curiae*. A previsão expressa da Lei 9.868/99 e do CPC sobre a irrecorribilidade da decisão de admissão só pode levar à conclusão de que dá inadmissão cabe o recurso de agravo regimental/interno, pois havendo dúvida sobre a contribuição ou não do aspirante a *amicus curiae*, será o Plenário, juiz natural, o definidor último da controvérsia.

A decisão tomada pelo STF tem como efeito o incremento e a potencialização de uma atuação monocrática dos ministros, e ao mesmo tempo apequena a atuação colegiada da Corte e fecha as janelas do Tribunal para um possível e bem vindo arejamento com diferentes ideias e perspectivas.

Os ministros do Supremo por diversas vezes afirmaram durante o julgamento que *amicus curiae* não é parte e, portanto, não tem interesse direto e imediato na causa. Dessa forma, não apenas não lhe é conferido poder recursal – excetuadas as previsões do art. 138, CPC –, como sua admissão deve ser excepcional. É discutível e está em aberto a questão sobre se os *amici curiae* devem ser apenas amigos da Corte, e não das partes. De todo modo, é indiscutível que eles devem trazer contribuições ao Tribunal, e para além daquelas já trazidas pelas partes e informantes ouvidos pela Corte.

Por essas razões é que a sua admissão deveria ser excepcional, apenas nos casos em que se vislumbre efetiva possibilidade de contribuição, e não apenas mais uma defesa de um dos lados em disputa. O problema está no fato de que é o próprio STF quem permite que os *amici curiae* sejam amigos das partes, e não da Corte. Os ministros reclamam de um problema para o qual eles mesmos contribuem, e de forma sistemática, ao admitirem como regra a intervenção de *amici curiae* e sem rigor nos critérios de admissão.

A solução para esse embaraço é uma atuação rígida na exigência de representatividade e capacidade de contribuição dos postulantes a *amicus curiae*. Para isso, basta que os ministros passem a utilizar um instrumento até agora muito pouco empregado: a definição dos poderes e limites de atuação do *amicus curiae*, conforme prevê o art. 138, §°2 do CPC. Se a decisão de admissão é irrecorrível, tanto mais aquela que estabelece o alcance e limite de atuação do *amicus curiae*. É assim que os ministros poderão evitar que os *amici curiae* queiram atuar apenas como partes e reprodutores de argumentos já conhecidos, fazendo dessa intervenção uma atuação excepcional, qualificada e em benefício do Tribunal.

Uma atuação rigorosa já teria o potencial de diminuir o excessivo número de pedidos de ingresso de *amici curiae* – caberia aqui a indagação de Juliana Cesário Alvim, por exemplo, em que dados a afirmação do "excessivo número" se baseia?, qual é o parâmetro para configurar uma quantidade excessiva e com base em que critérios ele seria estabelecido? De toda maneira, ainda que os agravos regimentais/internos continuassem a proliferar, o Plenário poderia, em alguns julgamentos, definir parâmetros ou endossar aqueles estabelecidos pelos relatores. Ademais, tais agravos poderiam ser julgados em lista ou no Plenário Virtual, o que conferiria celeridade ao julgamento dos recursos e concretude às balizas definidas pelo relator e que justificaram a inadmissão do *amicus curiae*. Por fim, poder-se-ia cogitar ainda que, tendo em vista a uniformização dos recursos de agravo promovida pelo CPC (art. 1.070), seria possível a imposição de multa ao agravo regimental/interno desprovido por unanimidade (art. 1.021, §°4 do CPC). Existem, portanto, instrumentos aptos a promover um desincentivo ao excessivo número de pedidos de ingresso como *amicus curiae*.

O ministro Luiz Fux chegou a dizer durante o julgamento que os *amici curiae* estão sendo mais realistas que o rei. Mas, como se viu, o grande número de pedidos de ingresso de *amici curiae* e o suposto uso desvirtuado do instituto se devem à falta de rigor na observância das regras referente aos *amici curiae* pelo STF e ao alegado uso abusivo que o próprio Tribunal tem admitido dessa figura.

A solução desse problema não virá com a potencialização da atuação monocrática de ministros, o enfraquecimento do plenário e a restrição do instituto. Mas, sim com uma atuação mais rigorosa nos critérios de admissão, sobretudo nos de representatividade e contribuição, bem como na definição dos poderes e limites de atuação do *amicus curiae*.

É esse tipo de atuação que se deseja e espera do STF diante de um importante instituto que permite o exercício de uma jurisdição constitucional mais aberta, plural, democrática e dialógica. Pois é esse tipo de intervenção, excepcional, qualificada, bem orientada, que possibilita a participação de importantes agentes nos processos de discussão e decisão, corrigindo déficits, desigualdades e vícios que possam afetar esses processos, e que, nesse auxílio ao Tribunal, conferem maior legitimidade democrática às suas decisões.

14

A LIBERDADE DO JUIZ

Joaquim Falcão
24 | 10 | 2018

O Judiciário, até hoje, não atualiza sua Loman.
O que poderia evitar alguns incidentes.

O Corregedor Nacional de Justiça teria pedido explicações[90] à juíza Kenarik Boujikian por críticas feitas, na *Folha de São Paulo*:

a. a interpretação do ministro Dias Toffoli[91] de que a implantação do regime antidemocrático de 1964 fora fruto de um "movimento" e não de golpe de estado; e

b. a atual "disfuncionalidade" do Supremo.

Esta atitude dos três – ministro, juíza e Corregedor – coloca problemas de interesses além da magistratura. Do país.

Pode um juiz discordar de uma interpretação da história do Brasil feita pelo Presidente do Supremo? É uma desobediência à hierarquia judicial a ser apurada? Pode um juiz criticar o desempenho funcional do Supremo?

Está em jogo o limite da liberdade de expressão de um juiz.

A Loman proíbe magistrado de se pronunciar fora dos autos. Proíbe também de criticar decisões judiciais de outro colega. Seja o juiz criticando o ministro. Ou vice versa.

---

90 FALCÃO, Márcio. CNJ quer explicações de magistrada que criticou Toffoli por 'movimento de 64'. JOTA, 17 out. 2018. Disponível em: <https://www.jota.info/justica/cnj-quer-explicacoes-de-magistrada-que-criticou-toffoli-por-movimento-de-64-17102018>. Acesso em: 11 fev. 2019.

91 LEORATTI, Alexandre. Toffoli diz preferir chamar golpe militar de 1964 de 'movimento'. JOTA, 1 out. 2018. Disponível em: <https://www.jota.info/stf/do-supremo/toffoli-golpe-64-movimento-01102018>. Acesso em: 11 fev. 2019.

A Loman abrange todos os magistrados. Não exclui os ministros do Supremo.

De resto, não se aplica ao caso. Nenhum dos dois se pronunciou durante o exercício da magistratura. Ele, em pública conferência acadêmica. Ela, em público painel na *Folha*.

A Constituição também proíbe atividade político-partidária do magistrado. Inclusive de ministro do Supremo.

No caso, ou ambos violaram a Constituição, ou nenhum.

Mesmo porque o ministro deu, instantaneamente, "uma autointerpretação autêntica". É lógico. Do contrário, não faria. Para ele, sua interpretação do passado não consubstancia atividade político-partidária.

A questão é outra.

Se o conteúdo da polêmica não foi político-partidário, a escolha da oportunidade, do momento para expressar a interpretação histórica foi política. Com inevitáveis consequências político-partidárias.

O ministro queria repercussão de sua fala. Não foi gratuita.

Não foi uma liminar. Foi mensagem em momento eleitoral específico. Audível por uma audiência política e militar. Favorecendo um partido no debate político ideológico.

Considerando o contexto, o discurso, por si só, pode ser um agente.

Alegam alguns que o Presidente do Supremo tem a competência de se pronunciar sobre questões de interesse entre o Poder Judiciário e a opinião pública.

E o juiz não.

Neste sentido, a mensagem seria institucional. Tentativa de evitar radicalismos. De evidenciar certa neutralidade. Estancar, por exemplo, crescente politização dos ministros do Supremo. O que seria ótimo.

A questão, porém, é a concepção de presidência do Supremo que a mensagem sugere.

A competência legal do Presidente do Supremo não é ser conciliador ou negociador entre radicalismos ideológicos e partidários. Em momentos eleitorais ou não.

Sua função é defender a independência do Poder Judiciário. O que não estava em jogo. A de seus juízes. O que não estava em jogo.

É apenas julgar o que é constitucional e o que não é constitucional. A história não estava nos autos.

Sair deste parâmetro constitucional de exercício da presidência corre o risco, por melhores que sejam as intenções, de politizar e expor o próprio Supremo.

Chama-se espada de Dâmocles. A espada que, na lenda grega, é segura pelo alto, apenas por um fio de crina de cavalo, sob a cabeça de Dionísio, o rei.

A espada é perigo constante para quem exerce o poder. Ameaça iminente para quem está embaixo dela. Pode cair e matar subitamente. No caso, pode matar a liberdade do juiz.

Mas apurar uns casos e não outros, sem prévios critérios objetivos, pode constituir escolha direcionada. Política.

O Judiciário, até hoje, não atualiza sua Loman. O que poderia evitar estes incidentes.

Entre ser ameaça ou equívoco, prefiro considerar que a atuação do Corregedor é equívoco.

Considera, equivocadamente, como desrespeito à hierarquia jurisdicional e administrativa o exercício da liberdade que o juiz, como cidadão, tem de expressar suas opiniões fora dos autos, sobre fatos históricos.

Equivocadamente, ameaça o direito de os juízes opinarem, advertirem, proporem, sugerirem medidas que aprimorem o funcionamento do próprio Judiciário.

A propósito, anos atrás, pesquisa de Maria Tereza Sadek mostrava que as juízas eram mais críticas em relação ao Supremo do que os juízes.

Sem o direito de cada juiz poder avaliar, vocalizar e criticar a eficiência de qualquer instância, o Judiciário vai se fechar nas próprias trevas. Em nome da hierarquia e não da imparcialidade.

15

NOS 30 ANOS DA CONSTITUIÇÃO, O SUPREMO CONTRA O PROCESSO

Miguel Gualano de Godoy
05 | 11 | 2018

Ministros insistem em dar decisões cautelares monocráticas em Ações Diretas de Inconstitucionalidade

Os ministros do Supremo Tribunal Federal têm sido pródigos em criar um processo próprio. Decisões monocráticas quando deveriam ser colegiadas, conciliações onde não cabem, pedidos de vista como vetos, transações da constitucionalidade das normas, entre outros exemplos.

Recentemente uma decisão do ministro Alexandre de Moraes se somou ao conjunto de casos e descasos do STF com o processo constitucional: a concessão de medida cautelar monocrática em ADI sem que isso tenha sido pedido, e mesmo quando o requerente expressamente indicou que *não* requeria medida cautelar.

A decisão foi dada na ADI 5.908,[92] contra lei do estado de Rondônia sobre prerrogativas dos procuradores do estado.

O fenômeno, que suscita reflexões, já foi também identificado pelo professor Dimitri Dimoulis e pela professora Soraya Lunardi em seu Curso de Processo Constitucional.

No caso da ADI 5.908, o ministro Alexandre de Moraes fundamentou a sua decisão cautelar monocrática[93] com base no art. 10, §3º, da

---

92 O andamento da ADI 5.908 pode ser acompanhado em: SUPREMO TRIBUNAL FEDERAL. AÇÃO DIRETA DE INCONSTITUCIONALIDADE. Disponível em: <http://portal.stf.jus.br/processos/detalhe.asp?incidente=5367469>. Acesso em: 11 fev. 2019.

93 A decisão assim dispôs: "Independentemente de requerimento expresso da parte autora, o SUPREMO TRIBUNAL FEDERAL, e o Relator, por delegação regimental (art. 21, V, do RISTF), detêm o poder geral

Lei 9.868/99,[94] no poder do Relator previsto no art. 21, V, do RISTF[95] e no poder geral de cautela do juiz previsto no art. 139, IV do CPC.[96]

No entanto, a Constituição não conferiu qualquer poder decisório a ministros individualmente, mas sim ao Supremo Tribunal Federal. Quem guarda a Constituição não é o ministro A ou o ministro B, mas o Tribunal, por meio do conjunto de ministros reunidos em sessão.

A Constituição, aliás, foi expressa ao estabelecer que apenas a maioria absoluta dos ministros pode declarar a inconstitucionalidade de

---

de cautela – ou, na linguagem do Novo Código de Processo Civil, do "dever-poder geral de efetividade" da tutela jurisdicional, conforme art. 139, IV, do CPC/2015 –, o que, em sede de controle concentrado, reclama a intervenção oportuna para a salvaguarda da ordem constitucional [...]. Diante do exposto, nos termos dos arts. 10, § 3º, da Lei 9.868/99 e 21,V, do RISTF, EM SEDE CAUTELAR, ad referendum do Plenário, DETERMINO A IMEDIATA SUSPENSÃO DA EFICÁCIA do art. 174, caput e §§ 1º e 2º, da Lei Complementar estadual 620/2011, com a redação dada pela Lei Complementar 767/2014 do Estado de Rondônia."

94 Art. 10. Salvo no período de recesso, a medida cautelar na ação direta será concedida por decisão da maioria absoluta dos membros do Tribunal, observado o disposto no art. 22, após audiência dos órgãos ou autoridades dos quais emanou a lei ou ato normativo impugnado, que deverão pronunciar-se no prazo de cinco dias.

[...] § 3º Em caso de excepcional urgência, o Tribunal poderá deferir a medida cautelar sem a audiência dos órgãos ou das autoridades das quais emanou a lei ou o ato normativo impugnado.

95 Art. 21. São atribuições do Relator:

[...] IV – submeter ao Plenário ou à Turma, nos processos de competência respectiva, medidas cautelares necessárias à proteção de direito suscetível de grave dano de incerta reparação, ou ainda destinada à garantir a eficácia da ulterior decisão da causa;

V – determinar, em caso de urgência, as medidas do inciso anterior, ad referendum do Plenário ou da Turma;

96 Art. 139. O juiz dirigirá o processo conforme as disposições deste Código incumbindo-lhe:

[...] IV – determinar todas as medidas indutivas, coercitivas, mandamentais ou sub-rogatórias necessárias para assegurar o cumprimento de ordem judicial, inclusive nas ações que tenham por objeto prestação pecuniária;

uma lei ou norma (art. 97 CRFB/88[97]) e que compete ao Supremo Tribunal Federal – órgão colegiado – processar e julgar o pedido de medida cautelar nas ações diretas de inconstitucionalidade (art. 102, I, p, CRFB/88).[98] A Constituição, portanto, não autoriza medida cautelar monocrática em ADI.

A lei que rege a ação direta de inconstitucionalidade também estabelece que apenas a maioria absoluta dos ministros pode declarar a inconstitucionalidade da lei ou ato normativo (art. 23, Lei 9.868/99).[99] E foi categórica ao estabelecer que a concessão de medida cautelar é de competência do Tribunal, e não de um ministro individualmente (art. 10, *caput*, §3°, Lei 9.868/99). Assim, a lei da ADI também não autoriza a concessão de medida cautelar monocrática.

---

97 Art. 97. Somente pelo voto da maioria absoluta de seus membros ou dos membros do respectivo órgão especial poderão os tribunais declarar a inconstitucionalidade de lei ou ato normativo do Poder Público.

98 Art. 102. Compete ao Supremo Tribunal Federal, precipuamente, a guarda da Constituição, cabendo-lhe:

I – processar e julgar originariamente:

a) a ação direta de inconstitucionalidade de lei ou ato normativo federal ou estadual e a ação declaratória de constitucionalidade de lei ou ato normativo federal;

[...] p) o pedido de medida cautelar das ações diretas de inconstitucionalidade;

99 Art. 23. Efetuado o julgamento, proclamar-se-á a constitucionalidade ou a inconstitucionalidade da disposição ou da norma impugnada se num ou noutro sentido se tiverem manifestado pelo menos seis Ministros, quer se trate de ação direta de inconstitucionalidade ou de ação declaratória de constitucionalidade.

O Regimento Interno também estabeleceu que o julgamento da ADI e de sua medida cautelar são de competência do Plenário do Tribunal (art. 5°, VII, X;[100] art. 170, §1°, §3°;[101] art. 173).[102] [103]

Onde o ministro procurou, então, fundamento para essa medida?

---

100 Art. 5. Compete ao Plenário processor e julgar originariamente:

[...] VII – a representação do Procurador-Geral da República, por inconstitucionalidade ou para interpretação de lei ou ato normativo federal ou estadual;

X – o pedido de medida cautelar nas representações oferecidas pelo Procurador-Geral da República;

101 Art. 170. O Relator pedirá informações à autoridade da qual tiver emanado o ato, bem como ao Congresso Nacional ou à Assembleia Legislativa, se for o caso.

§ 1° Se houver pedido de medida cautelar, o Relator submetê-la-á ao Plenário e somente após a decisão solicitará as informações;

[...] § 3° Se, ao receber os autos, ou no curso do processo, o Relator entender que a decisão é urgente, em face do relevante interesse de ordem pública que envolve, poderá, com prévia ciência das partes, submetê-lo ao conhecimento do Tribunal, que terá a faculdade de julgá-lo com os elementos de que dispuser.

102 Art. 173. Efetuado o julgamento, com o quórum do art. 143, parágrafo único, proclamar-se-á a inconstitucionalidade ou a constitucionalidade do preceito ou do ato impugnados, se num ou noutro sentido se tiverem manifestado seis Ministros.

103 Não ignoro a possibilidade de concessão de medida liminar monocrática em casos excepcionais, mas sempre previstos e autorizados por lei específica. É o caso, por exemplo, de liminar monocrática em ADI concedida durante o recesso pelo Presidente do STF (art. 10, caput, Lei 9.868/1999; art. 13, VIII, RISTF). Ou então medida liminar monocrática ad referendum do Plenário no âmbito de ADPF (art. 5°, §1°, Lei 9.882/1999), ainda que no caso de ADPF a previsão de medida liminar monocrática tenha fundamento diverso daquele previsto para a ADI. Mas, esse é tema para outro artigo. De todo modo, a possibilidade de medida liminar monocrática deve ser interpretada restritivamente, como uma cláusula de fechamento do sistema em razão de circunstanciais inviabilidades de um julgamento colegiado e em sessão. Longe de justificar a ampliação da monocratização, as hipóteses evidenciam a sua provisoriedade e recomendam parcimônia.

O artigo do Regimento Interno citado pelo ministro (art. 21, V, RISTF[104]) trata dos poderes do relator, e não do processo da ADI. Portanto, não se aplica ao caso. Os poderes do Relator devem guardar consonância e estão limitados pelo que dizem a Constituição, as previsões legais e regimentais específicas sobre o processamento e julgamento da ADI.

Todas as previsões específicas da Constituição, da Lei 9.868/99 e também do Regimento Interno exigem decisão colegiada para a concessão de medida cautelar em ADI. Se há um conjunto de regras específicas – na Constituição, em lei específica sobre a ADI e no Regimento Interno – não é possível aplicar uma única regra geral para ignorá-las. Segundo o Regimento Interno, se a questão for urgente "[...] em face do relevante interesse de ordem pública que envolve", deve o relator submetê-la ao conhecimento do Tribunal (art. 10, §3º, Lei 9.868/99; art. 170, §3º, RISTF).

O mesmo ocorre com o art. 139, IV do Código de Processo Civil[105], que é norma geral e não pode ser aplicado contra o processo específico de processamento e julgamento da ADI. No STF, o poder geral de cautela do juiz deve levar em conta o que a Constituição e a legislação específica determinam sobre as ações que tramitam no tribunal. O Supremo não é apenas mais um órgão do Judiciário. É o seu órgão de cúpula, e com atribuições de controle de constitucionalidade, o que demanda e possui processo específico e exclusivo. Novamente: se há regra específica e suficiente, não cabe invocar norma geral e complementar.

---

104 Art. 21. São atribuições do Relator:

[...] IV – submeter ao Plenário ou à Turma, nos processos da competência respectiva, medidas cautelares necessárias à proteção de direito suscetível de grave dano de incerta reparação, ou ainda destinadas a garantir a eficácia da ulterior decisão da causa;

V – determinar, em caso de urgência, as medidas do inciso anterior, ad referendum do Plenário ou da Turma;

105 Art. 139. O juiz dirigirá o processo conforme as disposições deste Código, incumbindo-lhe:

[...] IV – determinar todas as medidas indutivas, coercitivas, mandamentais ou sub-rogatórias necessárias para assegurar o cumprimento de ordem judicial, inclusive nas ações que tenham por objeto prestação pecuniária;

Por fim, é certo que em ADI a causa de pedir é aberta. Isto é, as razões que fundamentam o pedido de declaração de inconstitucionalidade não vinculam o Supremo. Contudo, se a *causa petendi* é aberta, o pedido deve ser específico. O fato de o Tribunal não estar vinculado às razões que fundamentaram a propositura da ADI não exime o proponente de fazer o pedido certo e específico.

Em síntese, esse tipo de decisão cautelar monocrática em ADI sem que sequer tenha havido pedido de medida cautelar parece incorrer em ao menos cinco erros:

1. decisão cautelar em ADI deve ser colegiada, e não monocrática: violação ao art. 102, I, *p*, da Constituição; ao art. 10, *caput*, §3º, da Lei 9.868/99; aos arts. 5º, VII, X; 170, §1º, §3º; 173, do Regimento Interno do STF;
2. decisão cautelar monocrática em ADI, sem que sequer tenha havido pedido liminar: violação ao art. 2º do CPC[106] por ofensa à inércia da jurisdição;
3. decisão que concede algo (medida cautelar) não requerido pelo proponente é decisão *extra petita*: violação ao art. 141 do CPC;[107]
4. decisão cautelar monocrática e *extra petita* é decisão surpresa: violação ao art. 10 do CPC[108], pois o ministro Relator impediu que o próprio proponente se manifestasse sobre a necessidade da cautelar e sem que os demais poderes e órgãos envolvidos na elaboração e sanção da lei pudessem se manifestar sobre o cabimento e a necessidade de tal medida;

5 – decisão cautelar monocrática, *extra petita* e que suspende lei estadual em vigor e em vigência: violação ao princípio democrático

---

106 Art. 2º O processo começa por iniciativa da parte e se desenvolve por impulso oficial, salvo as exceções previstas em lei.

107 Art. 141. O juiz decidirá o mérito nos limites propostos pelas partes, sendo-lhe vedado conhecer de questões não suscitadas a cujo respeito a lei exige iniciativa da parte.

108 Art. 10. O juiz não pode decidir, em grau algum de jurisdição, com base em fundamento a respeito do qual não se tenha dado às partes oportunidade de se manifestar, ainda que se trate de matéria sobre a qual deva decidir de ofício.

(art. 1º CRFB/88[109]), já que um único ministro, e não o colegiado, suspende lei com presunção de constitucionalidade, e à separação de poderes (art. 2º CRFB/88),[110] por atuação indevida do Poder Judiciário em afronta às regras constitucionais e infraconstitucionais.

Apesar de tudo isso, os ministros do STF insistem em dar decisões cautelares monocráticas em ADI. E cada vez mais.[111]

No caso da ADI 5.908, o ministro Alexandre de Moraes aplicou uma interpretação bastante peculiar do art. 10, §3º da Lei 9.868/99 – uma aplicação da lei contra a própria lei. Além disso, aplicou previsões gerais contra previsões específicas que regulam a matéria.

Esse desrespeito ao processo constitucional e às fundamentações normativas invocadas lembram a metáfora que Thomaz Pereira e Diego Werneck Arguelhes recentemente utilizaram da cena típica de antigos desenhos animados:

> [...] um personagem ignora a lei da gravidade para se alçar às alturas empilhando apenas duas caixas – removendo sucessivamente a de baixo para rapidamente colocá-la sobre a outra, ganhando assim altura em uma torre erguida sobre crescente vazio.[112]

Neste caso, esqueceu-se da Constituição, empilhou-se um uso da Lei 9.868/99 contra si própria, em cima de previsões legais mais amplas do CPC e do Regimento Interno, quando em verdade deveriam prevalecer as previsões constitucionais e as disposições específicas desses diplomas normativos. E tudo isso para a concessão de algo que não foi pedido por ninguém, nem mesmo pelo proponente da ação.

---

109 Art. 1º A República Federativa do Brasil, formada pela união indissolúvel dos Estados e Municípios e do Distrito Federal, constitui-se em Estado Democrático de Direito e tem como fundamentos:

110 Art. 2º São Poderes da União, independentes e harmônicos entre si, o Legislativo, o Executivo e o Judiciário.

111 BELISÁRIO, Adriano. Ministros deram liminares monocráticas em 73 ADIs e ADPFs desde 2017. JOTA, 20 set. 2018. Disponível em: <https://www.jota.info/justica/supremo-aplicacao-constituicao-20092018>. Acesso em: 11 fev. 2019.

112 PEREIRA, Thomaz; ARGUELHES, Diego Werneck. Bolsonaro, candidato e réu: a insegurança provocada pelo STF. JOTA, 29 ago. 2018. Disponível em: <https://www.jota.info/stf/supra/bolsonaro-reu-stf-29082018>. Acesso em: 11 fev. 2019.

O resultado é um processo constitucional inventado. É esse desrespeito às regras processuais que tem feito do Supremo uma "corte de dribladores"[113], com ministros "candidatos ao diploma do febejapá".[114]

A mensagem é a de que lá, no Supremo, a regra é clara: não é preciso respeitar as regras.

113 QUEIROZ, Rafael Mafei Rabelo. STF: miopia e desgoverno. Folha de São Paulo, 3 out. 2018. Disponível em: <https://www1.folha.uol.com.br/amp/opiniao/2018/10/stf-miopia-e-desgoverno.shtml>. Acesso em: 11 fev. 2019.

114 MENDES, Conrado Hübner. Febejapá: festival de barbaridades judiciais. Época, 5 out. 2018. Disponível em: <https://epoca.globo.com/conrado-hubner-mendes/febejapa-festival-de-barbaridades-judiciais-23127585>. Acesso em: 11 fev. 2019.

16

A LIMINAR DE MARCO AURÉLIO: DA MONOCRATIZAÇÃO À INSURREIÇÃO?

Diego Werneck Arguelhes
27 | 12 | 2018

Suspeite sempre da decisão individual com a qual você concorda, porque é esse mesmo poder que será utilizado para promover coisas que você considera inaceitáveis.

Marco Aurélio determinou a suspensão da execução provisória da pena a partir da 2ª instância: sozinho, no início do recesso judicial, e com efeitos para todo o país. A decisão veio junto com outras liminares monocráticas de conteúdo e implicações graves – uma do ministro Lewandowski,[115] afastando regra que adiaria o reajuste no serviço público para 2020, e outra do próprio Marco Aurélio,[116] descobrindo na constituição a exigência de voto aberto para eleição da mesa do Senado.

A decisão sobre a execução provisória merece atenção especial. Com ela, o ministro conseguiu atravessar as já ampliadas fronteiras da "ministrocracia" que caracteriza o Supremo.[117] É um feito surpreen-

115 FALCÃO, Márcio; CARNEIRO, Luiz Orlando. Lewandowski suspende MP que adiava reajuste de servidores públicos para 2020. JOTA, 11 fev. 2019. Disponível em: <https://www.jota.info/stf/do-supremo/lewandowski-suspende-mp-que-adiava-reajuste-de-servidores-publicos-para-2020-19122018>. Acesso em: 11 fev. 2019.

116 FALCÃO, Márcio; CARNEIRO, Luiz Orlando. Marco Aurélio determina que eleição da Mesa Diretora do Senado terá voto aberto. JOTA, 19 dez. 2018. Disponível em: <https://www.jota.info/stf/do-supremo/marco-aurelio-determina-que-eleicao-da-mesa-diretora-do-senado-tera-voto-aberto-19122018>. Acesso em: 11 fev. 2019.

117 ARGUELHES, Diego Werneck; RIBEIRO, Leandro Molhano. Ministocracia: O Supremo Tribunal individual e o processo democrático brasileiro. *Novos estudos CEBRAP*, v. 37, n. 1, p. 13-32, 2018.

dente. Não é raro que ministros usem esses poderes de forma pouco responsável, e o plenário e as turmas têm se mostrado ineficazes como instâncias de controle de excessos individuais. Mesmo nesse cenário já familiar, porém, Marco Aurélio trouxe novidades.

A "ministrocracia" é obra coletiva. Mas essa tragédia é construída, ao longo do tempo, por inovações individuais que, se não forem contestadas dentro e fora do tribunal, aprofundam o problema geral.[118] É o caso da decisão de Marco Aurélio.

Formalmente, a liminar neste processo – ADC 54 – não havia sido decidida pelo tribunal. Mas, como reconhece o próprio ministro em sua decisão, a questão jurídica de fundo é a mesma das ADCs 43 e 44, nas quais o plenário do Supremo já havia negado liminares. Na verdade, é só por se tratar do mesmo tema que a ADC 54 tem o ministro Marco Aurélio como relator. Houve distribuição por prevenção, para que os três processos fossem decididos conjuntamente.

Com essa decisão monocrática, o ministro projeta institucionalmente, para fora do tribunal, sua recusa individual em aceitar uma decisão já existente do plenário. "Aceitar" aqui não equivale a "concordar". Mas, ao tentar impor ao país a sua posição em vez da decisão existente, o ministro vai além da discordância substantiva e se insurge contra a autoridade do plenário.

A execução provisória é tema caro ao ministro, que já vinha destoando do colegiado ao decidir casos concretos de 2016 para cá. A novidade está no uso de uma liminar monocrática para contrariar a posição vigente e tentar produzir efeitos para todo o país.

Na fundamentação da liminar, em declarações do ministro e em algumas defesas públicas da decisão, surgiram diversos argumentos para relativizar ou justificar esse ato de insurreição. Eles contêm algumas boas críticas a como o Supremo lidou com este caso até aqui. Nenhum deles, porém, é convincente como justificativa para a atitude do ministro Marco Aurélio.

1. *A ministra Cármen Lúcia já teria manipulado a pauta neste caso, quando estava na Presidência do tribunal e não pautou as ADCs 43 e 44 para julgamento*

118 PEREIRA, Thomaz. A tragédia no STF. Folha de São Paulo, 20 set. 2017. Disponível em: <https://www1.folha.uol.com.br/opiniao/2017/09/1919967-a-tragedia-no-stf.shtml>. Acesso em: 11 fev. 2019.

O tema da execução provisória tem de fato oferecido exemplos claros de uso estratégico de poderes de pauta. Mas esses poderes estão espalhados no tribunal, e não foram utilizados apenas pela presidência.[119] Como relator derrotado no julgamento da liminar nas ADCs 43 e 44, em outubro de 2016, o ministro Marco Aurélio rejeitou pedidos de seus colegas para que fosse julgado logo o mérito das ações. Diante de um 6 *x* 5 desfavorável à sua posição, entendeu que a questão não estava "madura" para julgamento. Guardou esse novo *round* de discussão sobre a execução provisória para o futuro, abrindo assim espaço para que mudanças de composição – ou de posição – permitissem um novo placar.

No Supremo, os poderes de agenda de relatores e presidente são exercidos sem critério claro,[120] e de forma discricionária.[121] É um conhecido e sério problema no funcionamento do tribunal, fazendo com que todo uso desses poderes de agenda seja potencialmente suspeito e criticável.[122] Neste caso, prevaleceu o controle de agenda alguns ministros contra o de outros. Não há um terreno moralmente superior – muito menos legalmente superior – ocupado pelo Marco Aurélio, em termos de controle de pauta, que justifique seu desrespeito à decisão existente. Esse foi um caso em que, tomando a expressão de

---

119 ARGUELHES, Diego Werneck; PEREIRA, Thomaz. O Supremo das estratégias e o STF de Rosa Weber. JOTA, 6 abr. 2018. Disponível em: <https://www.jota.info/stf/supra/o-supremo-das-estrategias-rosa-weber-lula-06042018>. Acesso em: 11 fev. 2019.

120 LEAL, Fernando. A dança da pauta no Supremo. JOTA, 29 jul. 2016. Disponível em: <https://www.jota.info/stf/supra/danca-da-pauta-no-supremo-29072016>. Acesso em: 11 fev. 2019.

121 DIMOULIS, Dimitri; LUNARDI, Soraya. O poder de quem define a pauta do STF. Folha de São Paulo, [s.d.]. Disponível em: <https://www1.folha.uol.com.br/fsp/opiniao/39484-o-poder-de-quem-define-a-pauta-do-stf.shtml>. Acesso em: 11 fev. 2019.

122 ARGUELHES, Diego Werneck. STF e Cunha: quem decide quando quer, ouve o que não quer. JOTA, 7 maio 2016. Disponível em: <https://www.jota.info/stf/supra/o-supremo-e-cunha-quem-decide-quando-quer-ouve-o-que-nao-quer-07052016>. Acesso em: 11 fev. 2019.

Felipe Recondo,[123] os ministros divergiram nos fins, e não nos meios. O estrategista derrotado continua sendo um estrategista.[124]

Além disso, a questão já tem data para voltar à pauta. O novo julgamento foi marcado para abril de 2019, por decisão do Presidente Toffoli. É certamente possível questionar a escolha de Toffoli: se o caso gerou tanta comoção, dentro e fora do tribunal, e se a decisão tem sido tão problemática, porque esperar tanto para um novo julgamento? Mesmo assim, o fato é que a questão não foi "engavetada". O ministro pode manter sua crítica da decisão da ministra Cármen Lúcia de não pautar o caso. Mas, agora, com julgamento já marcado, o que justificaria ignorar a decisão existente pelo plenário? A motivação seria apenas retaliar por um erro já passado?

É preciso notar, ainda, que o ministro não considerou a questão urgente até o primeiro dia do recesso. "Urgência" significa "quando eu quero"?

2. *Essa seria uma decisão precária: uma maioria frágil que não tem conseguido se sustentar ao longo do tempo, e, além de tudo, é apenas uma decisão liminar.*

As duas propriedades acima se aplicam a muitas outras decisões do Supremo que, no momento, representam o direito vigente no país. "Decisões por maiorias apertadas" são menos vinculantes que as outras? "Decisões liminares colegiadas" – que, no Supremo, podem durar anos e anos – merecem menos respeito do que decisões de mérito?

A instabilidade em torno desse tema tem marcado o Supremo, de 2016 para cá, com graves reviravoltas de posição entre os ministros. Essa oscilação na atuação do tribunal deve ser criticada – e tem sido criticada.[125] Mas a insegurança foi gerada também pela atuação

---

123 RECONDO, Felipe. No STF, o resultado está nos meios, não nos fins. JOTA, 7 mar. 2018. Disponível em: <https://www.jota.info/opiniao-e-analise/no-stf-o-resultado-esta-nos-meios-nao-nos-fins-07032018>. Acesso em: 11 fev. 2019.

124 ARGUELHES, Diegoo Werneck; PEREIRA, Thomaz. O Supremo das estratégias e o STF de Rosa Weber. JOTA, 6 abr. 2018. Disponível em: <https://www.jota.info/paywall?redirect_to=//www.jota.info/stf/supra/o-supremo-das-estrategias-rosa-weber-lula-06042018>. Acesso em: 15 mar. 2019.

125 LEAL, Fernando. Prisão em segunda instância: o STF vítima de si mesmo. JOTA, 26 maio 2017. Disponível em: <https://www.jota.info/stf/supra/prisao-em-segunda-instancia-o-stf-vitima-de-si-mesmo-26052017>. Acesso em: 11 fev. 2019.

de alguns ministros na minoria até aqui vencida, como o próprio Marco Aurélio, que dentro e fora dos autos contribuíram para minar o entendimento vigente.[126] Se a insegurança é criação também da própria minoria derrotada na decisão do plenário,[127] o argumento fica circular: eu gero o problema que eu intervenho, então, para resolver. A mais recente liminar não fez senão aumentar a confusão nacional em torno do tema.

Mais ainda, o ministro parece ter virado do avesso a lógica da Ação Declaratória de Constitucionalidade (ADC). A ADC foi criada para permitir ao Supremo que se antecipe a profundas controvérsias jurisprudenciais, fixando desde já uma posição sobre a constitucionalidade da legislação. Mas, no caso, em termos formais, para além de arroubos individuais em casos concretos, não haveria dúvida sobre qual o direito vigente no Brasil hoje. Até o momento, temos uma decisão válida do plenário que autoriza, ainda que em caráter liminar, a execução provisória da pena, além de uma tese fixada em repercussão geral. A decisão liminar nas ADCs 43 e 44 apresenta diversos problemas,[128] mas ela é o *status quo* vigente. Assim, Marco Aurélio usou uma decisão monocrática – que já deveria ser excepcionalíssima em controle abstrato de constitucionalidade[129] – para perturbar um entendimento vigente sobre o qual – formalmente – não pairaria dúvida.

---

126 PEREIRA, Thomaz; ARGUELHES, Diego Werneck. A decisão de Celso de Mello e o respeito a precedentes. JOTA, 5 jul. 2016. Disponível em: <https://www.jota.info/stf/supra/decisao-de-celso-de-mello-e-o-respeito-precedentes-stf-05072016>. Acesso em: 11 fev. 2019.

127 FALCÃO, Márcio. Marco Aurélio: cada ministro deve seguir sua consciência sobre prisão em 2° grau. JOTA, 25 maio 2018. Disponível em: <https://www.jota.info/stf/do-supremo/marco-aurelio-cada-ministro-deve-seguir-sua-consciencia-sobre-prisao-em-2o-grau-25052018>. Acesso em: 11 fev. 2019.

128 LUNARDI, Soraya; BOTTINO, Thiago; DIMOULIS, Dimitri. As regras processuais como armas: lições da ADC 43. JOTA, 11 abr. 2018. Disponível em: <https://www.jota.info/stf/supra/as-regras-processuais-como-armas-licoes-da-adc-43-11042018>. Acesso em: 11 fev. 2019.

129 GODOY, Miguel Gualano de. Nos 30 anos da Constituição, o Supremo contra o processo. JOTA, 05 nov. 2018. Disponível em: <https://www.jota.info/stf/supra/nos-30-anos-da-constituicao-o-supremo-contra-o-processo-05112018>. Acesso em: 11 fev. 2019.

De instrumento de certeza, de fixação antecipada de um entendimento diante de insegurança futura, a ADC virou, ela mesma, um mecanismo de geração insegurança contra o status quo vigente.

3. *A posição do tribunal sobre o tema na verdade já teria se alterado. No julgamento do HC de Lula, em abril, a ministra Rosa Weber teria sinalizado que não manteria a execução provisória caso a questão em tese voltasse para julgamento*

Ao votar no HC de Lula, a ministra Rosa Weber deu um voto confuso[130] em diversos aspectos. Votou no caso concreto, mas deu sinais tanto de que:

I. sua posição pessoal seria contrária à execução provisória;

II. a decisão entre o respeito ao precedente ou sua visão pessoal dependeria de uma série de considerações, a serem enfrentadas quando a questão em tese voltasse para discussão.

Entretanto, não houve voto sobre a questão de fundo, e a ministra tem mantido sua habitual discrição fora dos autos. Sua postura nesse caso tem sido difícil de decifrar. Fez a distinção entre o caso concreto e a questão em tese, mas trouxe junto uma discussão sobre se e quando precedentes podem ser alterados. Quando a questão voltar, como aplicará essas considerações? Fará prevalecer sua posição ideal sobre o tema, ou considerará que não há razão para mudar o entendimento vigente?[131]

Diante dessas incógnitas, e na ausência de um voto claro da ministra sobre o tema, Marco Aurélio arriscou uma previsão. Quando suspendeu Renan Calheiros da presidência do Senado, em dezembro de 2016, Marco Aurélio também se baseou no placar de um julgamento inconcluso.[132] Mas errou. A maioria provisória em

130 MENDES, Conrado Hübner. Decisão monocrática de ministro é resposta a boicote no STF. Época, 19 dez. 2018. Disponível em: <https://epoca.globo.com/decisao-monocratica-de-ministro-resposta-boicote-no-stf-23317358>. Acesso em: 12 fev. 2019.

131 RECONDO, Felipe; ARGUELHES, Diego Werneck. Na moderação de Rosa Weber está o destino da execução provisória. JOTA, 22 mar. 2018. Disponível em: <https://www.jota.info/stf/supra/na-moderacao-de-rosa-weber-esta-o-destino-da-execucao-provisoria-22032018>. Acesso em: 12 fev. 2019.

132 ARGUELHES, Diego Werneck. Renan, Marco Aurélio e o tortuoso Supremo. JOTA, 6 dez. 2016. Disponível em: <https://www.jota.info/stf/supra/renan-marco-aurelio-e-o-tortuoso-supremo-06122016>. Acesso em: 12 fev. 2019.

tese se desfez diante da aplicação desejada pelo ministro a um caso concreto. O plenário não referendou sua liminar, e Calheiros pôde continuar no cargo.

No caso da execução provisória, para além do voto de Weber, é perfeitamente possível que a posição de outros ministros mude no julgamento de abril. O ministro Gilmar Mendes, por exemplo, mudou de posição de um ano para o outro, na mesma velocidade da conjuntura política. Essa conexão próxima entre conjuntura e decisão[133] tem infelizmente marcado a atuação do tribunal em vários casos importantes. Qual a garantia de que a maioria virtual na qual o ministro Marco Aurélio aposta vá de fato se tornar realidade em 2019?

Na verdade, a precisão das profecias de um único ministro sobre os votos de seus colegas deveria ser irrelevante para determinar, formalmente, qual o direito constitucional vigente. Uma decisão judicial exige contagem de votos, e não adivinhação. Por que a visão de Marco Aurélio sobre um hipotético voto de um(a) colega deveria prevalecer sobre outras interpretações? No caso, sobre a própria decisão de Rosa Weber de não adentrar a discussão da questão em tese?

4. *A decisão do tribunal sobre execução provisória é uma leitura bastante equivocada da Constituição, que viabiliza uma constante violação de direitos fundamentais*

Esse talvez seja o argumento mais disseminado nas defesas da decisão do ministro, com sérias implicações para a nossa capacidade de pensar o funcionamento do Supremo. É preciso levá-lo a sério.

Nesse argumento, permitir a prisão após a 2ª instância seria uma interpretação particularmente errada da constituição – tão errada, tão séria em suas consequências, que justificaria intervenções heterodoxas de ministros individuais a fim de evitar um mal maior.

Como leitura substantiva da constituição, essa é uma posição legítima, especialmente no caso das ADCs 43 e 44. Segundo a posição da maioria, a Constituição proibiria o legislador de proibir a execução provisória após a 2ª instância. Trata-se de uma leitura bastante

---

133 ARGUELHES, Diego Werneck. A liminar de Marco Aurélio: da monocratização à insurreição? JOTA, 27 dez. 2018. Disponível em: <https://www.jota.info/especiais/a-liminar-de-marco-aurelio-da-monocratizacao-a-insurreicao-27122018#https://www.jota.info/stf/supra/tribunal-de-conjuntura-o-supremo-se-submeteu-ao-senado-12102017>. Acesso em: 12 fev. 2019.

expansiva do texto constitucional para restringir não apenas direitos fundamentais, mas o próprio poder do Congresso de escolher ampliar o nível de proteção existente aos acusados em processos penais.[134]

O problema está o passo seguinte. A partir desse argumento substantivo, afirma-se que o fim – preservar a constituição – justificaria os meios – o desrespeito às regras do processo decisório e ao colegiado do Supremo. Nesse ponto, já perdemos de vista um dado fundamental do processo decisório judicial. O Supremo tem a função de resolver divergências substantivas em temas constitucionais difíceis como esse, e a leitura claramente errada de uns é, com frequência, a única leitura possível de outros.

O lugar desses argumentos sobre a gravidade ou equívoco da execução provisória é na discussão colegiada, entre os ministros, dentro das regras do jogo. Nenhum argumento constitucional sobre o erro ou acerto de uma decisão pode servir como salvo-conduto para o ministro "mais indignado" fazer valer a sua leitura substantiva sem passar pelo colegiado.

Admitir uma decisão como a do ministro Marco Aurélio tem graves implicações. Há dezenas de casos de grande impacto aguardando julgamento, inclusive vários em que se questiona, ainda que indiretamente, uma posição anterior do tribunal. Na ADI 4.966,[135] o Partido Social Cristão pede ao Supremo que reveja o alcance e as implicações de sua decisão anterior na ADPF 132. O relator do caso, ministro Gilmar Mendes, já questionou publicamente se a decisão anterior do Supremo, de 2011, autorizaria inclusive o casamento, ou apenas a união estável entre pessoas do mesmo sexo.[136] Suponha

---

134 PEREIRA, Thomaz. HC do Lula: quando os dois lados têm razão. JOTA, 3 abr. 2018. Disponível em: <https://www.jota.info/stf/supra/hc-do-lula-quando-os-dois-lados-tem-razao-03042018>. Acesso em: 12 fev. 2019.

135 O andamento da ADI 4966 pode ser acompanhado em: SUPREMO TRIBUNAL FEDERAL. ADI 4966. Disponível em: <http://portal.stf.jus.br/processos/detalhe.asp?incidente=4419751>. Acesso em: 12 fev. 2019.

136 BRÍGIDO, Carolina; ÉBOLI, Evandro. Gilmar Mendes diz que STF decidiu sobre união estável, não casamento gay. O Globo, 14 maio 2013. Disponível em: <https://oglobo.globo.com/brasil/gilmar-mendes-diz-que-stf-decidiu-sobre-uniao-estavel-nao-casamento-gay-8386287>. Acesso em: 12 fev. 2019.

que Mendes libere o caso para julgamento, mas o Presidente Toffoli se recuse a pautar a ADI nos próximos meses. Indignado com o que considera um erro grave do Supremo e de seu presidente, Mendes estaria então autorizado a esperar o recesso e conceder a liminar?

Dizer que a intervenção individual é legítima quando se trata de "proteger direitos fundamentais" não resolve. Direitos conflitam uns com os outros e são legitimamente limitados em diversas situações, e sempre haverá debate sobre como proceder nesses casos. Invocar "direitos fundamentais" é apenas apontar para um tipo de controvérsia a exigir intervenção do tribunal. É justamente expressar a necessidade de um procedimento para lidar com discordâncias sobre quais direitos as pessoas têm, e como aplicá-los em cada problema.

Considere a ADPF em que o PSL, partido de Jair Bolsonaro,[137] pede ao Supremo que não aplique às eleições de 2018 uma espécie de "cláusula de barreira", criada em 2015, segundo a qual ninguém pode ser eleito deputado federal se não tiver obtido ao menos 10% do quociente eleitoral na respectiva unidade da federação. Sem essa regra, o PSL saltaria de 52 para 59 deputados eleitos.[138]

O caso envolve, em tese, o direito dos eleitores de converter seus votos em efetiva representação no Congresso. Para proteger esse direito, e considerando que é urgente definir a composição do próximo Congresso, o ministro relator, Luiz Fux, poderia então conceder sozinho a liminar pedida pelo PSL, se considerasse a regra claramente inconstitucional?

Essa decisão hipotética seria extremamente grave – mas, ainda assim, menos arrojada em termos institucionais do que a liminar de Marco Aurélio; no exemplo acima, sequer haveria posição do plenário a respeito do tema.

Por que a posição de um ministro sobre um dado tema, enfim, deveria ser tratada como especial? Seria talvez pelo porque concordamos com ela, nesse caso – mas não com outros relatores, em outros casos?

---

137 MARTINS, Luísa; PERON, Isadora. PSL vai à Justiça para tentar se tornar a maior bancada da Câmara. Valor, 20 nov. 2018. Disponível em: <https://www.valor.com.br/politica/5991155/psl-vai-justica-para-tentar-se-tornar-maior-bancada-da-camara>. Acesso em: 12 fev. 2019.

138 MARTINS, Luísa; PERON, Isadora. PSL vai à Justiça para tentar se tornar a maior bancada da Câmara. Valor, 20 nov. 2018. Disponível em: <https://www.valor.com.br/politica/5991155/psl-vai-justica-para-tentar-se-tornar-maior-bancada-da-camara>. Acesso em: 12 fev. 2019.

Em texto anterior no Supra,[139] levantei uma hipótese para ajudar explicar a permanência, ao longo do tempo, desses poderes individuais cada vez mais fortes, mesmo diante de um consenso geral de que é preciso de alguma forma limitá-los.

O problema, que chamei de "legitimidade circulante", é que, para cada decisão individual que criticamos e com a qual não concordamos, haverá outros casos nos quais – se tivermos crenças fortes sobre o tema – acharíamos justificada e necessária uma intervenção individual. Como concordamos com a substância, fechamos os olhos para o procedimento. Mais especificamente, como imaginamos que haverá muitos casos nos quais poderes individuais podem ser empregados para promover o que achamos correto, perdemos terreno para criticar a existência desses poderes e sustentar um esforço de reforma. Só nos lembramos de respeitar o processo decisório e a colegialidade do Supremo quando estamos diante de decisões das quais discordamos.

É preciso resistir a essa armadilha intelectual. A "legitimidade circulante" impede que levemos a sério os procedimentos que existem precisamente para resolver desacordos profundos, na interpretação da constituição, em uma sociedade democrática.

O ministro Marco Aurélio esperou o recesso para ignorar uma decisão do plenário, antecipou-se à pauta de abril, e impôs a seus colegas e ao país uma tentativa de mudança do status quo jurídico vigente. Em diversas decisões, o ministro já registrou que decide de acordo com sua consciência.[140] No caso, de fato, ele parece ter decidido apenas de acordo com sua consciência. Na prática, isso equivale a fazer o que quiser, quando quiser – coberto pela certeza de que tem a resposta certa para uma controvérsia constitucional.

A responsabilidade por essa postura é do ministro Marco Aurélio. Mas somos responsáveis por legitimá-la ou não. Em vez de normalizar o uso irresponsável de poderes individuais, pensando apenas nos casos com que nós concordamos, é preciso inverter a lógica: suspeite sempre da decisão individual com a qual você concorda substantivamente, porque é esse mesmo poder que será utilizado para promover coisas que você considera inaceitáveis.

---

139 ARGUELHES, Diego Werneck. Entrevista de Lula, guerra de liminares e a 'legitimidade circulante' do Supremo. JOTA, 10 out. 2018. Disponível em: <https://www.jota.info/stf/supra/entrevista-de-lula-guerra-de-liminares-e-a-legitimidade-circulante-do-supremo-10102018>. Acesso em: 12 fev. 2019.

140 FALCÃO, Márcio. Marco Aurélio: cada ministro deve seguir sua consciência sobre prisão em 2° grau. JOTA, 25 maio 2018. Disponível em: <https://www.jota.info/stf/do-supremo/marco-aurelio-cada-ministro-deve-seguir-sua-consciencia-sobre-prisao-em-2o-grau-25052018>. Acesso em: 12 fev. 2019.

17

O SUPREMO REVISOR DE SUAS PRÓPRIAS DECISÕES

Julia Wand-Del-Rey Cani
01 | 02 | 2019

O tribunal perde oportunidades de afirmar sua autoridade e de dar orientações claras para as instâncias inferiores

O ministro Marco Aurélio certa vez afirmou: "[...] não atuo na cadeira do Supremo como consultor e não tenho que me pronunciar fora das balizas do processo [...] para casos futuros." Por sua vez, o ministro Roberto Barroso vem defendendo que, em nome da segurança jurídica, o Supremo deve construir critérios uniformes para a solução dos processos, isto é, deve ser um tribunal de teses jurídicas e não de julgamento de fatos. No conflito entre essas posições há uma questão institucional decisiva. O Supremo Tribunal Federal deve se dedicar a ser revisor de decisões das instâncias inferiores – e de suas próprias decisões?

Na última década e meia, o Supremo ensaiou uma guinada em sua jurisprudência para diminuir as diferenças entre as modalidades de controle de constitucionalidade, especificamente quanto à forma de controle judicial, isto é, via ação direta ou via incidental. Desde 1988, tais modalidades convivem dentro da estrutura do tribunal. Mas, nessas décadas, os contatos entre essas duas formas sempre foram separados pela ideia de que decidir um caso concreto é diferente de decidir uma questão em tese. Importa saber, portanto, em que contexto – se em tese, ou se em concreto – uma questão foi decidida pelo tribunal.

É justamente essa ideia que vem sofrendo tentativas de transformação por parte dos ministros, do início do julgamento da RCL 4335[141] (2006) ao HC 126292[142] (2016).

Por meio da RCL 4335, buscou-se manter o entendimento sobre a Lei de Crimes Hediondos que o Supremo havia proferido no julgamento do HC 82.959.[143] Em 2006, o tribunal decidiu que o cumprimento de pena em regime integralmente fechado – previsto na lei questionada – era inconstitucional, porque violava o princípio da individualização da pena e inviabilizava a ressocialização do preso. O HC foi impetrado em favor de um único preso, mas inúmeras ações subsequentes visavam expandir esse entendimento para todos na mesma situação. Esse tipo de posição, diminuindo a diferença prática entre decidir um caso concreto e decidir em tese, é o que se convencionou chamar de "abstrativização" do controle de constitucionalidade.

Na RCL 4335, a maioria dos ministros entendeu que a decisão no HC 82.959, por se tratar de controle incidental de constitucionalidade, teria apenas efeitos *inter partes*. Dos ministros atuais que participaram do julgamento, Gilmar Mendes foi a única exceção. Defendeu que a inconstitucionalidade da vedação da progressão de regime para crimes hediondos deveria ter efeitos *erga omnes*, vinculantes mesmo para quem não tivesse figurado como parte.

O julgamento só foi concluído em 2014. Ao proferir seu voto-vista, o ministro Teori Zavascki argumentou que "[...] a força expansiva das decisões do STF, mesmo quando tomadas em casos concretos", não dependeria da suspensão da lei pelo Senado Federal – artigo 52, inciso X, da Constituição. Segundo Zavascki, essa força existiria

141 O andamento RCL 4335 pode ser acompanhado em: SUPREMO TRIBUNAL FEDERA. RCL 4335. Disponível em: <http://portal.stf.jus.br/processos/detalhe.asp?incidente=2381551>. Acesso em: 12 fev. 2019.

142 O andamento do HC 126292 pode ser acompanhado em: SUPREMO TRIBUNAL FEDERAL. HC 126292 . Disponível em: <http://portal.stf.jus.br/processos/detalhe.asp?incidente=4697570>. Acesso em: 12 fev. 2019.

143 O andamento do HC 82959 pode ser acompanhado em: SUPREMO TRIBUNAL FEDRAL. HC 82959 . Disponível em: <http://portal.stf.jus.br/processos/detalhe.asp?incidente=2110217>. Acesso em: 12 fev. 2019.

"[...] por força de todo um conjunto normativo constitucional e infraconstitucional direcionado a conferir racionalidade e efetividade às decisões dos Tribunais Superiores e especialmente à Suprema Corte".

Embora tenha mencionado a necessidade de se observar a "força expansiva" das decisões do Supremo, Zavascki temia incentivar o uso indiscriminado da reclamação para garantir a autoridade das decisões do Supremo que, assim, poderia ser transformado em uma "corte executiva", dedicada apenas a gerenciar a aplicação de sua interpretação pelas instâncias inferiores.

Nesse julgamento, a "abstrativização" não chegou a ser alcançada. O Supremo atingiu o mesmo efeito por outras vias, editando a súmula vinculante n. 26. Esse enunciado prevê que "[...] para efeito de progressão de regime no cumprimento de pena por crime hediondo, ou equiparado, o juízo da execução observará a inconstitucionalidade do artigo 2º da Lei nº 8.072, de 25 de julho de 1990."

Na ADI 3406[144] (2017), o "caso do amianto", houve algo além de uma tentativa de equiparação entre os modelos de controle. O Supremo considerou legítima a proibição da extração do amianto. Portanto, constitucional a lei (X) que tratava do tema. Mas essa decisão conflitaria com decisão anterior do mesmo órgão, que tinha mantido constitucional a lei (Y). A saída foi declarar, incidentalmente, durante o julgamento da ADI 3406, a inconstitucionalidade de um artigo dessa lei (Y), atribuindo a essa declaração efeitos vinculantes e *erga omnes*.

Essa foi uma manobra bastante heterodoxa, considerando a prática tradicional do tribunal. A declaração de inconstitucionalidade na lei (Y) era, de fato, uma questão incidental. Não era a questão abstrata posta em discussão naquele julgamento. Logo, não adviriam normalmente dessa decisão os efeitos vinculantes e *erga omnes* característicos da modalidade de controle de constitucionalidade via ação principal. Os ministros, porém, decidiram inovar.

Rearranjos normativos, como a repercussão geral e súmula vinculante, já vinham mitigando a separação total dos efeitos das modalidades de controle de constitucionalidade. Em 2015, todo o Código de Processo Civil foi remodelado para favorecer os precedentes e

---

144 O andamento da ADI 3406 pode ser acompanhado em: SUPREMO TRIBUNAL FEDERAL. ADI 3406. Disponível em: <http://portal.stf.jus.br/processos/detalhe.asp?incidente=2272225>. Acesso em: 12 fev. 2019.

a jurisprudência dos tribunais superiores, e as mudanças indicam valorização do Supremo como Corte Constitucional. Para tanto, não seria necessário abrir mão da competência de decidir um caso concreto, como o *habeas corpus*. Bastaria admitir, definitivamente, que o entendimento da instituição para uma questão incidental envolvendo um caso concreto não pode ser diferente do entendimento proferido via ação direta, quando estiver em questão o mesmo tema.

Não é em si necessário que o Supremo defina sua identidade exclusiva como "Corte Constitucional", em vez de manter funções híbridas, incluindo de "Corte de Cassação", última instância revisora de decisões judiciais. Mas é importante que, qualquer que seja a escolha, os *efeitos* das decisões fiquem claros, sejam conhecidos de antemão, e permaneçam estáveis ao longo do tempo. O pior cenário é um tribunal que, em um momento tem decisões de efeitos uniformes, e, em outro, decide apenas para determinados casos concretos. Vale notar que há tribunais que, mesmo sendo *apenas* "Cortes de Cassação", possuem mecanismos para decidir casos concretos, mas com efeitos mais gerais; é o caso da Suprema Corte dos EUA, por exemplo, cujas decisões em casos concretos têm efeito ampliado por conta da vinculação a precedentes.

O problema do Supremo, portanto, não é necessariamente de qual identidade escolher, mas sim de como manter a escolha clara e estável ao longo do tempo. Mesmo que o processo de "abstrativização" tenha sido interrompido, já há caminhos alternativos, incluindo alguns mecanismos informais, para definir e expandir o alcance das decisões do Supremo.[145] As súmulas vinculantes, a repercussão geral e as "teses jurídicas" são alguns exemplos. Mais recentemente, a inclusão em pauta de ação abstrata de constitucionalidade com teor semelhante ao que já foi decidido em um caso concreto[146] ilustra a espécie processual como outra via. Apesar desses caminhos alternativos, a indefinição

145 CANI, Julia Wand-Del-Rey. Para onde foram as 'teses' no Supremo? JOTA, 27 jun. 2018. Disponível em: <https://www.jota.info/stf/supra/para-onde-foram-as-teses-no-supremo-27062018>. Acesso em: 12 fev. 2019.

146 LEAL, Fernando. Prisão em segunda instância: o STF vítima de si mesmo. JOTA, 26 maio 2018. Disponível em: <https://www.jota.info/stf/supra/prisao-em-segunda-instancia-o-stf-vitima-de-si-mesmo-26052017>. Acesso em: 12 fev. 2019.

dos efeitos da decisão do Supremo pode ter efeitos muito negativos para a segurança jurídica.

No julgamento do HC 126.292, em 2016, o Supremo considerou constitucional a possibilidade de início da execução da pena condenatória após a confirmação da sentença em segundo grau. No mesmo ano, via Plenário Virtual, os ministros reconheceram tanto a repercussão geral, quanto o mérito do ARE 964246,[147] reafirmando a jurisprudência consolidada do Supremo sobre execução provisória da pena. Apresentando o mesmo tema, as ADCs 43 e 44 foram pautadas para o dia 10 de abril de 2019. Trata-se de um exemplo de mobilização de mecanismos postos à disposição dos ministros do Supremo para reverter um posicionamento já estabelecido pelo tribunal.[148]

No fundo, a "não guinada" na jurisprudência – manutenção da separação, ou no mínimo da sua indefinição, entre julgar caso e julgar em abstrato – dá aos ministros grande liberdade, inclusive de voltar atrás. Permite que se leve em consideração no momento do julgamento – monocrático ou colegiado – quem são as partes, quem é o relator, e qual é a conjuntura política antes de se decidir. A resistência é, antes de tudo, uma vitória da liberdade criativa dos ministros de inovar – incluindo a liberdade de decidir diferentemente daquilo que foi anteriormente decidido pelo próprio tribunal e talvez pelo próprio ministro que agora precisa votar ou decidir.

Essa liberdade, porém, vem com um preço. A instituição perde oportunidades de afirmar sua autoridade, e de dar orientações claras para as instâncias inferiores. O CPC não poderia criar a necessidade de vinculação do Supremo às suas próprias decisões, nem a Constituição criou um sistema de *stare decisis*. Mas o caminho processual para criação de um sistema mais coerente e mais seguro de decisões já foi estabelecido. Resta saber se o Supremo quer fazer parte dele ou não.

---

147 O andamento do ARE 964246 pode ser acompanhado em: SUPREMO TRIBUNAL FEDERAL. ARE 964246. Disponível em: <http://portal.stf.jus.br/processos/detalhe.asp?incidente=4966379>. Acesso em: 12 fev. 2019.

148 ARGUELHES, Diego Werneck. A liminar de Marco Aurélio: da monocratização à insurreição? JOTA, 27 dez. 2018. Disponível em: <https://www.jota.info/especiais/a-liminar-de-marco-aurelio-da-monocratizacao-a-insurreicao-27122018#https://www.jota.info/stf/supra/tribunal-de-conjuntura-o-supremo-se-submeteu-ao-senado-12102017>. Acesso em: 12 fev. 2019.

O SUPREMO TRIBUNAL CRIMINAL

18

JULGAMENTO DE LULA ENVOLVE DIVERGÊNCIAS GENUINAMENTE JURÍDICAS

Igor Suzano Machado
26 | 01 | 2018

Há divergência sobre como interpretar as provas, assim como sobre o que deve ser provado e de que forma.

Uma grande empreiteira, com contratos vultuosos com o governo brasileiro, reservou um apartamento luxuoso em um de seus empreendimentos imobiliários para um ex-presidente, em cujo governo essa mesma empreiteira se esbaldou em contratos bilionários que dependiam de suas indicações políticas. Se para você isso é motivo suficiente para mandar esse ex-presidente para a cadeia, não há o que criticar no julgamento de Lula pela justiça federal. No entanto, se, por outro lado, você acredita que deve haver prova específica da ligação entre a vantagem recebida pelo político corrupto e seu ato em benefício do agente corruptor e considera suspeita essa prova que ela se baseia, exclusivamente, em depoimentos de delatores que visam escapar da prisão, nesse caso, você pode se revoltar contra o julgamento, pois tal prova, para além dos depoimentos, não existe.

Ou seja: a principal discordância, nesse ponto, não seria quanto a haver ou não provas, mas quanto à exigência de provas específicas para determinados fatos. Provas materiais de um acordo entre o político ou agente público corrompido e o seu respectivo corruptor são de difícil coleta. Por isso, para muitos analistas, não podem ser estritamente necessárias à elucidação de casos de corrupção, sob o risco de deixarmos os corruptos em situação de vantagem na ocultação de seus crimes. Se você concorda com essa visão, não há o que questionar no julgamento de Lula. Por outro lado, se você acha que essa prova é imprescindível e que é a polícia que deve se virar para dar um jeito de obtê-la – e que, na verdade, é não exigir tal prova que deixa a polícia e o Ministério Público em situação demasiadamente confortável para quem tem a prerrogativa de provocar o aparelho repressivo estatal contra um cidadão – então você tem todo o direito de questionar o julgamento.

Lula não chegou a usufruir do imóvel que lhe foi destinado pela OAS, tampouco chegou a ter sua propriedade. Mas o tipo penal da corrupção não exige que o criminoso receba a vantagem indevida, bastando apenas que a aceite, ou, ao menos, aceite a sua promessa. Se você entende que a reserva do imóvel para Lula já é prova suficiente da aceitação da vantagem, você está em sintonia com os julgamentos do juiz Sérgio Moro e dos desembargadores do Tribunal Regional Federal da 4ª Região. Se, no entanto, você entende que a empresa poderia fazer essa reserva por outros motivos e que Lula poderia vir a rejeitar o imóvel ou aceitá-lo pagando por ele o preço de mercado, não vindo a obter, por conseguinte, nenhum tipo de vantagem ilícita, você rejeita o entendimento dos juízes.

O reiterado argumento da defesa de que não houve transmissão da propriedade do tríplex a Lula, seria suplantado, na versão da acusação, pela tese de que essa não transferência se deu visando ocultar quem seria o verdadeiro dono do imóvel. Se você acha que as reformas feitas sob medida no apartamento para agradar a Lula e sua família já configuram a ingerência dos mesmos sobre a reforma – e, consequentemente, a posse deles sobre o imóvel – com a transferência de propriedade não ocorrendo justamente para o fim de ocultação de patrimônio, também não há motivo para reclamar do julgamento. Todavia, se você considera que sem o usufruto e sem o registro não há propriedade e nem posse, e que as reformas feitas pela OAS, proprietária do apartamento, são de responsabilidade da empresa, ainda que com o objetivo de agradar um possível comprador – um objetivo talvez suspeito se estivessem pensando em Lula, mas que não gera para ele qualquer responsabilidade – você deve questionar a condenação.

Tendo em vista o exposto, que levanta alguns dos principais pontos em discussão no julgamento de ontem, considero que, ao contrário do que pregam as torcidas ensandecidas de ambos os lados, o caso Lula não é um caso juridicamente simples. Há divergência sobre como interpretar as provas, assim como sobre o que deve ser provado e de que forma. A narrativa da acusação é provável, mas a da defesa não é impossível e não faço ideia de como julgaria a ação, caso estivesse no lugar dos magistrados que o fizeram.

O caso envolve divergências genuinamente jurídicas, para além de qualquer tipo de perseguição política ou proteção da impunidade, ainda que, obviamente, os responsáveis pelo julgamento – e também os seus críticos – façam suas interpretações jurídicas dentro do contexto cultural, social e político em que estão inseridos.

19

A PUBLICIDADE DO ADVOGADO DE LULA

Joaquim Falcão
29 | 01 | 2018

Se a OAB não liderar um debate sério e contemporâneo, perde a liderança na crescente demanda do mercado.

Na entrevista coletiva depois do julgamento no TRF4, Cristiano Zanin apareceu na frente de um *backdrop*, grande painel de publicidade, escrito "Teixeira Martins Advogados".

Esse painel foi divulgado em toda a mídia. Do Jornal Nacional à internet. Melhor impossível.

Inusitado. Causou polêmica dentro do próprio PT e na elite tradicional dos advogados.

Esse painel é usado por empresas, clubes de futebol, governos, McDonald's, Nike, Adidas, etc. Mas também por hospitais prestigiados, universidades e Polícia Federal.

Lauro Jardim informa que a Ordem dos Advogados do Brasil do Rio Grande do Sul investiga se o painel fere ou não o Código de Ética da Advocacia, que proíbe advogados e escritórios de fazerem publicidade.

Fere?

Acredito que não.

Nada de vergonhoso ou antiético no painel de Teixeira Martins Advogados. Aliás, é hora da OAB, faculdades, profissionais, debaterem esta tradição-proibição de tempos pré-tecnológicos.

Acreditava-se que fazer publicidade era atividade exclusiva de comerciantes. Advogados não são comerciantes. Donde a proibição.

O erro é do conceito. Publicizar é antes de tudo comunicar, informar, formar.

Na sociedade tecnológica de massa, quanto mais cidadãos conhecerem seus direitos e tiverem advogados para os defender, melhor.

Melhor se cumpre o preceito constitucional de que o advogado é imprescindível à administração da justiça.

Como diz o Prof. Luís Xavier, da Universidade Católica de Lisboa, o interesse público é no sentido de mais e mais pessoas poderem ter seus direitos defendidos por advogados. Espanha permite publicidade. Inglaterra e Estados Unidos também. Canadá. Alemanha.

No Canadá, escritórios se uniram em campanha contra lesões que passam legalmente impunes. Nos Estados Unidos, nada mais comum na TV do que escritórios de advocacia oferecendo serviços para defesa de clientes auditados pelo fisco. Consumidores lesados por medicamentos. Ou como acionar seguradoras em sinistros de trânsito.

Para ampliar o acesso à justiça, há que se ampliar o acesso aos advogados. Ampliar o acesso a advogados é ampliar o mercado profissional.

Pesquisa de Castelar e Holanda, na FGV Direito Rio, mostra que quanto mais educado vier a ser o brasileiro, mais provavelmente procurará o Judiciário.

Grandes escritórios têm meios elegantes de fazer sua divulgação no círculo restrito de seus grandes clientes.

Divulgação de eventos, patrocínio de livros, seminários, a própria cobertura da mídia. Além do contato pessoal nas grandes festas judiciais, coquetéis, medalhas, jantares, solenidades múltiplas. *Networking*.

Mas os consumidores, contribuintes, cidadãos mais pobres não são convidados. Precisam de mais informação e acesso.

Inclusive para que ocorra, diria o ministro Ayres Britto, paridade de armas.

Dizem que não há nada mais poderoso que uma ideia cujo tempo chegou. Parafraseando, inexiste inevitabilidade maior do que o acesso à informação cuja tecnologia viabilizou.

Não se trata de permitir tudo ou nada, tipo Estados Unidos. Mas se a OAB não liderar um debate sério e contemporâneo, perde a liderança na crescente demanda do mercado. Pagar *sponsored list* do Google é permitido? *Backdrop* pode? E por aí vamos.

A tecnologia está batendo à porta da OAB. A regulamentação da profissão não pode ser petrificada.

20

NO STF, O RESULTADO ESTÁ NOS MEIOS, NÃO NOS FINS

Felipe Recondo
07 | 03 | 2018

Ministros se antagonizam na discussão sobre a execução da pena depois do julgamento em 2ª instância.

No Supremo, os meios igualam ministros que se antagonizam na discussão sobre a execução da pena depois do julgamento em segunda instância. E isso está mais evidente nos passos que precedem o julgamento do *habeas corpus* do ex-presidente Lula e da possibilidade de execução da pena depois de condenação em segunda instância.

Lula perdeu no Superior Tribunal de Justiça (STJ) ao ver negado por unanimidade o *habeas corpus* preventivo contra sua possível prisão. Mas ainda aguarda decisão do STF, seja no *habeas corpus* que também impetrou no STF, seja no julgamento das ações declaratórias de constitucionalidade que buscam a reversão do entendimento sobre execução de penas após julgamento em segunda instância.

A presidente do Supremo, Cármen Lúcia, resiste em colocar o tema em julgamento. As duas ADCs, relatadas pelo ministro Marco Aurélio, estão liberadas para pauta desde dezembro passado. E o *habeas corpus* de Lula, relatado por Edson Fachin, está pronto para julgamento desde o dia 9 de fevereiro.

Cármen Lúcia coordena a pauta de julgamentos do tribunal e sabe da tendência dos colegas de reverterem novamente a jurisprudência da Corte. Por ser contra este movimento, nega-se a pautar o assunto. Mas sabe da impossibilidade da não decisão do tribunal. Preferiu então jogar a responsabilidade para os colegas, especialmente para Edson Fachin.

Disse a ministra que, se Fachin quiser, que leve o *habeas corpus* de Lula a julgamento, mas fora da pauta. Ou seja, Cármen Lúcia quer jogar o problema na conta de Fachin. Ele que arque com o ônus de colocar o assunto novamente em discussão.

Há opção para o Supremo? Não julgar um processo é uma saída para o tribunal? Ou, como questionou recentemente um ministro do Supremo, o que é pior para o STF: julgar um processo só porque envolve um ex-presidente e potencial candidato ou não julgar um ex-presidente porque ele pode ser candidato?

No seu isolamento institucional, Cármen Lúcia leu as declarações de Celso de Mello em que defendeu o julgamento das ações declaratórias de constitucionalidade. Celso de Mello é o ministro com quem Cármen Lúcia mais conversa e em quem mais confia para pedir conselhos. E, ao contrário da colega, o ministro tem voto solidificado contra a possibilidade da execução da pena depois do julgamento em segunda instância.

Neste cenário de ler o que não é dito, é interessante ressaltar: Celso de Mello defendeu o julgamento das ADCs – e não do *habeas corpus* de Lula. Por motivos absolutamente ortodoxos: os processos são mais antigos, debatem uma tese ampla e não se restringem a um caso apenas. Mas a escolha de um processo em detrimento do outro pode definir o resultado.

No julgamento das ADCs 43 e 44, o Supremo enfrentará o mérito da discussão. Em 2016, o tribunal julgou apenas as liminares dessas ações e manteve o entendimento favorável à possibilidade de cumprimento da pena antes do trânsito em julgado da ação penal. Sendo agora o julgamento de mérito, os ministros devem repetir suas posições contra ou a favor. Se isso de fato ocorrer, o Supremo deverá mudar novamente a jurisprudência sobre o tema. Por quê? Com o placar apertado de 6 a 5 em 2016, bastava que um ministro mudasse de opinião para que o resultado virasse. E o ministro Gilmar Mendes já revelou que alterará sua posição.

Mas se o tribunal decidir julgar o *habeas corpus* de Lula isoladamente, o resultado pode ser outro, apostam alguns ministros. As razões são diversas. No *habeas corpus*, alguns ministros já manifestaram o ensejo de discutir apenas o caso concreto, ou seja, as circunstâncias que envolvem uma possível prisão de Lula. Vale notar, neste ponto, o comportamento da ministra Rosa Weber. Ela é contra a execução antecipada da pena, mas ficou vencida no julgamento em plenário. Agora, quando o tribunal julga um *habeas corpus* contra a execução antecipada, nega o pedido de liberdade, ressaltando que esta é a posição da maioria do STF. No julgamento do HC em favor de Lula, manterá esse comportamento? Se mantiver, Lula perderá.

Independentemente do resultado, o Supremo merecerá as críticas que fatalmente lhe serão feitas. E com fundamento. No intervalo de dez anos, mudou de posição três vezes ao interpretar a mesma Constituição. Gilmar Mendes, que votou em 2008 num sentido, mudou em 2016 e mudará novamente em 2018. Cármen Lúcia, como presidente, mistura a preservação institucional do Supremo com a defesa da imagem de sua presidência. Na soma dos mais diferentes posicionamentos dos ministros, o tribunal colocou-se nesta situação de impasse. E está pagando por isso.

21

NA MODERAÇÃO DE ROSA WEBER ESTÁ O DESTINO DA EXECUÇÃO PROVISÓRIA

Felipe Recondo | Diego Werneck Arguelhes
22 | 03 | 2018

Sua seriedade como juíza lhe criou um impasse: respeito o precedente ou respeito minha leitura do Direito?

Nenhuma questão é mais explosiva hoje no Supremo do que a possibilidade de execução da pena após condenação em segunda instância. E, nesse tema, nenhum ministro é mais decisivo do que Rosa Weber.

Weber foi a única ministra da atual composição que, tendo votado vencida contra a possibilidade de execução antecipada da pena em 2016, curvou-se à jurisprudência do tribunal dali em diante. Tem seguido a tese em julgamentos na Primeira Turma. Enquanto colegas continuam a conceder *habeas corpus* contra a prisão após condenação em segunda instância, Weber respeita a posição da maioria do plenário e a despeito de seu convencimento.

Se o Supremo voltar a analisar a questão, a ministra será decisiva de um jeito tão singelo quanto raro no Supremo de hoje. Weber será decisiva por seu *voto*.

Decisiva por seu voto – no mérito do caso, e como parte de um julgamento colegiado. Não por sua conduta pública ou nas páginas dos jornais. Ministros do Supremo são indicados pelo presidente e confirmados pelo Senado para integrar um colegiado cuja função é a guarda da constituição. A ministra, indicada pela presidente Dilma Rousseff em 2011, honra essa tarefa nesses exatos termos. Não antecipa sua posição, nem desrespeita o colegiado. Deveria ser o mínimo, tratando-se de um juiz constitucional. No caso do Supremo, infelizmente, esse mínimo tem sido na prática uma exigência alta demais para diversos ministros.

Decisiva por seu voto, quando a opinião pública já está pronta a desconfiar dos votos dos ministros e dos argumentos que contêm. Em um cenário tão dividido dentro do tribunal, o voto de qualquer ministro será decisivo, na prática, para o desfecho do caso. O voto de Weber, porém, tem muito mais a oferecer ao país e ao Supremo do que um resultado. Ele expressa uma imagem da função judicial.

Na atual composição do tribunal, ela é a ministra com maior capacidade de convencer os leitores de seus votos de que os argumentos ali contidos realmente importam. Não precisam ser lidos com lupa para se saber se há algo nas entrelinhas.

Seus próprios colegas, aliás, não conseguem prever como Rosa Weber votará. Isso não é apenas resultado de sua discrição. É o reconhecimento por todos, ao longo do tempo, de que a ministra procura levar a sério todos os argumentos jurídicos relevantes – e, em casos difíceis, os argumentos jurídicos relevantes são muitos e tipicamente contraditórios. Quando os dois lados têm bons argumentos, porém, Weber tem procurado levar os dois a sério. No caso da execução provisória, sua lealdade ao papel de juiz a colocou em uma posição difícil: votou contra a execução provisória, mas, uma vez derrotada, reconheceu ali um precedente da corte a ser respeitado. Colocou a posição institucional acima de sua visão pessoal.

Em 2016, na primeira decisão do STF sobre o tema, disse a ministra:

> [...] tenho adotado, como critério de julgamento, a manutenção da jurisprudência da Casa. Penso que o princípio da segurança jurídica, sobretudo quando esta Suprema Corte enfrenta questões constitucionais, é muito caro à sociedade, e há de ser prestigiado. Tenho procurado seguir nessa linha.

A ministra fez uma ponderação. "Nada impede que a jurisprudência seja revista, por óbvio. A vida é dinâmica, e a Constituição comporta leitura atualizada, à medida em que os fatos e a própria realidade evoluem." Mas acrescentou que a simples mudança na composição do tribunal não é motivo suficiente para se alterar a jurisprudência. O tribunal se mantém, independentemente da troca de cadeiras.

Se a alteração da composição não é motivo para virada de jurisprudência, a mudança de opinião de um dos seus integrantes é suficiente para, agora, voltar atrás numa decisão exaustivamente discutida? O Supremo seria afinal maior do que seus integrantes, como observa a ministra? Ou a jurisprudência da Corte pode ser alterada porque um ministro mudou novamente de opinião?

Estas são perguntas difíceis, com bons argumentos para os dois lados. Na pluralidade de argumentos, alguns juízes deixam transparecer uma posição relativista: se há boas razões para os dois lados, se o tribunal está dividido, vale tudo. Estou livre para decidir como quiser.

Não é essa, contudo, a mensagem que Weber passa, mesmo diante da tensão entre sua decisão no mérito e o respeito aos precedentes. Ao contrário da tônica geral do Supremo hoje, as discretas decisões de Weber não expressam liberdade, mas sim limites. Mais do que qualquer outro ministro hoje, ela consegue transmitir a ideia de que, no fundo, um juiz realmente deve estar de mãos atadas: limitado pelo direito, pelos contornos da função judicial, pelas regras processuais que asseguram sua imparcialidade.

O Supremo tem sinalizado ao país, com frequência alarmante, que está livre. Livre para negociar acordos com atores políticos; livre para não decidir casos inconvenientes; livre, enfim, para resolver problemas, seus e de outros atores. Nesse cenário, Weber tem muito a ensinar ao nos mostrar seus grilhões: uma leitura cuidadosa do direito vigente, um comportamento público silencioso, uma memória séria e respeitosa de decisões passadas, e a certeza de que há muitos problemas do Direito que não podem ser resolvidos por quem precisa, antes de tudo, interpretar o Direito, sem inventá-lo.

Na verdade, esses são os grilhões da função judicial. A necessidade de celebrá-los no Supremo de hoje pode ser lida como um indicador de vários dos problemas do tribunal.

Como juíza altivamente limitada em sua função, a incógnita Weber pode definir o resultado do julgamento do *habeas corpus* de Lula e, depois, o destino da execução provisória. Nos autos. Em um julgamento colegiado. Com argumentos. Sua seriedade como juíza lhe criou um impasse: respeito o precedente ou respeito minha leitura do Direito? Mas, justamente por causa dessa seriedade, qualquer que seja a resposta, seu voto merecerá todo o respeito.

22

HC DO LULA: QUANDO OS DOIS LADOS TÊM RAZÃO

Thomaz Pereira
03 | 04 | 2018

Sendo um documento político, a Constituição nem sempre nos dá aquilo que gostaríamos.

O Supremo, os juristas e o país estarem divididos quanto à execução provisória a partir da segunda instância não expressa em si uma novidade. Temas morais e políticos polêmicos deságuam no judiciário e se transformam em discussões sobre a melhor interpretação da Constituição.

No entanto, há nesse caso algo de peculiar.

Ambos os lados desse debate com frequência parecem acreditar que a questão é clara, simples e objetiva. É como se a polêmica existisse, mas não devesse existir.

Os críticos da execução provisória se declaram os únicos e verdadeiros comprometidos com a Constituição – e, por vezes, com o Estado de Direito, com o liberalismo e com a democracia. Para eles, o texto constitucional seria claro e indiscutível. Não deveria haver qualquer dúvida de que, ao declarar que "[...] ninguém será considerado culpado até o trânsito em julgado de sentença penal condenatória" (art.5º, LVII) a Constituição proibiu a execução provisória da pena.

Contudo, não se trata aqui de mera interpretação literal. A Constituição não proíbe literalmente "a prisão" antes do trânsito em julgado. Determina, sim, que ninguém será considerado "culpado" antes que isso ocorra. Em seu sentido mais literal vedaria o lançamento do réu no rol dos culpados (HC 69.696, 1992). Para construir a partir deste inciso uma proibição da execução provisória é necessário ir além do texto. Especialmente considerando que a Constituição, no mesmo artigo, é capaz de ser mais precisa, mencionando expressamente o "preso", a "prisão", e a privação "da liberdade" em outros incisos – por exemplo, no caso do art. 5º, LXI, LXVI e LIV, respectivamente.

Diante disso, a vedação constitucional de se ser considerado "culpado" antes do trânsito em julgado impede a execução provisória da pena? Esse é inegavelmente um significado possível do seu texto, mas, ao contrário do que alguns dão a entender, a simples leitura deste inciso da Constituição não esgota este debate. Pelo contrário, ele aqui apenas se inicia.

Quem afirma que a Constituição veda expressamente a execução provisória – sendo este o significado único, necessário e evidente do texto – precisa lidar com o fato de que o entendimento contrário prevaleceu no país desde a sua promulgação, em 1988, até 2010. Em 1991, em julgamento unânime no HC 68.726, o plenário do Supremo admitiu a execução provisória. Em 2010, no HC 84.078, o tribunal alterou seu posicionamento por 7 votos a 4. Posição que prevaleceu até 2016, quando, mais uma vez, o tribunal reverteu sua jurisprudência – em um novo 7 a 4 – HC 126.292.

É essa interpretação que se discute agora, e que se pretende reverter novamente no julgamento do HC do ex-presidente Lula.

Incrível caso de texto constitucional supostamente evidente, mas contrariado pela jurisprudência das primeiras duas décadas da Constituição (1988-2010) e pelo último posicionamento do plenário do Supremo (2016), e que divide seus membros atuais (2018). O texto constitucional claro, evidente, só teve sua clareza confirmada por uma maioria do Supremo no breve período entre 2010 e 2016.

Do lado dos defensores da execução provisória também há uma simplificação do que está em jogo. Parecem não se contentar com o argumento de que a Constituição *permita* a execução provisória a partir da condenação em segunda instância, caso o legislador processual a preveja. Pretendem que a Constituição *exija* a execução a partir da segunda instância?

Recorrem à literalidade da Constituição para afirmar que a Constituição não exige trânsito em julgado para o cumprimento da pena, e que permite, portanto, o início de sua execução em algum momento anterior. Citam a legislação penal de diversos outras democracias constitucionais em que isso é permitido – para demonstrar que não haver aqui violação da presunção de inocência, mas passam ao largo do que (não) prevê o Código de Processo Penal, ameaçando assim a legalidade – garantia constitucional fundamental.

A pendência das ADC 43 e 44 materializam esta situação. Diante da decisão do Supremo que voltou a permitir a execução provisória da pena em 2016, a OAB e o PEN pediram a declaração da constitucionalidade do art. 283 do Código de Processo Penal. Artigo que *não* autoriza a execução provisória da pena. Não a autoriza porque, quando de sua redação (2011), prevalecia o entendimento anterior do Supremo que declarava a sua inconstitucionalidade – HC 84.078, em 2010.

Na medida em que esperam que o Supremo rejeite o pedido na ADC, os defensores da execução provisória querem extrair da Constituição o que não está lá – nem implicitamente. A Constituição estabelece alguns consensos e limites, mas que deixam muitos espaços nos quais o legislador tem o poder e a liberdade de criar leis. Mesmo para quem entende que a Constituição permite a execução provisória, como justificar a posição, muito mais radical, de que mesmo na ausência de previsão legal ela a *determina*? O Congresso Nacional não teria o poder de ser mais garantista do que os próprios constituintes? A Constituição deixaria de ser piso, para ser teto?

Para além da polarização política atual, e dos interesses pessoais e políticos a ela relacionados, a intransigência dos dois lados desse debate e a flutuação constante de posições mostram que não há consenso de que a Constituição proíba a execução provisória da pena a partir de um determinado momento, nem que ela a determine à revelia do legislador. Talvez o único consenso possível e que respeite o texto constitucional, portanto, seja o de que ela não faz nem uma coisa nem a outra. Abrindo assim espaço para que, como em outras áreas, o legislador infraconstitucional regule a questão.

Sendo um documento político, a Constituição nem sempre nos dá aquilo que gostaríamos. Mas, aos democratas e liberais sinceros, talvez nesse caso ela nos dê aquilo que precisamos. Querer mais do que isso, em qualquer um dos lados no debate, deixa transparecer mais o desejo de impor preferências pessoais ao texto constitucional, do que compromisso com a Constituição.

23

O SUPREMO DAS ESTRATÉGIAS E O STF DE ROSA WEBER

Diego Werneck Arguelhes | Thomaz Pereira
06 | 04 | 2018

Ministra não pode ser criticada pela difícil situação em que os juízes-estrategistas colocaram o tribunal.

Após o voto da ministra Rosa Weber contra o *habeas corpus* de Lula, o ministro Marco Aurélio se dirigiu à presidente Carmen Lúcia: "Que isso fique nos anais do tribunal: vence a estratégia, o fato de Vossa Excelência não ter colocado em pauta as declaratórias de constitucionalidade."

Marco Aurélio se referia a algo que é evidente para quem conhece bem o Supremo: a mesma questão pode ser julgada de maneira diferente, dependendo do tipo de ação, do relator e de ser decidida por um único ministro, por cada uma das turmas de cinco ou pelo plenário completo dos onze. Os ministros sabem disso melhor do que ninguém, e frequentemente jogam, de forma deliberada, com tais possibilidades. Agora, o Brasil inteiro também sabe.

Mas, se isso é disseminado no Supremo, é preciso perguntar: Qual estratégia venceu? Estratégia de quem?

Nesse tema, não faltam movimentos estratégicos. Desde 2016, diante da decisão do plenário do Supremo autorizando a execução provisória da pena a partir da condenação em segunda instância e, mais recentemente, desde a erosão dessa apertada maioria pela mudança de posição já anunciada pelo ministro Gilmar Mendes, os exemplos são inúmeros. Dos dois lados.

Marco Aurélio se refere especificamente ao fato de Cármen Lúcia, ciente dessa nova maioria, usou suas prerrogativas de presidente para pautar o *Habeas Corpus* de Lula, em vez das ADCs 43 e 44. Ao fazer isso em vez de recolocar a questão geral diante do plenário do Supremo, a ministra fez o tema voltar como uma questão de fundo em um caso concreto – e justo *nesse* caso concreto.

Cármen Lúcia, porém, só estava nessa posição por uma ação do ministro Edson Fachin. Diante da insurgência dos vencidos de 2016 – e, mais recentemente, de Gilmar Mendes – contra este precedente do plenário, e sabendo que na sua turma há uma maioria contrária à execução provisória, Fachin usou sua prerrogativa de relator para levar o HC de Lula ao plenário.

Para justificar a mudança, Fachin expressamente menciona a existência das ADCs pendentes e da divergência submersa como justificativa para essa decisão. No plenário, porém, como relator, apresentou a questão de maneira mais estreita. Não enfocou a rediscussão da possibilidade de execução provisória em si, mas sim a impossibilidade de se anular decisão de um tribunal inferior – o STJ – que estaria apenas decidindo conforme o entendimento do Supremo.

Mas Cármen Lúcia, por sua vez, só estava nessa posição pela ação de Marco Aurélio. O ministro levou o pedido cautelar nas ADCs 43 e 44 ao plenário em setembro de 2016, mas ficou vencido pela então maioria – a mesma maioria que havia mudado a jurisprudência sobre execução provisória meses antes. Diante da reiteração da maioria de 6 a 5, Gilmar Mendes – na época, parte da maioria pró-execução – e Cármen Lúcia propuseram a conversão da liminar em mérito, encerrando assim o caso. Como relator, porém, Marco Aurélio, não aceitou converter o julgamento da cautelar em mérito, o que teria posto fim a essas duas ações. A discussão sobre execução provisória já havia sido travada no Supremo há meses, e naquele dia foi apenas uma repetição de posições anteriores. Mesmo assim, Marco Aurélio considerou que a questão não estava "madura" para o julgamento definitivo. Mas, meses depois, com a nova maioria anunciada, Marco Aurélio usou sua prerrogativa de relator e liberou as ADCs mais uma vez para o plenário. Passou então a pressionar pelo seu julgamento.

Controlar a entrada em pauta de um processo até que a composição ou o momento sejam mais favoráveis à sua tese é uma tática comum no Supremo. O ministro Marco Aurélio, por exemplo, já admitiu publicamente ter deixado "na prateleira" o caso da interrupção da gravidez de fetos com anencefalia enquanto aguardava por um tribunal mais favorável à tese.

Nesse contexto, a ministra Rosa Weber precisou proferir um voto decisivo. Vencida no julgamento de 2016, ela se destaca no Supremo por decidir conforme o que foi decidido pela maioria – e vem fazendo isso em uma série de HCs nos últimos meses. Weber não teve qualquer responsabilidade pela intransigência da segunda turma, por levar o HC ao plenário, pela atual pendência das ADCs, ou pela decisão de se pautar uma ação ou outra neste momento.

A crítica à estratégia procedimental para obter resultados específicos no Supremo é procedente. Ela pode ser feita em muitos casos, não apenas no HC de Lula. Contudo, ela não encontra no Supremo de hoje muitos porta-vozes sinceros. Como observou Felipe Recondo,[149] nos casos mais críticos os ministros parecem se diferenciar muito mais pelo resultado que querem promover, do que pelos meios que empregam para atingi-lo.

Em meio a tantas e diversas estratégias, a ministra Rosa Weber foi um fator de imprevisibilidade pura simplesmente porque se imaginava que poderia seguir a jurisprudência de 2016, com a qual pessoalmente não concorda. Manteve sua postura de seguir a atual posição oficial do colegiado, sinalizando, no entanto, que em uma ação abstrata poderia ser o caso de rever tal precedente.

Não é improvável que essa postura autocontida de Weber seja ela também expressão de uma estratégia: a recusa deliberada em se deixar envolver nos jogos dos outros ministros e suas manipulações de pauta, e de ter que assumir responsabilidade por problemas institucionais que não criou. Weber apresentou-se como não tendo opção senão seguir a jurisprudência, mesmo discordando dela – algo que vem fazendo em diversos outros HCs no último ano, e não apenas no caso de Lula.

Não sendo responsável pelo adiamento da decisão no mérito das ADCs, pelo bloqueio de seu acesso à pauta, pela insurgência da maioria da segunda turma contra a decisão de 2016, pela decisão de Fachin de levar o HC para o plenário, ou pelo fato de ele ter sido pautado naquele momento, Rosa Weber votou como teria votado se fosse relatora dessa ação ou fizesse parte da mesma turma que Fachin.

No plenário, portanto, venceu a estratégia de Cármen Lúcia e Edson Fachin, contra a estratégia de Marco Aurélio. Entre eles, está Rosa Weber. Sincera ou estratégica, sua posição guarda uma lição para os estrategistas do Supremo. É sem dúvida possível criticar seu voto, sua formulação sobre apego a um precedente nesse caso

149 RECONDO, Felipe. No STF, o resultado está nos meios, não nos fins. JOTA, 7 mar. 2018. Disponível em: <https://www.jota.info/opiniao-e-analise/no-stf-o-resultado-esta-nos-meios-nao-nos-fins-07032018>. Acesso em: 12 fev. 2019.

específico. Ela tem total responsabilidade por votar considerando admitir a possibilidade de rever esse mesmo precedente futuramente. Ao contrário de seus colegas de ambos os lados, porém, Weber não pode ser criticada pela difícil situação em que os juízes-estrategistas colocaram o tribunal ao usarem dos recursos que o regimento lhes dá para fazer prevalecer sua posição individual no tribunal. Temos hoje uma decisão denegatória de HC que poderia ter um resultado diferente se tomada após as ADCs finalmente serem pautadas.

Não faltam estrategistas no Supremo. Uns vencem, outros são vencidos. A percepção de que vencer ou perder em um caso específico no Supremo de hoje depende mais de estratégias do que determina o direito é uma grande ameaça para a legitimidade e autoridade do tribunal. Weber é responsável pelo seu voto, mas não pelo contexto em que ele foi dado.

24

SUPREMO *VERSUS* SUPREMOS: MALUF, PALOCCI E A LAVA JATO

Thomaz Pereira
13 | 04 | 2018

Levar toda divergência ao Plenário é inviabilizar o seu funcionamento. Mas deixar de levar ao plenário pode enfraquecer a soberania do colegiado.

Nos casos de Palocci e Maluf no Supremo[150] está em jogo o destino institucional do Tribunal, e talvez da própria Lava Jato. Os casos envolvem os poderes do relator levar um processo ao Plenário – HC 143.333,[151] de Palocci –, o cabimento de *habeas corpus* contra decisão monocrática de um ministro – HC 152.707,[152] de Maluf – e a possibilidade de recurso ao Plenário no caso de condenação pelas Turmas – Ag. Reg. nos Emb. Inf na AP 863,[153] de Maluf. Por trás dessas questões, porém, o que o Supremo define é o controle do Plenário sobre as duas Turmas e as decisões dos ministros individuais. Essas questões de desenho institucional serão decisivas para o futuro da Lava Jato no Supremo.

150 TEIXEIRA, Matheus; FALCÃO, Márcio. Cármen Lúcia pauta HCs de Palocci e Maluf. JOTA, 6 abr. 2018. Disponível em: <https://www.jota.info/stf/em-meio-a-acao-para-impedir-prisao-em-2o-grau-carmen-pauta-hcs-de-palocci-e-maluf-06042018>. Acesso em: 12 fev. 2019.

151 O andamento do HC 143333 pode ser acompanhado em: SUPREMO TRIBUNAL FEDERA. HC 143333. Disponível em: <http://portal.stf.jus.br/processos/detalhe.asp?incidente=5178344>. Acesso em: 12 fev. 2019.

152 O andamento do HC 152707 pode ser acompanhado em: SUPREMO TRIBUNAL FEDERAL. HC 152707. Disponível em: <http://portal.stf.jus.br/processos/detalhe.asp?incidente=5345284>. Acesso em: 12 fev. 2019.

153 O andamento da AP 863 pode ser acompanhado em: <http://portal.stf.jus.br/processos/detalhe.asp?incidente=4504330>. Acesso em: 12 fev. 2019.

A experiência de julgar o "Mensalão" – AP 470 – marcou o Supremo. Julgar 38 réus no Plenário sobrecarregou um tribunal já sobrecarregado. O trauma produziu mudanças institucionais. Os ministros alteraram o regimento para passar para as Turmas, de cinco ministros, a missão de julgar a grande maioria das ações penais envolvendo foro privilegiado. Mudaram também sua jurisprudência para manter no Supremo apenas aqueles com foro, deixando os demais réus ao cargo da primeira instância. Além disso, em sintonia com essas mudanças, uma maioria recente também decidiu contra a possibilidade de *habeas corpus* contra decisões monocráticas de relatores do próprio Tribunal.

São essas mudanças que conformam o desenvolvimento atual da Lava Jato no Supremo, com Fachin como relator e a 2ª Turma como órgão competente para julgar as ações penais originárias contra aqueles com foro no tribunal e os recursos e *habeas corpus* contra as decisões nos processos da Lava Jato em curso nas instâncias inferiores. São elementos desse arranjo institucional, que minimizaram o papel do Plenário nesses casos, que agora estão em jogo nos processos de Maluf e Palocci.

No HC 143.333,[154] de Palocci, o Supremo decidiu que relatores podem levar *habeas corpus* ao Plenário, sem maiores justificações. Esse é um poder que o ministro Edson Fachin, poderá usar como relator da Lava Jato. Esse poder tem se mostrado decisivo. As Turmas são subdivisões do Tribunal, e é possível que o um grupo de ministros minoritário no Plenário seja maioria em uma delas.

Em Direito Penal, em particular, são notórias as diferenças entre a 1ª Turma – dita mais "punitivista" – e a 2ª – dita mais "garantista". Com a decisão no HC de Palocci, dá-se a Fachin o poder de levar os HCs da Lava Jato ao Plenário fazendo valer o entendimento da maioria dos onze ministros contra a posição de uma das Turmas.

Esse entendimento privilegia a soberania do Plenário, mas há um custo. Obriga o Plenário a decidir casos que, normalmente, seriam resolvidos nas Turmas e não ocupariam sua pauta.

---

154 O andamento do HC 143333 pode ser acompanhado em: SUPREMO TRIBUNAL FEDERAL. HC 143333. Disponível em: <http://portal.stf.jus.br/processos/detalhe.asp?incidente=5178344>. Acesso em: 12 fev. 2019.

Ao mesmo tempo, no HC 152.707,[155] de Maluf, diante da ordem de Fachin para o início do cumprimento da pena de Maluf em regime fechado, Toffoli determinou que ela fosse substituída por prisão domiciliar. Em 2016 o Supremo havia decidido pela impossibilidade de ações desse tipo. Agora, porém, a questão é recolocada no Plenário diante de uma nova composição – com Alexandre de Moraes no lugar de Teori Zavascki.

A decisão de Toffoli nesse caso é, em certa medida, o reverso da decisão do Plenário na ação de Palocci. Aquela permite levar casos da Turma para o Plenário por uma decisão do relator; esta, em contraste, possibilita que um outro ministro, diante de um *habeas corpus* contra um de seus pares, defira a ordem, contornando o relator e levando a questão ao Plenário.

Diante das intensas discordâncias entre os ministros do Supremo, isso significaria na prática que o destino de réus no Tribunal passaria a depender não só de um relator, mas de dois: o de sua ação original e daquele que analisa o *habeas corpus* contra o primeiro, que pode chamar o Plenário para decidir. Ao julgar esse caso, o próprio Plenário decidirá se deseja esta atribuição.

Por fim, na Ag. Reg. nos Emb. Inf na AP 863,[156] de Maluf, decidiu-se sobre a possibilidade e as condições do cabimento de recurso de Embargos Infringentes contra condenação não unânime de alguém com foro privilegiado em ação penal julgada nas Turmas. Mais uma vez, por trás dessa questão técnica há uma decisão sobre o eventual controle que o Plenário terá sobre as Turmas e a duração dessas ações.

Ao negar o cabimento de tais Embargos Infringentes, Fachin dá as Turmas a última palavra sobre a condenação de Maluf e, consequentemente, sobre eventuais condenações futuras, dentro e fora da Lava Jato. De um lado, isso diminuiu a possibilidade de controle do Plenário sobre as suas Turmas. De outro, isso está em sintonia com a decisão de retirar essas ações do Plenário em primeiro lugar.

---

155 O andamento do HC 152707 pode ser acompanhado em: SUPREMO TRIBUNAL FEDERAL. HC 152707. Disponível em: <http://portal.stf.jus.br/processos/detalhe.asp?incidente=5345284>. Acesso em: 12 fev. 2019.

156 O andamento da AP 863 pode ser acompanhado em: SUPREMO TRIBUNAL FEDERAL. AP 863. Disponível em: <http://portal.stf.jus.br/processos/detalhe.asp?incidente=4504330>. Acesso em: 12 fev. 2019.

Pode parecer contraditório retirar tais ações do Plenário para, em seguida, devolver a ele os mesmo casos na forma de recursos. No entanto, não admitir os embargos poderia significar que casos idênticos seriam julgados única e definitivamente pelas Turmas, deixando do destino dos réus na dependência do distribuidor.

De qualquer forma, ao julgar esse Agravo contra a decisão individual de Fachin que negava esse recurso, o que está em jogo é mais do que o destino de Maluf. A depender do que decidam, o plenário enfrenta o primeiro de muitos embargos infringentes futuros, ou decide agora de forma a não ter mais que decidir outros casos como esse.

Decidir pelo cabimento desse recurso também seria alongar o curso desses processos. O cumprimento da execução de eventuais condenados pelas Turmas provavelmente só se iniciaria após a análise desse recurso pelo Plenário do Supremo – como tem ocorrido nas instâncias inferiores.[157] É isso que a defesa de Maluf quer, mas, qualquer que seja a decisão do Plenário, ela terá efeitos para muito além dele, incluindo vários hoje investigados e denunciados na Lava Jato.

De um lado, levar toda divergência ao Plenário é, no limite, inviabilizar o seu funcionamento. Por outro lado, deixar de levar ao plenário impugnações de decisões individuais ou das turmas que vão contra sua jurisprudência pode enfraquecer a soberania do colegiado. O ideal de unidade contra a realidade das individualidades em conflito.

Ministros do Supremo frequentemente dizem que, em nosso sistema, o tribunal teria "o direito de errar por último". Em todos esses casos, o que se coloca é em que casos esse direito será exercido pelas Turmas e em que casos será exercido pelo Plenário. Em um Supremo dividido sobre fatos, teses jurídicas e a própria função do Tribunal é esta a tensão fundamental por trás de todos esses processos, com profundas implicações para o futuro. Mais uma vez, o Supremo decide sobre o próprio Supremo.

---

157 LINHARES, Carolina. Eduardo Azeredo dá última cartada para evitar prisão. Folha de São Paulo, 13 abr. 2018. Disponível em: <https://www1.folha.uol.com.br/poder/2018/04/eduardo-azeredo-da-ultima-cartada-para-evitar-prisao.shtml>. Acesso em: 12 fev. 2019.

25

O CONSELHO NACIONAL DO MINISTÉRIO PÚBLICO E O DECORO

Joaquim Falcão
12 | 05 | 2018

A regulamentação é o caminho mais capaz de orientar a própria classe dos procuradores e a sociedade.

À medida em que o Ministério Público tem mais e mais importância no destino do Estado Democrático de Direito e na confiança dos cidadãos, tem também mais apoio ou mais crítica. É natural.

A sociedade presta mais atenção e avalia mais e mais seus procuradores e suas instituições, como a Procuradoria-Geral da República e o Conselho Nacional do Ministério Público.

O critério maior dessa avaliação tem sido simples: até que ponto essas instituições resistem a pressões? São independentes no seu fazer? Resistem a qualquer tipo de pressão: seja de políticos, seja de ministros do Supremo, seja inclusive do corporativismo da própria classe, seja de investigados ou denunciados. Sobretudo dos que querem pará-los.

Nestes dias esta resistência vai ser exposta no CNMP.

Primeiro, no lamentável caso do auxílio-moradia, pois, ao que tudo indica, há uma mudança de posição. Não vão ser acordos com a AGU ou decisões do CNMP os responsáveis por amortecer danos ao orçamento ou à sua credibilidade.

Segundo, o CNMP terá que definir o que é decoro, ao qual os procuradores são, por lei, obrigados a respeitar no exercício de sua profissão. Isso é o que está em jogo na eventual denúncia contra o procurador Carlos Fernando. Acusam-no de falta de decoro por fazer críticas contundentes a Michel Temer.

Até que ponto um procurador pode se manifestar sobre processos em curso? Até que ponto o dever de decoro se choca com a liberdade de expressão e com o dever de informar a sociedade? Ao contrário da constituição de 1967, ao lado do MP agora é a sociedade e não o governo. O passado ameaça voltar como assombração.

São dois os caminhos para o CNMP enfrentar esse desafio. Por um lado, usar a Corregedoria para analisar caso a caso. Muito arriscado. O Corregedor de hoje não é o de amanhã. Deixar para julgamentos individuais a definição do que é decoro é deixar uma porta aberta para pressões permanentes e eventuais abusos de autoridades. Politiza o Conselho permanentemente.

O outro é tentar estabelecer critérios, padrões, regras de caráter mais geral, depois de amplamente discutidas internamente, com a sociedade e com todos os interessados. Observando a experiência internacional, inclusive.

Aquele é o caminho da regulamentação como individualismos. Vejam o que ocorre com o Supremo à medida em que julga ações individualizadas. Vira um Supremo Criminal, em vez de ser um Supremo Constitucional.

Hoje é uma arena de pressões e alianças políticas, algumas mais evidentes, outras menos. É o caminho da conjuntura e da fragmentação. Da incerteza. Para todos. Inclusive para os próprios procuradores.

Este o da regulamentação, é um caminho mais permanente, mais institucionalizante e, sobretudo, capaz de orientar a própria classe dos procuradores e a sociedade. Um caminho mais de previsibilidades do que de sustos.

O Conselho Nacional do Ministério Público, assim como o Conselho Nacional de Justiça, tem quase quinze anos de existência. Está entrando em uma fase onde a sociedade irremediavelmente pergunta: Valeu a pena?

26

DE ADVOGADO DA CONSTITUIÇÃO A CARCEREIRO DE LULA?

Felipe Recondo
28 | 06 | 2018

A prisão do ex-presidente é a razão política por trás do recuo do PEN.

O partido político que ajuíza no Supremo Tribunal Federal (STF) uma ação para questionar a constitucionalidade de uma lei torna-se uma espécie de advogado da Constituição, um guardião dos princípios que alicerçam o Estado. Mas o que faz o partido que inicialmente ajuíza uma ação para garantir o respeito à Constituição e depois recua para que o julgamento não beneficie este ou aquele cidadão?

O PEN, em 2016, protocolou a Ação Declaratória de Constitucionalidade 43 para que o STF confirmasse o que está previsto no artigo 283 do Código de Processo Penal: a pena criminal só pode ser executada depois do trânsito em julgado da ação penal condenatória. Ou seja, a execução da pena após julgamento em segunda instância seria inconstitucional.

Permitir a execução provisória da pena "[...] significa levar às prisões brasileiras – às 'masmorras medievais' a que se referia o Ministro da Justiça [José Eduardo Cardozo] – milhares de pessoas que não deveriam estar lá", argumentou o PEN na petição inicial da ADC 43.

Nesta semana, depois da prisão do ex-presidente Lula,[158] o mesmo PEN começou a recuar da argumentação e destituiu o advogado que havia pedido uma nova liminar no mesmo sentido da petição inicial. A razão política por trás desse recuo é a prisão do ex-presidente Lula e a interpretação de que a ação pode beneficiar o ex-presidente.

---

158 REDAÇÃO JOTA. Lula é preso. JOTA, 8 abr. 2018. Disponível em: <https://www.jota.info/justica/lula-esta-preso-08042018>. Acesso em: 11 fev. 2019.

Nas palavras do presidente do PEN/Patriotas, Adilson Barroso, ao jornal *O Estado de S. Paulo*: "Se a lei é para todos, então ninguém podia achar ruim se ela está beneficiando Lula entre outras pessoas. Mas, infelizmente, como estão pensando que fiz especificamente para salvar Lula, então desejo que resolva isso depois. Não agora."

A decisão do PEN e a motivação de cunho político faz lembrar um dos marcos da história do STF e fato relevante para o atual sistema de controle de constitucionalidade. Há 47 anos, o ministro Adaucto Lúcio Cardoso renunciou ao cargo por discordar de uma decisão do STF sobre a discricionariedade do procurador-geral da República de questionar ou não a constitucionalidade de uma norma baixada pelo Executivo.

No dia 10 de março de 1971, o STF julgou a Reclamação 849, cujo reclamante era o MDB – naquela época, oposição ao governo – e o reclamado, o procurador-geral da República, Xavier de Albuquerque. O partido havia encaminhado representação à Procuradoria-Geral da República, contestando a constitucionalidade do decreto que instituiu em 1970 a censura prévia no Brasil. Mas a legenda não podia contestar diretamente a norma no STF. Portanto, a dúvida era: o procurador podia arquivar a representação ou devia remetê-la para julgamento do Supremo?

A decisão do STF foi de que o procurador poderia funcionar como um *gatekeeper* e arquivar representações como estas do MDB. Diante do resultado, que restringia ao Ministério Público o poder de questionar a constitucionalidade de normas – não o MP independente de hoje, mas um Ministério Público que funcionava também como apêndice da Casa Civil– Adaucto Lúcio Cardoso se retirou do plenário e do Supremo.

A Constituição de 1988 mudou a realidade, permitindo que partidos, confederações e associações provocassem diretamente o STF para garantir o respeito aos princípios constitucionais. Mas o recuo do PEN fala mal da legenda enquanto verdadeiro representante do interesse público na defesa da Constituição.

O PEN, ao ajuizar a ADC, buscava proteger o que entende como a melhor leitura da Constituição.

Independentemente de que lado o leitor esteja, a favor ou contra a execução provisória, é de se perguntar por que o PEN mudou de opinião? A Constituição e o Código de Processo Penal não mudaram de lá para cá. Ou o partido prefere simplesmente usar a prisão, que entende inconstitucional, para fazer política? A legenda deixa de ser advogada da Constituição para tornar-se, por interesses político-eleitorais, carcereira de Lula.

27

CONDUÇÕES COERCITIVAS: SUPREMO RESPEITA CONSTITUIÇÃO SEM AMEAÇAR A LAVA JATO

Carolina Haber
04 | 07 | 2018

O depoimento deve ser voluntário e, se o investigado não colaborar, a polícia terá que fazer a sua parte e obter as provas por outros meios.

Por 6 votos a 5, o Supremo decidiu que a condução coercitiva na investigação e no processo penal é inconstitucional. Segundo a maioria dos ministros, ao prever que, se o acusado não atender a intimação para o interrogatório, o juiz poderá mandar conduzi-lo à sua presença, o art. 260 do Código de Processo Penal viola a liberdade individual e o direito de não se auto incriminar.

No Supremo, é comum que a unanimidade esconda divergências. Nesse caso, porém, temos o fenômeno oposto. Apesar do placar apertado, mesmo os ministros que votaram a favor da condução coercitiva concordaram em um ponto fundamental: a condução coercitiva só pode ser autorizada caso tenha havido (i) prévia intimação e (ii) não comparecimento injustificado do intimado.

O julgamento foi permeado, em vários momentos, por duas discussões mais amplas: de um lado, a espetacularização vivenciada em operações como a Lava Jato; de outro, a ideia de que o Direito Penal deveria atingir também os mais ricos, especialmente nos casos de crimes do colarinho branco. Em alguns momentos, parecia que essas duas preocupações poderiam definir os dois lados em conflito no Supremo. Entretanto, algumas das mais controversas conduções coercitivas dos últimos tempos, como a do próprio ex-presidente Lula, sequer observaram o que foi consenso entre os ministros. Foram feitas sem intimação prévia ou não comparecimento injustificado do investigado. Houve, na verdade, desvio em relação ao próprio texto legal objeto da ação de inconstitucionalidade no Supremo, pois o art. 260 do Código de Processo Penal diz expressamente que a condução só pode ocorrer se o acusado não atender a intimação.

Se os ministros não estavam analisando a ilegalidade dessas oitivas realizadas sem prévia intimação e com descumprimento prévio, o que estava afinal em discussão? De que se tratava a divergência, então?

Pela maioria dos ministros, o caso era de inconstitucionalidade resultante do respeito à garantia de permanecer em silêncio quando chamado a depor, além da proteção ao direito de não produzir provas contra si mesmo.

Para os ministros que votaram a favor da condução coercitiva, em contraste, a participação compulsória do acusado nos atos investigatórios e processuais é um instrumento a serviço do bom funcionamento das investigações criminais, ainda que o indivíduo compareça e exerça o direito ao silêncio. Pode se recusar a responder as perguntas que lhe forem feitas, mas não pode se recusar a comparecer.

Além disso, alguns ministros argumentaram que a condução coercitiva seria uma alternativa à prisão cautelar, evitando, assim, medida mais drástica de restrição da liberdade.

É difícil vislumbrar uma situação em que o indivíduo seja obrigado a comparecer e mesmo assim não se sinta induzido ou coagido a falar ou a entrega de documentos ou provas desfavoráveis à sua defesa. Se pode exercer seu direito ao silêncio, porque forçá-lo a comparecer?

Não cabe à Constituição assegurar os meios para o Estado exercer seu poder punitivo. A Constituição deve ser instrumento de contenção desse poder, que, por sua natureza, já tende à expansão e a ultrapassar limites. O depoimento deve ser voluntário e, se o investigado não colaborar, a polícia terá que fazer a sua parte e obter as provas de que precisa por outros meios. O interesse da investigação criminal não pode se sobrepor à liberdade individual.

De outro lado, dizer que, se a condução coercitiva não for adotada, a alternativa será a prisão cautelar parece apenas reforçar que se trata de coação. É quase como dizer: ou você comparece e fala ou vai ser preso. Qual você escolheria?

Se essas questões já são delicadas no caso de criminosos de colarinho branco, que tipicamente contam com muitos recursos para se defender, vale ter em mente o que elas significam para o direito de defesa da esmagadora maioria daqueles afetados pelo sistema penal.

O fim da cultura de impunidade para os mais poderosos historicamente existente no Brasil é algo a ser almejado por todos. Mas essa cultura só pode ser realmente transformada com o respeito integral à Constituição.

Acreditar que é necessário romper com o Estado de Direito para lutar contra a impunidade é ter um compromisso muito frágil com a democracia. Debates como o do Supremo neste caso vão justamente encontrando o equilíbrio entre o avanço do combate à corrupção e a afirmação do Estado Democrático de Direito.

28

JULGAMENTOS CRIMINAIS NAS TURMAS DO STF: SOLUÇÃO OU PROBLEMA?

Felipe Recondo
09 | 07 | 2018

Com a redução da amplitude do foro privilegiado, faz sentido manter nas Turmas os julgamentos dos políticos?

A decisão do STF de remeter para as Turmas o julgamento de ações penais e inquéritos produziu bons resultados para o Supremo? Com esta resposta em mãos, diante da fragmentação do Supremo e da redução do foro privilegiado, com diferenças de comportamento entre Turmas e plenário, é razoável defender que o julgamento de casos criminais, especialmente da Lava Jato, retornem ao pleno do tribunal?

Vamos aos números.

Em junho de 2014, o STF aprovou uma emenda regimental para transferir do plenário para as Turmas o julgamento de algumas classes processuais, especialmente inquéritos e ações penais. A decisão coincide com a deflagração da Operação Lava Jato e sucede o julgamento do mensalão, que monopolizou a pauta do plenário do Supremo por quatro meses e meio.

Além disso, com a remessa de algumas classes processuais para as Turmas, esperavam que o plenário pudesse se concentrar em temas mais relevantes. E, qual seria a consequência seguinte? O aumento da quantidade de julgamentos na Corte.

Em 2013, a 1ª Turma do STF julgou 5.610 processos. Em 2014, foram 7.467. Em 2015, 7.115. Em 2016, 6.313. Em 2017, 6.456.

Figura 1 – 1ª Turma – STF

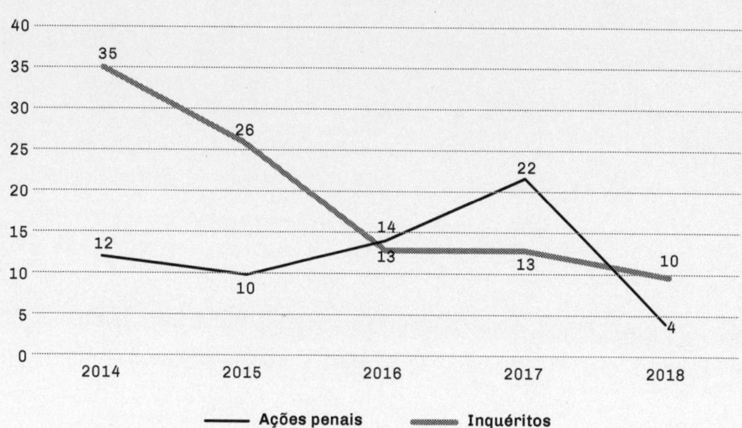

Fonte: Elaborado pelo autor.

Também em 2013, a 2ª Turma julgou 6.047 processos. Em 2014, foram 6.897 decisões. Em 2015, quando a Operação Lava Jato chega ao Supremo, são julgados 7.781 processos. Em 2016, quando as primeiras denúncias da operação são julgadas, 4.787. Em 2017, 4.320.

Figura 2 – 2ª Turma – STF

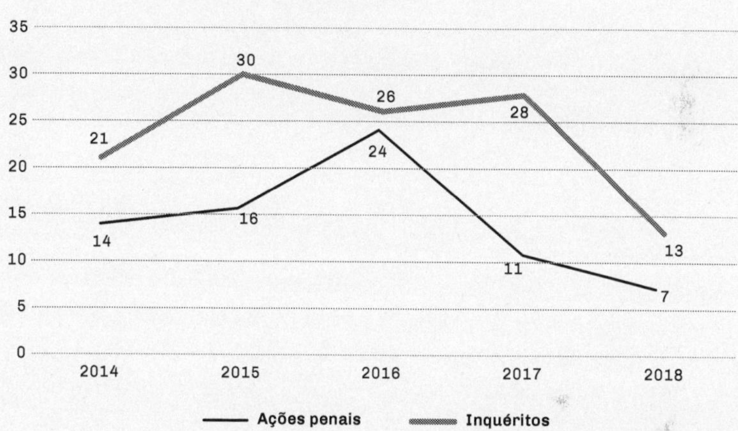

Fonte: Elaborado pelo autor.

Nas duas Turmas, a radiografia desses dados ainda revela que 89% dos casos julgados são de recursos internos. Apenas 11% são decisões finais.

Enquanto isso, o plenário da Corte, desafogado pela emenda regimental, julgou 2.376 processos em 2013. Em 2014, o número subiu para 2.618. Em 2015, 2.738. Em 2016, 3.378. Em 2017, despencou para 2.070.

Os números, portanto, revelam a redução de julgamentos da 2ª Turma em 2016 e 2017. E, ao mesmo tempo, a queda de produtividade do plenário do STF sob a gestão da ministra Cármen Lúcia.

Figura 3 – Julgamentos pelo STF

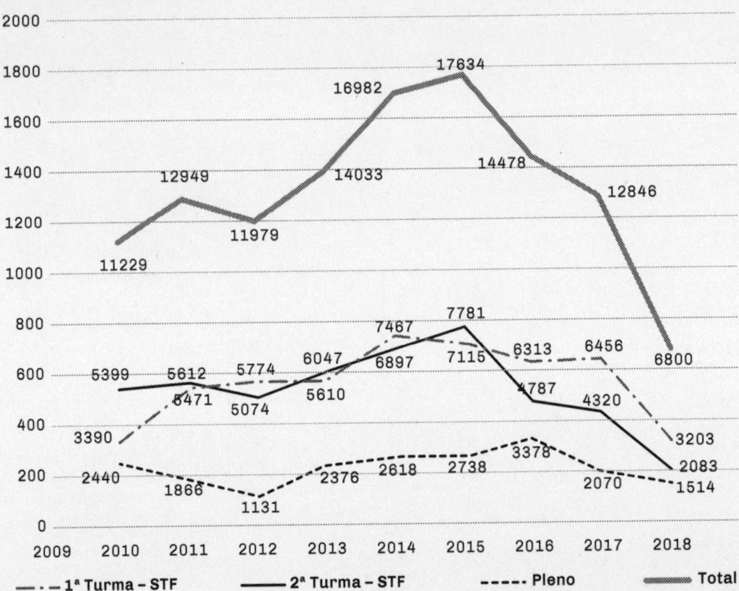

Fonte: Elaborado pelo autor.

Concomitantemente, as decisões monocráticas avançam ano a ano: 76.149, em 2013; 97.380, em 2014; 98.942, em 2015; 102.948, em 2016; 113.630, em 2017. Ou seja, o mau funcionamento da instituição não será resolvido necessariamente por uma emenda regimental – e nem foi essa a intenção.

A estatística não revela um sucesso de produtividade da mudança regimental. Não melhorou, mas pode ter evitado que piorasse? É uma hipótese, mas os números relativos a inquéritos e ações penais julgados no mesmo período não parecem justificar a redução nas estatísticas. E, agora, com a redução da amplitude do foro privilegiado e com a remessa de aproximadamente 150 inquéritos que tramitavam no Supremo par outras instâncias, faz sentido manter nas Turmas os julgamentos dos inquéritos e ações penais contra políticos?

Acrescente-se o ingrediente da fragmentação do STF, das diferenças de entendimento entre 1ª e 2ª Turmas e das estratégias de cada relator – levando para Turma ou para o plenário o processo, dependendo do resultado que queira obter.

Pergunta-se, diante de tudo isso: é razoável manter nas Turmas, que não transmitem as sessões de julgamento ao vivo, os julgamentos de ações penais e inquéritos? Há justificativa nos números para isso? Ou prefere o Supremo manter esses casos nas Turmas, inclusive porque as sessões não são transmitidas ao vivo pela TV Justiça, como ocorre com as sessões plenárias?

Num tribunal marcado por políticas individuais e baixa taxa de colegialidade, a emenda regimental encontrou uma bifurcação. As chances de um grande processo criminal monopolizar a pauta do Supremo por meses bastante reduzida – especialmente porque os ministros passaram, com mais intensidade, a desmembrar os inquéritos, o que evita a repetição de um caso como o mensalão (que envolveu 40 pessoas).

Mas a probabilidade de o julgamento pelas turmas ampliar a divisão interna e fomentar as políticas individuais é significativamente maior. A última sessão do semestre da 2ª Turma, quando José Dirceu foi solto numa decisão inusual, e a perspectiva de que os ventos mudarão simplesmente com a troca de uma das cadeiras – sai Dias Toffoli e entra Cármen Lúcia –, são a prova mais evidente de que a solução criou o problema.

29

CASO LULA: "ESTELIONATO JUDICIÁRIO" E OS EXEMPLOS QUE VÊM DE CIMA E DE BAIXO

Felipe Recondo
10 | 07 | 2018

Atribuir ao Supremo a gênese do fenômeno Favreto é sedutor, mas talvez não seja o mais preciso.

Um juiz de plantão, acionado por advogados com quem mantinha relações, determina a execução imediata de uma decisão judicial controversa que acabou de proferir. Dá prazo para o cumprimento da decisão e exige a utilização de todos os meios necessários para isso. Caso incomum? Não. Há uma década, o Conselho Nacional de Justiça instaurava diversos procedimentos para coibir o que foi classificado como "estelionato judiciário".

Num desses casos, um juiz determinou que uma agência bancária fosse arrombada, se necessário com a utilização de um maçarico, para que os valores milionários calculados por ele fossem entregues ao advogado. Detalhe: o processo envolvia inicialmente uma dívida de R$ 5 mil. Depois das contas exponenciais do juiz, tornou-se uma decisão de R$ 13 milhões.

Casos como esse levaram o CNJ, em 2009, a aprovar uma resolução que regulamentava o que poderia e o que não poderia ser decidido nos plantões. A resolução permitia a intervenção das corregedorias dos tribunais locais e do próprio CNJ em casos extremos.

A decisão de Rogério Favreto, determinando a soltura imediata de Lula em pleno final de semana, não é comparável a esse tipo de prática punida pelo Conselho nos últimos anos. Com a palavra, o ministro Gilson Dipp, o corregedor Nacional de Justiça que iniciou as investigações desses casos de "estelionato judiciário": "apesar de eu não concordar no conteúdo com a tese dele, porque não havia urgência, ele resolveu e estava no direito, tinha competência para tanto", disse em entrevista ao JOTA.

O que Favreto fez no plantão do TRF4 também não é a reprodução da monocratização do Supremo Tribunal Federal. Uma coisa é decidir um pedido no plantão; outra coisa é diariamente conceder centenas de decisões individuais para fazer frente aos processos que tramitam no gabinete dos ministros do STF. São coisas diferentes.

Seria razoável dizer que Favreto foi inspirado pelo que assistimos no Supremo? Se decisões polêmicas nos plantões judiciais motivam a ação do CNJ há quase dez anos, parece não ser uma reprodução dos embates supremos. O Judiciário sempre conviveu com essas divergências e com decisões estapafúrdias. Para isso que existem os recursos judiciais.

Da decisão de Favreto, caberia recurso ao próprio TRF4. Não havia dúvida alguma que a decisão seria cassada durante a semana e que Lula voltaria a ser preso – não tivesse havido a intervenção do relator do processo contra Lula no TRF, João Pedro Gebran Neto, do juiz federal Sérgio Moro, ou do presidente do TRF4, Carlos Eduardo Thompson Flores.

O PT, contudo, usaria politicamente a soltura de Lula e sua recaptura para seus planos eleitorais. Ou seja, juridicamente, a questão era simplória, mas os efeitos políticos seriam graves.

Também é possível dizer que os tribunais são, normalmente, órgãos homogêneos? Evidentemente que não. Favreto já havia exposto entendimento distinto dos colegas de TRF4 sobre a Operação Lava Jato. Chamado no plantão a decidir um caso concreto, Favreto colocaria no papel a sua compreensão sore os fatos. Divergências internas, portanto, também são absolutamente comuns aos tribunais. Elas surgem nos TJs, nos TRFs e também no STF.

Contudo, há na decisão de Favreto a reprodução de algumas das práticas que vêm se normalizando com o aval – ou o exemplo negativo – do Supremo. Filiado ao PT por duas décadas e secretário no governo Lula, a isenção de Favreto para o julgamento do caso foi rapidamente contestada. E, vale lembrar, impedimento e suspeição servem para preservar a autoridade das decisões judiciais. A decisão de Favreto estaria, por estas contestações, absolutamente contaminada por paixões político-partidárias.

No Supremo, a contestação mais recente envolveu o ministro Dias Toffoli, que votou pela liberdade de José Dirceu, de quem foi servidor no Palácio do Planalto. O mais notório, entretanto, partiu do ministro

Gilmar Mendes, que concedeu a liberdade para o empresário Jacob Barata Filho. Lembrando: Mendes foi padrinho de casamento da filha de Barata. A Procuradoria-Geral da República contestou a isenção de Mendes, mas a presidente do Supremo, ministra Cármen Lúcia, ainda não levou o caso a julgamento.

Favreto reproduz outra prática hoje disseminada no STF: a decisão contrária ao entendimento da maioria. Por mais que alegue haver fato novo para mandar soltar Lula – o fato novo seria a pré-candidatura de Lula –, havia já decisões do TRF4 contra a liberdade do ex-presidente. Havia também decisões no Superior Tribunal de Justiça e no próprio Supremo.

Outra responsabilidade que vem do STF é a insegurança sobre a possibilidade de execução provisória da pena. Favreto concedeu a liberdade a Lula até o trânsito em julgado da ação penal, ou seja, até que fossem apreciados todos os recursos possíveis, inclusive no STJ e no STF. O assunto foi decidido pelo Supremo em 2016, mas o resultado tendia a virar com a mudança de voto anunciada pelo ministro Gilmar Mendes.

Em vez de levar o tema em definitivo a julgamento, a presidente do Supremo recusou-se a pautar as ações declaratórias de constitucionalidade que poderiam pacificar a questão na Corte. Preferiu levar ao plenário o *habeas corpus* do ex-presidente Lula. Com o caso concreto em pauta, o STF negou a liberdade ao petista, mas deixou a questão ainda em aberto. Enquanto isso, ministros vêm concedendo liberdade a condenados em segunda instância, contra o entendimento do plenário de 2016. Favreto atua, na sua decisão, neste mesmo espaço.

Atribuir ao Supremo a gênese do fenômeno Favreto é sedutor. Mas talvez não seja o mais preciso. O STF tem sua parcela de culpa – especialmente porque aprofunda as práticas negativas. E isso, claro, não diminui a crítica ao tribunal. Pelo contrário. A disputa judicial intestina no TRF4 pode não ter sido determinada pelo exemplo que vem de cima. Seria grave se fosse. Mas, seja quem for criador ou criatura, o que seria mais danoso: o Supremo impor sua prática fragmentada e anti-institucional para as instâncias inferiores ou ele próprio, o STF, reproduzir o modelo feudal, descentralizado e conflituoso que caracteriza certos tribunais de justiça?

RELAÇÕES E TENSÕES ENTRE OS PODERES

30

CASO DEMÓSTENES: STF TROCA OBJETIVIDADE DA LEI PELA SUBJETIVIDADE DOS MINISTROS

Silvana Batini
18 | 04 | 2018

Supremo torna incerta todas as futuras cassações no Legislativo até que ele dê sua palavra final.

O Supremo confirmou a liminar do ministro Toffoli e liberou o ex-senador Demóstenes Torres, cassado em 2012, para se candidatar novamente.[159]

O ex-senador estava inelegível por duas causas derivadas de um mesmo conjunto de fatos: uma condenação criminal colegiada e uma cassação política no Senado. Ambas em decorrência de suspeitas de seu envolvimento com os negócios escusos do bicheiro Carlinhos Cachoeira.

As duas hipóteses estão expressas na Lei da Ficha Limpa e operam de forma independente: basta que uma delas ocorra para que a pessoa se torne inelegível. Ou seja, a condenação criminal torna alguém inelegível mesmo que não tenha sido cassado. E a cassação torna alguém inelegível, mesmo que não tenha sido condenado. No caso de Demóstenes, as duas ocorreram.

A condenação criminal não chegou a transitar em julgado e, no decorrer de um dos recursos interpostos pela defesa, foi anulada por vício em algumas provas. A cassação política no Senado ocorreu em 2012 e não foi contestada na justiça. Agora, o Supremo decidiu que o reconhecimento da nulidade das provas criminais feita na justiça pode desconstituir parcialmente a decisão política do Senado.

---

159 FALCÃO, Márcio. STF libera ex-senador Demóstenes Torres para disputar eleição este ano. JOTA, 17 abr. 2018. Disponível em: <https://www.jota.info/stf/do-supremo/stf-libera-ex-senador-demostenes-torres-para-disputar-eleicao-neste-ano-17042018>. Acesso em: 11 fev. 2019.

A decisão traz preocupações de diversas ordens.

Há poucos meses, o Supremo deliberou que não poderia afastar cautelarmente o senador Aécio Neves, pois era o Senado soberano para deliberar sobre afastamento de seus membros. Em respeito ao princípio da separação dos poderes, renunciou ao seu próprio poder de cautela, mesmo em se tratando de processo penal que tramitava no Tribunal.

Já no caso de Demóstenes, decidiu simplesmente anular um dos efeitos de uma decisão soberana do Senado, tomada há quase seis anos, quando decidiu por sua cassação por 56 votos contra 19, em processo transcorrido inteiramente na casa legislativa.

Em cada uma das situações, o princípio da separação dos poderes teve uma interpretação diversa e contraditória, afetando sua compreensão e colocando em risco seus limites.

Além disso, com sua decisão, o Supremo fragiliza ainda mais a segurança jurídica, artigo que, ultimamente, anda em falta no tribunal. Assumindo essa posição, o Supremo torna incerta todas as futuras cassações no Legislativo até que ele dê sua palavra final. Além disso, como de costume, não está claro que outras situações concretas poderiam ensejar esse tipo de atuação no futuro. Considerando as discordâncias entre ministros, e o fato de esta ser a decisão de uma das turmas do tribunal, é possível que, na prática, o destino de outros políticos cassados dependa do relator sorteado – disposto ou não a dar uma liminar no seu caso – e da turma em que essa liminar seja apreciada – em que o relator pode estar ou não na maioria.

Ao atribuir esse poder a si mesmo, o Supremo impôs os critérios de aferição da legalidade da prova criminal a uma decisão política tomada não sobre a prática de um crime, mas sobre uma infração de natureza política – a quebra de decoro parlamentar.

Embora o fato da vida seja o mesmo – o suposto envolvimento do ex-senador com o notório bicheiro, sua repercussão jurídico penal é totalmente diversa do seu enquadramento político como quebra de decoro. Não são apenas instâncias diversas e independentes. São naturezas diversas de subsunção típica e aferição.

A invalidação da condenação criminal não deveria interferir na conclusão política, tomada sobre outros parâmetros. Até porque, a Constituição não exige a condenação criminal para cassar um legislador.

Delcídio do Amaral e Eduardo Cunha ainda se defendem na justiça das acusações que pesam contra si, no entanto, isso não muda – ou pelo menos não deveria mudar – o fato de que foram cassados por uma decisão soberana de seus pares, representantes de um Poder independente, cujos efeitos, portanto, independem do Judiciário.

Mas além de equivocada, a decisão do Supremo no caso de Demóstenes foi profundamente contraditória. Se o problema estava na ilicitude das provas, por que não anularam toda a cassação e devolveram o mandato ao ex-senador? Por que a 2ª Turma escolheu salvar apenas uma parte da condenação política – mantendo a cassação – se o fundamento era o vício da prova? Juridicamente, uma opção como esta não se sustenta. Falta-lhe coerência. Se a prova era nula e se contaminou a decisão, tudo deveria ter sido anulado. Se a cassação foi mantida, não há porque retirar apenas um de seus efeitos: a inelegibilidade.

Ficar pela metade do caminho não foi cautela nem prudência. Foi jeitinho.

O ex-presidente Collor sofreu sua condenação política, embora tenha sido posteriormente absolvido no Supremo. E não se cogitou de devolver-lhe o mandato presidencial ou restituir-lhe seus direitos políticos.

Quando a ex-presidente Dilma sofreu o *impeachment*, o Senado deliberou expressamente que não lhe imporia a inelegibilidade, embora aprovasse a sua cassação. Ainda que se discuta até hoje se esta separação era mesmo juridicamente possível, fato é que no caso do ex-senador Demóstenes esta ressalva não aconteceu. Foi uma decisão una. Uma vez cassado tornou-se inelegível pelo prazo da lei.

Recentemente, o plenário do Supremo já reconheceu que a inelegibilidade, na lei da Ficha Limpa, não é sanção, propriamente dita, mas critério que está na esfera do legislador estabelecer, de forma a proteger a integridade dos mandatos conquistados – autorizando inclusive a aplicação da lei para fatos ocorridos antes de sua vigência. Agora, a decisão da 2ª Turma contrariou este entendimento porque esvaziou o caráter objetivo que a cassação deveria ostentar. Ao permitir que, mesmo após quase seis anos, a justiça pudesse adentrar no mérito da decisão política para tornar o cassado elegível, enfraqueceu não somente a lei da ficha limpa, como o próprio entendimento que o Supremo fixou sobre a lei.

A lei da Ficha Limpa pretendeu criar fatores minimamente objetivos de inelegibilidade, frutos de ampla discussão na sociedade e no Congresso. A cassação de mandato por decisão política é uma destas causas. Se a cassação se consolidou, seus efeitos devem operar. Ao decidir o caso Demóstenes, o Supremo troca essa objetividade da lei pela subjetividade dos ministros do tribunal. Fragiliza a autoridade da lei, a soberania de um outro Poder e a segurança jurídica. Em benefício do quê?

31

FORO PRIVILEGIADO: INCERTEZA OU IMOBILISMO?

Diego Werneck Arguelhes | Felipe Recondo
08 | 05 | 2018

A incerteza gerada pela mudança não justificaria o imobilismo diante de um sistema que sabemos estar quebrado.

Em decisões recentes que reinterpretam de forma radical estruturas constitucionais, como a execução provisória em 2ª instância, o Supremo tem sido criticado, por vários de seus próprios ministros, por um ativismo excessivo. Nessa visão, essas decisões representam reformas que seus ministros talvez aprovassem se fossem legisladores, mas que não são compatíveis com o texto constitucional. No caso da decisão sobre o foro privilegiado, essa crítica apareceu novamente, sobretudo entre os votos vencidos. Curiosamente, porém, os ministros se dividiram sobre *qual* deveria ser a reforma no sistema a ser adotada – mas não quanto à necessidade e à possibilidade, em si, de fazerem *alguma* reforma no sistema por interpretação, sem esperar alguma mudança legislativa.

Não foi a primeira vez que o Supremo reformulou, por interpretação, o escopo do foro privilegiado no tribunal. Em 1999, por exemplo, em reação a uma série de denúncias contra ex-parlamentares, o Supremo cancelou por unanimidade sua súmula[160] que ampliava o foro privilegiado até para quem já tivesse saído do cargo. De forma mais geral, a nova decisão é mais um de diversos ajustes que o tribunal faz, de tempos em tempos, na gestão de seus próprios processos. Pode ser vista como mais um exemplo da "jurisprudência defensiva" que o tribunal construiu, nos anos 90, para restringir suas portas de acesso, com a motivação explícita de lidar com o volume de processos recebidos.

---

160 CONJUR. STF reduz foro privilegiado para políticos. Revista Consultor Jurídico, 27 ago. 1999. Disponível em: <https://www.conjur.com.br/1999-ago-27/prerrogativa_valida_durante_exercicio_mandato>. Acesso em: 11 fev. 2019.

Na decisão de agora, mesmo quem levantou a crítica de ativismo acabou propondo algum tipo de restrição ao foro. As principais divergências, portanto, foram pragmáticas: *como* restringir? Como observou Joaquim Falcão[161], os ministros talvez tivessem em mente consequências diferentes, de curto ou de longo prazo. No mesmo sentido, as reações à decisão do Supremo podem ser divididas, também quanto às consequências, entre otimistas e pessimistas. Cada perspectiva encara os efeitos da decisão de maneira distinta.

Os otimistas começariam celebrando o encerramento de uma política processual "aristocrática", na expressão do ministro Celso de Mello. A decisão estaria promovendo a igualdade, sem realmente esvaziar as garantias da função parlamentar. Afinal, os parlamentares ainda contarão com o foro privilegiado para os crimes que tiverem conexão com o exercício do papel legislativo.

Quanto às consequências da decisão, apostam em um duplo impacto positivo: de um lado, ela ajudará a desafogar o Supremo. De outro, agilizará o andamento de investigações e ações penais contra políticos. Mais ainda, para muitos otimistas, essa decisão deve ser lida em conjunto com a execução provisória da pena como um movimento geral contra a impunidade seletiva.

Os pessimistas, por sua vez, não necessariamente negam os benefícios acima, mas apontam para efeitos perversos da decisão. Suas expectativas negativas se embasam em dois temores. Primeiro, a potencial influência de deputados e senadores nos tribunais de justiça locais. Segundo, o risco de que candidatos e políticos sejam perseguidos por juízes e promotores, que, segundo os pessimistas, nem sempre são neutros nas disputas políticas locais. Um político poderia ser combalido pela simples combinação de uma solitária denúncia e uma solitária decisão judicial, logo na primeira instância.

O problema é que as expectativas positivas e negativas não se anulam. Otimistas e pessimistas não têm respostas diretas aos riscos e vantagens que o outro lado aponta. Apenas dão pesos diferentes a consequências e possibilidades que, no fundo, todos identificam no cenário de implementação da decisão.

---

161 FALCÃO, Joaquim. STF julga hoje o foro privilegiado e pode levar Brasil ao padrão global de combate à corrupção. O Globo, 2 maio 2018. Disponível em: <stf-julga-hoje-foro-privilegiado-pode-levar-brasil-ao-padrao-global-de-combate-corrupcao>. Acesso em: 11 fev. 2019.

Na intersecção desses dois conjuntos de expectativas empíricas, encontramos uma série de perguntas ainda sem resposta.[162] Por exemplo, podem juízes de primeira instância impor quaisquer medidas cautelares a qualquer autoridade, ou autorizar quebra de sigilo?

São apenas algumas das perguntas que o Supremo já começa a enfrentar. Nesta terça-feira, a Segunda Turma do STF decidiu que manterá no tribunal os processos contra parlamentares que se reelegerem. E os ministros terão que enfrentar as outras dúvidas daqui em diante, provavelmente em decisões em casos concretos, e com a possibilidade sempre presente de que as duas turmas adotem posições distintas e até conflitantes.

Apesar dessas incertezas, porém, e apesar das críticas internas de ativismo, o tribunal foi unânime quanto à necessidade de se fazer *alguma* reforma, por interpretação, no escopo do foro privilegiado. O fato é que, implícita ou explicitamente, onze ministros consideraram o sistema atual insustentável.

O tribunal vinha fazendo suas contas – e sua análise da conjuntura. O custo para julgar parlamentares era alto, como demonstrou a Operação Lava Jato. Um senador foi preso, outro removido preventivamente do mandato, os presidentes da Câmara e do Senado foram alvos de decisões de afastamento – com sucesso, no caso Eduardo Cunha. Em todas essas decisões, houve reações. E, diante de ao menos duas dessas reações, o Supremo piscou.

Além disso, há um custo operacional a pagar. Um foro expansivo força o Supremo a se desviar ainda mais da discussão de teses sobre a constituição, e até mesmo dos recursos de massa, para se tornar um tribunal criminal – tarefa difícil, para a qual a estrutura da instituição e seus ministros não foram necessariamente vocacionados. Os ministros fazem essas contas e esse diagnóstico com pesos diferentes, mas todos parecem concordar que, de alguma forma, por variados motivos, a conta não está fechando.

O modelo foi alterado. Começamos um novo percurso. Certamente serão necessárias correções de rumo mais à frente. O sistema é com-

162 ALMEIDA, Eloísa Machado de. Decisão do STF sobre foro deixa lista infindável de dúvidas. Folha de S. Paulo, 4 maio 2018. Disponível em: <https://www1.folha.uol.com.br/poder/2018/05/decisao-do-stf-sobre-foro-deixa-lista-infindavel-de-duvidas.shtml>. Acesso em: 11 fev. 2019.

plexo demais para ser solucionado por uma questão de ordem. Todos os ministros sabem disso. Como é natural com qualquer mudança dessa magnitude, há muito o que entender, avaliar e definir no novo regime. Mas – e aqui a unanimidade do tribunal é clara – a incerteza gerada pela mudança não justificaria o imobilismo diante de um sistema que sabemos estar quebrado.

32

QUEM GANHA A CORRIDA DO FORO PRIVILEGIADO?

Luiz Fernando Gomes Esteves
28 | 05 | 2018

Ao contrário do que possa parecer, a disputa pelo foro privilegiado não terminou.

A decisão do plenário do Supremo sobre foro privilegiado não eliminou todas as incertezas[163] sobre a aplicação das regras processuais às autoridades: a regra seria aplicável a todas as autoridades com foro no STF – ou em outros tribunais? As autoridades reeleitas manterão o foro no Supremo? Para além dessas dúvidas sobre o que foi decidido – e, consequentemente, sobre o escopo do foro privilegiado[164] – surge uma questão prática: quem irá eliminar todas essas dúvidas? A resposta banal seria: o próprio Supremo, conforme for chamado novamente para revisitar e esclarecer sua decisão.

Entretanto, não existe um único STF, mas sim vários. Quem estabeleceu as diretrizes gerais do foro privilegiado foi o plenário do tribunal, por 7 votos a 4. O resultado mostrou que uma minoria de 4 ministros não concordou com a restrição do foro defendida pela maioria de

163 ALMEIDA, Eloísa Machado de. Decisão do STF sobre foro deixa lista infindável de dúvidas. Folha de São Paulo, 4 maio 2018. Disponível em: <https://www1.folha.uol.com.br/poder/2018/05/decisao-do-stf-sobre-foro-deixa-lista-infindavel-de-duvidas.shtml>. Acesso em: 11 fev. 2019.

164 ARGUELHES, Diego Werneck; RECONDO, Felipe. Foro privilegiado: incerteza ou imobilismo? JOTA, 8 maio 2019. Disponível em: <https://www.jota.info/stf/supra/foro-privilegiado-incerteza-08052018>. Acesso em: 11 fev. 2019.

7. Porém, esse grupo de ministros só é "minoria" no plenário. Nas turmas, e nas numerosas decisões monocráticas, o cenário é outro.[165]

Considere, por exemplo, a 2ª turma. Dos cinco ministros que a compõem, três fazem parte da minoria do plenário. Minoria no plenário, maioria na turma. Na semana seguinte à decisão do plenário, esta turma decidiu manter o foro privilegiado para o caso de congressistas eleitos.[166] Uma incerteza a menos, mas dessa vez decidida por uma minoria – a mesma que ficou derrotada no plenário.

O problema se agrava se considerarmos que cada ministro do Supremo é responsável por gerir, com grande liberdade, seu gabinete e seus processos. Aqui, também, pequenas decisões aparentemente burocráticas poderão redefinir a amplitude da decisão do plenário. No mesmo dia em que participou do julgamento da segunda turma, o ministro Gilmar Mendes, vencido no plenário, disse que manteria no seu gabinete "[...] processos que estão encaminhando para o final, até para dar alguma racionalidade a esse processo."[167] Ou seja: um ministro, sozinho, interpreta a decisão do plenário da forma que entende ser mais adequada, ainda que vencido, na gestão dos processos que estão no seu gabinete.

Há mais. Apesar da intervenção federal vigente, o Congresso Nacional se movimenta para aprovar suas próprias regras sobre o foro privilegiado, por meio de modificação da Constituição. No dia 29 de maio, por exemplo, a Câmara realizará audiência pública para discutir o tema.[168] Ainda haverá incerteza quando a Câmara decidir?

---

165 ARGUELHES, Diego Werneck; RIBEIRO, Leandro Molhano. MINISTROCRACIA: O Supremo Tribunal individual e o processo democrático brasileiro. *Novos estudos CEBRAP*, v. 37, n. 1, p. 13-32, jan./abr. 2018.

166 CASADO, Letícia. Turma do STF decide manter foro especial para caso de congressista reeleito. Folha de São Paulo, 8 maio 2018. Disponível em: <https://www1.folha.uol.com.br/poder/2018/05/turma-do-stf-decide-manter-foro-especial-para-caso-de-congressista-reeleito.shtml>. Acesso em: 11 fev. 2019.

167 CARNEIRO, Luiz Orlando; TEIXEIRA, Matheus. Gilmar quer transição para novo foro e diz 'eu avisei'. JOTA, 8 maio 2018. Disponível em: <https://www.jota.info/stf/gilmar-transicao-foro-decisao-desastrosa-08052018>. Acesso em: 11 fev. 2019.

168 Sobre informações da audiência pública, ver: CÂMARA DOS DEPUTADOS. CÂMARA DOS DEPUTADOS - COMISSÕES.

O Supremo aceitará as modificações pretendidas pelo Congresso? E será mesmo o Supremo a se pronunciar – ou serão decisões monocráticas de seus ministros – talvez até de um daqueles que ficaram vencidos no plenário?[169] Esse cenário é um terreno fértil para que ministros com as mais variadas posições lancem mão de seus vastos poderes individuais[170] para fazer valer sua visão sobre qual o alcance ideal do foro privilegiado.

Quem influencia o que. Além disso, o quando desempenha um papel importante. A resolução de dúvidas, ainda que provisória, transmite mensagens para os destinatários do foro. Hoje, um parlamentar acredita que, se for reeleito em 2018, manterá o foro privilegiado, por conta da decisão da segunda turma. O tempo consolidará ainda mais tal interpretação, independentemente de quem tenha decidido a questão. Depois de consolidada, o ônus para decidir de forma diferente será maior. Uma coisa é decidir na ausência de regra clara; outra é decidir superando a regra já estabelecida.

A conjunção de todos esses fatores pode levar a uma corrida pelo foro privilegiado, criando incentivos para que o ministro vencido no plenário se apresse para diminuir o impacto da decisão atuando individualmente ou na turma em que é maioria. Ou para que o Congresso agilize os trâmites do processo legislativo para mandar aos juízes mensagens de que está cuidando do assunto. Ao contrário do que possa parecer, a disputa pelo foro privilegiado não terminou. O plenário do STF chegou primeiro e deu um passo importante, mas ainda não pode ser considerado vencedor.

Disponível em: <https://www.camara.leg.br/internet/ordemdodia/ordemDetalheReuniaoCom.asp?codReuniao=52799>. Acesso em: 11 fev. 2019.

169 ARGUELHES, Diego Werneck; FALCÃO, Joaquim. Onze Supremos: todos contra o plenário. JOTA, 1 fev. 2017. Disponível em: <https://www.jota.info/especiais/onze-supremos-todos-contra-o-plenario-01022017>. Acesso em: 11 fev. 2019.

170 ARGUELHES, Diego Werneck; RIBEIRO, Leandro Molhano. MINISTROCRACIA: O Supremo Tribunal individual e o processo democrático brasileiro. *Novos estudos CEBRAP*, v. 37, n. 1, p. 13-32, jan./abr. 2018.

33

O REAJUSTE DOS JUÍZES: O SUPREMO, A BOLSA E A ESPADA

Diego Werneck Arguelhes
18 | 08 | 2018

Pelas mãos de sucessivas gerações de juízes e ministros do Supremo, o Judiciário se deu o direito de tomar em suas próprias mãos a questão da sua remuneração.

Por maioria, o Supremo incluiu na proposta de orçamento para 2019 um reajuste salarial de 16% para seus ministros. Essa é uma decisão política, e não uma exigência constitucional.

A constituição garante aos magistrados – individualmente – irredutibilidade de vencimentos, e à magistratura – institucionalmente – autonomia orçamentária. Também prevê "revisão geral anual" dos subsídios dos juízes, bem como de outros servidores públicos e detentores de mandato. Não há, porém, um direito constitucional à indexação automática desse reajuste à inflação, ou à irredutibilidade de padrão de vida. O país passa por uma grave crise econômica e fiscal, e todos os profissionais brasileiros, no setor público ou privado, estão expostos à inflação. Falar em "reposição" em vez de "aumento" ou "reajuste"[171] não elimina esse problema de igualdade: o que justificaria a prioridade, no cenário atual, para as perdas inflacionárias dos juízes ou de quaisquer outros membros de poder?[172]

171 GARCIA, Gustavo. Reajustes para ministros do STF é 'reposição de poder aquisitivo', diz Marco Aurélio. G1, 13 ago. 2018. Disponível em: <https://g1.globo.com/politica/noticia/2018/08/13/reajuste-para-ministros-do-stf-e-reposicao-do-poder-aquisitivo-diz-marco-aurelio.ghtml>. Acesso em: 11 fev. 2019.

172 MENDES, Conrado Hübner; QUEIROZ, Rafael Mafei Rabelo. Insuportável 1%. Folha de S. Paulo, 13 ago. 2018. Disponível em: <https://www1.folha.uol.com.br/opiniao/2018/08/insuportavel-1.shtml>. Acesso em: 11 fev. 2019.

Responder a essa pergunta envolve delicadas negociações e argumentos políticos. Juízes, sem dúvida, podem fazer demandas corporativas, como outros funcionários públicos; o fato de o salário de ministro do Supremo ser o teto de todo o funcionalismo público nacional torna essas negociações ainda mais difíceis, mas não impede, é claro, reivindicações salariais da classe. Contudo, as demandas judiciais por aumento têm sido feitas de uma posição politicamente privilegiada e, por isso mesmo, moralmente problemática.

Politicamente, os juízes em geral e os Ministros do Supremo em particular dispõem de poderes que desequilibram as negociações.

Primeiro, de forma bastante concreta, eles têm o destino dos políticos em suas mãos. Em um mundo pós Lava Jato, boa parte dos congressistas está – ou logo estará – no alvo do Direito Penal. Um aumento judicial envolve negociação entre partes que estão – ainda que potencialmente – na posição de réus e julgadores. As eleições de 2018 só aumentam a força do lado judicial, pois trazem consigo o risco de perda do foro privilegiado, em 2019, para quem não se reeleger.

Segundo, os juízes brasileiros já mostraram que, na ausência de aumentos formais em seus salários, podem e vão encontrar meios informais de avançar seus interesses unilateralmente. A Constituição sujeita o subsídio dos juízes, "em parcela única", ao teto dos ministros do Supremo, que só pode ser alterado por lei. Mas, ao Judiciário, não tem faltado criatividade jurídica, petulância institucional ou desenvoltura moral para aumentar, por vias indiretas, seu próprio salário para além desse teto constitucional.

A legalidade dessas vias indiretas já foi questionada junto ao próprio Judiciário e ao Supremo. Infelizmente, os resultados têm sido os esperados. Considere o controverso auxílio-moradia, por exemplo, que já foi publicamente defendido por juízes como um necessário aumento indireto. A consolidação e normalização desse e de outros auxílios – passando de aumento disfarçado a *status quo* legislativo aparentemente intocável – vem ocorrendo sem passar pelo Congresso, ao contrário do que exige a Constituição. Esse processo ocorreu com a tolerância do Supremo, ou até mesmo com desenvolto apoio de seus integrantes – no caso do auxílio moradia, destaca-se a ação individual do ministro Fux.[173] Aliás, o fato de que, na prática, o salário dos juízes não está realmente abaixo do que ganham os ministros do Supremo

173 PIRES, Breno; PUPO, Amanda. Auxílio-moradia de juízes já custa R$ 1 bilhão com indefinição do STF. UOL, 8 jul. 2018. Disponível em: <https://noticias.uol.com.br/ultimas-noticias/agencia-estado/2018/07/08/

foi reconhecido – e criticado – até mesmo na própria sessão em que aprovaram o reajuste de 16.38%.[174]

Formalmente, é claro, a palavra final – tanto sobre o orçamento proposto pelo Supremo e o aumento que ele contém, quanto sobre a lei que fixaria o novo subsídio – cabe ao Congresso. Foi o que enfatizaram, ao votar pelo aumento, ministros como Roberto Barroso[175] e Gilmar Mendes.[176]

Na prática, porém, esse discurso de deferência democrática não encontra solo fértil. Como será a negociação do aumento entre o Supremo e um Congresso investigado – e que viu, nos últimos anos, o Supremo usando interpretação constitucional para validar as mais desinibidas tentativas judiciais de aumentar seu próprio salário, em uma realidade paralela ao texto da constituição?

O Supremo tem colaborado para consolidar, no país, uma realidade paralela ao texto da constituição[177] no tocante aos salários dos juízes. Desse ponto de vista mais amplo, em vez de respeito à "palavra final" do Congresso, o cenário que surge de fato é outro. Em meio à crise fiscal e econômica, uma maioria de ministros deu, a parlamentares que eles poderão vir a julgar, a escolha entre duas alternativas de atingir um único fim: ou os parlamentares dão o aumento por

---

auxilio-moradia-ja-custa-r-1-bi-com-indefinicao.htm>. Acesso em: 11 fev. 2019.

174 FALCÃO, Márcio; TEIXEIRA, Matheus. STF aprova incluir em proposta de orçamento reajuste de 16,38% para ministros. JOTA, 8 ago. 2018. Disponível em: <https://www.jota.info/stf/do-supremo/maioria-do-stf-vota-para-incluir-em-orcamento-reajuste-de-16-para-ministros-08082018>. Acesso em: 11 fev. 2019.

175 DELFIM, Rodrigo Borges. Ministro do STF, Barroso diz que quem aprova o aumento é o Congresso. Folha de S. Paulo, 10 ago. 2018. Disponível em: <https://www1.folha.uol.com.br/poder/2018/08/ministro-do-stf-barroso-diz-que-quem-aprova-o-aumento-e-o-congresso.shtml>. Acesso em: 11 fev. 2019.

176 REDAÇÃO JOTA. Gilmar diz que proposta de reajuste de 16,38% para STF não é "impositiva". JOTA, 14 ago. 2018. Disponível em: <https://www.jota.info/stf/do-supremo/gilmar-diz-que-proposta-de-reajuste-de-1638-para-stf-nao-e-impositiva-14082018>. Acesso em: 11 fev. 2019.

177 PEREIRA, Thomaz. O teto de vidro do Supremo. JOTA, 19 nov. 2015. Disponível em: <https://www.jota.info/stf/supra/o-teto-de-vidro-do-supremo-19112015>. Acesso em: 11 fev. 2019.

mudança formal orçamentária e legislativa, ou assistem enquanto variadas peças da criatividade remuneratória judicial vão sendo direta ou indiretamente chanceladas pelo Supremo. Se o aumento não vier sob a forma de lei, virá como gambiarra.

Constitucionalistas gostam de citar Alexander Hamilton, segundo o qual o Judiciário seria o "menos perigoso" dos poderes de estado por não controlar "a espada" – a força policial ou militar –, nem "a bolsa" – o orçamento público. O eventual conforto trazido por esse clichê é ilusório. Ele há muito não corresponde à realidade institucional brasileira. Nosso Judiciário também tem domínio, sim, sobre a bolsa, ainda que por vias oblíquas. Pela constituição, a instituição tem autonomia orçamentária. Mas, pelas mãos de sucessivas gerações de juízes e ministros do Supremo, o Judiciário se deu o direito de tomar em suas próprias mãos a questão da sua remuneração. Um poder ilimitado de interpretação constitucional em causa própria, para chancelar legislação judicial em causa própria.

A maioria de ministros do Supremo pode não ter utilizado esse poder ao decidir, agora, sobre a proposta orçamentária. Mas ele não sai de cena, e a negociação do aumento ocorrerá à sua sombra. Ainda que não haja ilegalidade na inclusão do aumento, a posição republicana teria sido evitar fazer essa demanda agora e esperar, no mínimo, até o próximo orçamento.

No fundo, para além do eventual ganho salarial, a posição pró-aumento da maioria dos ministros tem um alto custo para o Supremo. O aumento de fato não será automático, e envolverá negociações prolongadas e de resultado ainda incerto. Em um cenário de ajuste fiscal e cortes disseminados, a sociedade recorrerá ao Congresso para que imponha limites a um abuso dos juízes – uma aparente inversão de papéis, do ponto de vista da mente judicial brasileira.

Qualquer que seja o resultado da negociação, o Supremo terá saído da disputa menor – especialmente se o Congresso se mostrar sensível à opinião pública, rejeitar o aumento e desafiar os juízes a seguirem, então, pelo caminho da gambiarra.

A demanda judicial por reajuste é anterior tanto quanto às investigações criminais contra políticos, quanto à crise econômica; nenhum desses dois elementos têm correlação necessária com o pedido de aumento. Mas todos sabem que esse é o cenário nacional em que o orçamento será elaborado. É nele que as negociações ocorrerão, e nele se misturarão, mais ainda, a bolsa, a espada e a interpretação judicial. Aguardar mais um ano ajudaria a mitigar os efeitos dessa mistura, que acaba minando a força moral mesmo de reivindicações salariais que poderiam ser legítimas.

34

O PERFIL NEGOCIADOR DE TOFFOLI PODE PREJUDICAR O SUPREMO?

Felipe Recondo
13 | 09 | 2018

Novo presidente da Corte promete pontes permanentes com Executivo e Legislativo.

Dias Toffoli repete à exaustão os mantras de sua gestão: autocontenção, diálogo e negociação. No seu plano de voo, tem como pontos cardeais duas presidências recentes do Supremo – dos ministros Nelson Jobim e Gilmar Mendes. Ambos tocaram o tribunal como se o Supremo Tribunal Federal (STF) estivesse a reboque da governabilidade, ambos foram deferentes à política e ao Executivo, negociando à luz do dia propostas e projetos que consideravam de interesse do país.

Toffoli se vê da mesma forma: disse que o Judiciário não é motor da sociedade, antecipou que baixará o tom da pauta do Supremo, negociou politicamente com o presidente Michel Temer (MDB) o aumento do salário da magistratura em troca do fim do auxílio-moradia e revelou que pretende conversar periodicamente com os presidentes da Câmara dos Deputados e do Senado. Mas há uma diferença para a qual é preciso se atentar.

No passado, Jobim e Mendes comandavam um tribunal ainda pouco observado externamente. A discrição da Corte permitia que os dois transitassem tranquilamente pela política sem a desconfiança e cobrança públicas. Hoje, a sociedade escrutina o STF. O tribunal está nas páginas dos jornais diariamente.

Os ministros são reconhecidos na rua e cobrados por suas posições. Por isso, Toffoli enfrentará uma dúvida: esta sociedade compreenderá a ostensiva atuação do presidente do STF junto à política? Ou enxergará essas reuniões públicas como conchavo e falta de independência? É possível ser Jobim no STF de hoje? E qual é o preço a pagar?

Gilmar Mendes, por exemplo, mantém uma agenda política intensa. Não nega. Durante a crise da JBS no governo Michel Temer, foi à casa do presidente em reuniões fora da agenda. Os questionamentos – no STF e fora dele – sobre suas relações e, portanto, sobre a legitimidade de algumas de suas decisões se multiplicam, mas não produzem qualquer efeito prático: Mendes não muda sua postura e nem se vê forçado a isso. E cria para si uma régua própria de comportamento.

Toffoli parece caminhar nesta mesma direção. Assim como Gilmar Mendes, ele também visitou Temer fora da agenda no Palácio da Alvorada em meio à crise política – novembro de 2017 – para "um bate-papo". Há algumas semanas, voltou a reunir-se com o presidente da República para negociar o aumento salarial dos juízes em troca do fim do auxílio-moradia. Ou seja, o governo concorda com o reajuste e o STF põe fim a um benefício contestado em ações judiciais no próprio Supremo.

No outro ponto da Praça, o ministro avisou que manterá, durante seu mandato, reuniões periódicas com os presidentes da Câmara, Rodrigo Maia (DEM–RJ), e do Senado, Eunício Oliveira (MDB–CE). Não quer conversar apenas quando uma crise se instalar por uma decisão atravessada do STF, por exemplo. Vale lembrar que ambos – Eunício Oliveira e Rodrigo Maia – são investigados no STF.

Toffoli já paga um preço por seu passado na política. Trabalhou na liderança do PT na Câmara dos Deputados, na Casa Civil e foi advogado-geral da União no governo Lula. Suas relações com o PT, mesmo que hoje distantes, serão sempre lembradas cirurgicamente.

Por exemplo, quando comandou, em junho, o movimento para soltar José Dirceu, condenado a mais de 30 anos de prisão na Lava Jato. Ou quando pautar, no início do próximo ano, as ações que levarão o STF a rever sua jurisprudência sobre execução provisória da pena. Será o voto de desempate de Toffoli que confirmará a mudança e a consequente libertação de Lula.

Há nove anos no STF, Toffoli revelou-se um bom ouvinte. Nunca protagonizou um bate-boca em plenário nem costuma retrucar os votos divergentes do seu. Como habitualmente diz, cada ministro do STF está cumprindo seu papel, levando adiante sua agenda e expondo suas posições. Não cabe a ele ou a qualquer outro ser censor de colega.

Na presidência, adiantou que acolherá sugestões de Luís Roberto Barroso para enfrentar o gargalo da repercussão geral no STF. Promete ouvir mais os colegas para definir quais processos serão julgados do plenário, compartilhando – até certo ponto – seu poder de pauta. E a meses de ser eleito presidente, já se articulava juntos aos colegas, marcando jantares na sua casa para estreitar pontes.

Afora as características pessoais, disse o próprio ministro, ele contará com a sorte: assume a presidência às vésperas das eleições que podem ser uma virada de página da crise política que perdura há cinco anos no país. No seu primeiro ano de mandato, as atenções estarão voltadas para o Executivo e Legislativo.

O STF, como ele mesmo quer, será naturalmente um coadjuvante.

Toffoli, portanto, pode ser um negociador. Deve falar em nome do STF, e não em seu nome. Deve articular saídas para crises internas. Deve ser a ponte com os outros poderes. Mas, a depender de como se movimentará, inadvertidamente poderá aprofundar as desconfianças públicas em relação à Corte.

35

MORO NO GOVERNO BOLSONARO: QUEM GANHA, QUEM PERDE E OS EFEITOS COLATERAIS

Felipe Recondo
01 | 11 | 2018

Moro avançou sobre políticos e migrou para a política. O CNJ, agora, nada pode fazer.

A escolha de Sérgio Moro para o Ministério da Justiça é um ponto para Jair Bolsonaro. Seus eleitores – e mesmo quem anulou seu voto – enxergam com bons olhos a escolha do juiz federal que se notabilizou por conduzir com severidade as ações de combate à corrupção. Mas a Lava Jato, processualmente, perde com a indicação? As condenações perdem legitimidade por que Moro abandonou a magistratura para ingressar na política?

Bolsonaro escolheu para o Ministério da Justiça o juiz que condenou – e executou a prisão – o candidato que liderava as pesquisas eleitorais. Mas Moro não o fez sozinho. O juiz condenou Lula no processo em que era investigada a compra de um apartamento no Guarujá, mas a sentença foi unanimemente confirmada pelo Tribunal Regional Federal da 4ª Região, quando Lula se tornou ficha suja.

Moro, agora, afasta-se da jurisdição e deixará as ações para a juíza substituta Gabriela Hardt. Num desses processos, Lula é acusado de corrupção – em troca de contratos da administração pública com empreiteiras, teria recebido um sítio em Atibaia (SP). Mesmo advogados de defesa admitiam há meses que, neste caso, as chances de condenação eram maiores que no caso do tríplex, no Guarujá (SP).

Ou seja, mesmo com Moro fora da Lava Jato, Lula deve ser condenado. É claro que quem enxerga as investigações como perseguição política não concordará, mas ficará mais difícil convencer a todos de que as condenações foram injustas.

A questão, portanto, não é necessariamente o conteúdo das decisões – mesmo que também possa e deva ser debatido. Contra isso, há recursos aos tribunais. O problema é o contexto – e isso inclui o tempo das decisões e os erros praticados por Moro.

Hamilton Mourão, vice de Bolsonaro, disse que a sondagem a Moro foi feita antes das eleições. Isso tornaria necessariamente Moro suspeito de julgar processos da Lava Jato? Não. Isso obrigaria Moro a se afastar das investigações? Não. Isso impediria o magistrado de levantar o sigilo da delação premiada do ex-ministro Antonio Palocci em meio ao processo eleitoral? Também não.

Novamente, o problema não é conteúdo. É forma. Divulgar a delação de Palocci no meio da campanha provocou prejuízo político para a campanha de Fernando Haddad. Estrategista como se mostrou durante os quatro anos de Lava Jato, Moro sabia disso – tanto sabia que, por cautela, suspendeu as audiências no processo de Lula para não interferir no jogo eleitoral. Como também sabia que divulgar o áudio entre Lula e Dilma poderia comprometer a estratégia da presidente da República de nomear para seu ministério o ex-presidente.

Moro assumirá o superministério da Justiça. A Lava Jato prosseguirá normalmente, agora sob nova direção, mas ainda comandada por procuradores da República e controlada pelo Judiciário. A aposta na política é alta e arriscada. Bolsonaro capitalizará os benefícios políticos de sua escolha junto a seus eleitores.

Há efeitos colaterais para toda e qualquer decisão. Se processualmente a Lava Jato não perde, simbolicamente há consequência negativas. Na batalha de narrativas que envolve a operação e a atuação de juízes – de Moro a Marcelo Bretas – e procuradores, a escolha é argumento a mais para os críticos.

E o Ministério Público? É notória a disputa que há entre MP e Polícia Federal, por exemplo, pela condução de acordos de delação premiada. Um dos casos mais notórios é justamente o acordo de delação de Palocci, negado pelo MPF, mas admitido pela PF. No comando do Ministério da Justiça, Moro encorajará a Polícia Federal a atravessar o MP? Como ficará a relação entre policiais e procuradores? E a magistratura?

O ex-ministro Carlos Ayres Britto disse, em entrevista ao jornal *O Globo*, que esta sim sai prejudicada, disse ele:

> O Judiciário se define pelo desfrute de uma independência que não pode ser colocada em xeque. Os magistrados devem manter o máximo de distância dos outros dois poderes. Isso não parece rimar com o "espírito da coisa" de um membro do Judiciário pedir exoneração e já se transportar, com mala e bagagens, para um cargo do Poder.

Juízes podem se sentir encorajados a seguir os mesmos passos de Moro. Alguns já tentam, com menos inteligência. A sociedade pode passar a olhar as decisões judiciais com outros olhos, buscando por detrás dos fundamentos alguma razão político-eleitoral? Podem. Mas isso já não acontece? Ou as desconfianças aumentarão?

O Conselho Nacional de Justiça (CNJ), que a tudo isso assistiu com certa passividade, agora se vê impotente. Moro fez o que fez, avançou sobre políticos, migrou para a política. E o CNJ, que chegou a abrir investigação contra Moro, agora nada pode fazer. A não ser trabalhar para que este exemplo não vire a regra.

36

MORO MINISTRO DA JUSTIÇA E O SUPREMO TRIBUNAL FEDERAL

Luiz Fernando Gomes Esteves
06 | 11 | 2018

Magistrado poderá atuar hoje para moldar o tribunal em que atuará amanhã.

Logo após ser eleito presidente, Bolsonaro disse contar com o juiz Sérgio Moro como Ministro da Justiça e do Supremo Tribunal Federal (STF). A primeira parte da promessa se concretizou rapidamente, e Moro assumirá em janeiro a pasta da Justiça. Fica no ar a segunda promessa: se resistir até 2020 no imprevisível governo Bolsonaro, Moro se tornaria então ministro do STF, por causa da aposentadoria do ministro Celso de Mello.

Formalmente, a indicação ainda não ocorreu. Mas, na medida em que o seu anúncio antecipado é uma indicação "informal", temos aqui algo sem precedentes. Jamais alguém foi publicamente anunciado como indicação ao STF com tamanha antecedência – mais ainda, nunca se soube, com certeza, que um Ministro de Estado ocuparia a vaga no tribunal em um futuro tão distante. A combinação desses dois elementos inéditos levanta um conjunto de questões delicadas para Moro e o Supremo.

O debate mais óbvio, talvez, seja sobre os desdobramentos da Lava Jato e a atuação de Moro no processo.[178] Dúvidas sobre a parcialidade no julgamento de Lula e outros réus inevitavelmente serão levadas ao Supremo, e caberá ao tribunal responder ao primeiro desafio. Permanecerá a Lava Jato incólume?

---

178 RECONDO, Felipe. Moro no governo Bolsonaro: quem ganha, quem perde e os efeitos colaterais. JOTA, 1 nov. 2018. Disponível em: <https://www.jota.info/opiniao-e-analise/moro-no-governo-bolsonaro-01112018>. Acesso em: 11 fev. 2019.

Como Ministro da Justiça, e com a "liberdade total" dada por Bolsonaro,[179] Moro poderá atuar hoje para moldar o tribunal em que atuará amanhã. Pode agir, de maneira bastante aberta, para alterar o desenho institucional, a legislação processual e o contexto político dentro dos quais o tribunal toma suas decisões. Poderá promover a aprovação de leis que aplicará como julgador e se manifestar publicamente sobre como esses processos deverão ser julgados no futuro.

O juiz já indicou, que defenderá no Ministério a aprovação de um amplo pacote anticorrupção, que tem como uma de suas medidas a alteração da sistemática de recursos judiciais.[180] É verdade que a Constituição também autoriza que o Supremo apresente projetos de lei, porém, o exercício da iniciativa legislativa pelo tribunal é pouco comum, e, mesmo se existisse consenso entre os seus onze membros neste ponto, Moro, como Ministro da Justiça, seria um agente decisivo no diálogo entre Supremo, Congresso e o presidente Bolsonaro.

Não podemos saber ao certo quais seriam os resultados produzidos por esses incentivos. Ao discutir mudanças legislativas e constitucionais hoje, para moldar o tribunal de amanhã, como Moro se comportará?

Aceitará as demandas do tribunal que integrará no futuro para não criar indisposições prévias? Os ministros do STF aceitarão sem críticas as manifestações do futuro colega? Nos dois casos, não temos clareza quanto quais são os parâmetros adequados de conduta a serem adotados por esses atores. O que é correto esperar de um Ministro da Justiça que lidere reformas com impacto no tribunal que, a princípio, integrará em dois anos? A promessa de Bolsonaro recomenda prudência e contenção – pois o Ministro da Justiça é um Ministro do Supremo em espera), ou, sendo apenas uma promessa, seria um equívoco que Moro mudasse seu comportamento com base nela?

179 MATOSO, Filipe; SATRIANO, Nicolás. Bolsonaro diz que Moro pediu 'liberdade total' e que não vai interferir no trabalho do ministro. G1, 1 nov. 2018. Disponível em: <https://g1.globo.com/politica/noticia/2018/11/01/bolsonaro-diz-que-moro-pediu-liberdade-total-e-que-nao-vai-interferir-no-trabalho-do-ministro.ghtml>. Acesso em: 11 fev. 2019.

180 HERDY, Thiago. Pacote anticorrupção será base da gestão Moro no Ministério da Justiça. O Globo, 2 nov. 2018. Disponível em: <https://oglobo.globo.com/brasil/pacote-anticorrupcao-sera-base-da-gestao-moro-no-ministerio-da-justica-23206775>. Acesso em: 11 fev. 2019.

A promessa de nomeação ao Supremo também confere aos ministros – sobretudo aos mais próximos da aposentadoria – o poder de se antecipar a um eventual futuro ministro Moro. Imagine que, enquanto Ministro da Justiça, Moro sinalize que irá buscar a limitação dos julgamentos individuais do STF, como já se discute no Congresso.[181] A medida possivelmente não seria bem recebida pelos ministros, e, para evitar o aprofundamento da discussão, um ministro simplesmente poderia antecipar sua aposentadoria, para que a toga seja logo devolvida a Moro. Bolsonaro aceitaria abrir mão de seu Ministro da Justiça antes de 2020? O juiz Moro trocaria imediatamente seus poderes políticos como chefe do "superministério" pela partilha do tribunal com outros dez ministros? A mudança de papel mudaria os incentivos e talvez a lógica da atuação do ex-Ministro da Justiça nesse caso.

Mais ainda, os ministros podem atuar positiva ou negativamente diante do fantasma de Moro.

A partir das decisões, declarações e textos acadêmicos de Moro é possível antecipar muitas de suas opiniões sobre questões que estão na agenda do STF. Por isso, os onze ministros atuais podem calibrar com uma precisão mínima se é vantajoso esperar ou não Moro para decidir alguma questão. Como sabemos, os relatores e o presidente do Supremo – e, no fundo, todo e qualquer ministro, por meio de pedidos de vista – têm grande poder, na prática, para controlar se, e quanto certas questões serão julgadas.[182] O caso sobre prisão em segunda instância, por exemplo, pode ter em Moro um personagem – e um voto – decisivo.

Nesse ponto, o Supremo decidirá logo para evitar o perigo de Moro, ou esperará Moro para decidir? O que impede que um ministro a

181 ARGUELHES, Diego Werneck. Reforma do Supremo Individual: resistência dos ministros não fará a pauta sumir. JOTA, 8 ago. 2018. Disponível em: <https://www.jota.info/stf/reforma-do-supremo-individual-resistencia-dos-ministros-nao-fara-a-pauta-sumir-08082018>. Acesso em: 11 fev. 2019.

182 ARGUELHES, Diego Werneck; FALCÃO, Joaquim. Onze Supremos: todos contra o plenário. JOTA, 1 fev. 2017. Disponível em: <https://www.jota.info/especiais/onze-supremos-todos-contra-o-plenario-01022017>. Acesso em: 11 fev. 2019.

favor da prisão após condenação em segunda instância peça vista para esperar Moro? A tentação pode ser grande, e, seguindo o caminho das antecipações estratégicas, pode afetar as próprias declarações e o comportamento do Ministro da Justiça quanto a esse tema.

Na maior parte das vezes, o fornecimento de informações por parte do governo deve ser sempre bem recebido. Em alguns casos, no entanto, tais informações podem ser prejudiciais para todos os envolvidos. Às vezes, para alguns objetivos, mais informação é pior que menos informação. A nomeação de Moro para o Ministério da Justiça com a promessa de um cargo no STF parece se enquadrar nessa hipótese.

A antecipação realizada por Bolsonaro cria situações difíceis que poderiam ser evitadas com uma nomeação em tempo apropriado, já que, a princípio, a vaga surgirá apenas em 2020. São apenas especulações, mas, se confirmadas, o Supremo precisará conviver durante dois anos com o fantasma de Moro, que, por sua vez, conviverá com a perspectiva de uma toga que pode não lhe vestir tão bem. Estamos no início de uma longa conversa sobre um problema inédito: como se deve comportar um Ministro da Justiça que já sabe que será Ministro do Supremo – e como devem os atuais Ministros do Supremo lidar com ele?

37

A (INEXISTENTE) IMUNIDADE PARLAMENTAR DE CONGRESSISTAS (APENAS) ELEITOS

Renan Medeiros de Oliveira

08 | 01 | 2019

Imunidade parlamentar tem características específicas que ditam sua abrangência, e a jurisprudência do STF tem sido restritiva.

Após as eleições de 2018, candidatos eleitos começam a falar e agir como se já estivessem na condição de congressistas, com poderes e prerrogativas do cargo. Nesse sentido, por exemplo, um deputado federal eleito pelo Partido Social Liberal (PSL), publicou um vídeo[183] em resposta à suposta retaliação que a diretora do Colégio Estadual Dom Pedro II, na cidade de Petrópolis, teria feito a funcionários que guiaram o deputado eleito em visita à escola. O deputado eleito ameaçou a diretora dizendo que faria uma auditoria de toda a sua gestão, buscando combater "a ideologia socialista-comunista". Afirmou, ainda, que faria uma visita a ela, já que, por ser deputado federal, poderia "[...] entrar em qualquer estabelecimento sem permissão".

A declaração mostra desconhecimento das atribuições de um deputado federal e do funcionamento da coordenação da educação pública estadual no Brasil, já que escolas estaduais são de competência do governo estadual e auditar gestões dessas escolas cabe ao Tribunal de Contas e à Secretaria de Educação estaduais. Apesar de fiscalizar ser uma das funções típicas do Poder Legislativo e solicitar informações de caráter público seja um direito de todos os cidadãos, há procedimentos específicos de acordo com os quais essas atitudes podem se concretizar.

183 BRUNO, Cássio. Deputado do PSL que destruiu placa de Marielle ameaça diretora de escola. O Dia, 25 nov. 2018. Disponível em: <https://odia.ig.com.br/colunas/informe-do-dia/2018/11/5596396-deputado-do-psl-que-destruiu-placa-de-marielle-ameaca-diretora-de-escola.html>. Acesso em: 11 fev. 2019.

Como, à época, o deputado apenas havia sido eleito, ou seja, não foi diplomado e nem tomou posse, ainda não podia ser considerado juridicamente deputado federal e não tinha as prerrogativas parlamentares, como a imunidade material, que protege opiniões, palavras e votos de deputados e senadores.[184]

Nesse ponto, e tendo por foco a imunidade parlamentar, cabe analisarmos duas situações distintas:

1. a dos candidatos que não desempenhavam mandato quando eleitos;
2. a dos candidatos que se reelegeram para o mesmo cargo ou que já desempenhavam algum cargo com imunidade parlamentar e foram eleitos para outro também com imunidade.

A imunidade parlamentar é concedida em função do mandato, e não à pessoa que o ocupa. Assegura-se essa proteção aos parlamentares para que possam realizar suas atribuições livremente e para que o Parlamento não se submeta aos demais poderes.

Na Constituição Federal Brasileira de 1988, há a proteção de "opiniões, palavras e votos" (art. 53) emitidas no exercício do mandato ou em função dele. Trata-se da imunidade material. A imunidade está relacionada à esfera civil, penal e – na visão da maioria dos juristas – administrativa. É necessário que o nexo de causalidade entre as opiniões, palavras ou votos exarados pelo parlamentar e o exercício do mandato esteja claro. Isso porque a imunidade não é pessoal, mas se dá em função do cargo, e apenas protege o parlamentar no caso de opiniões proferidas na função ou em razão desta. Ou seja, não se trata de inviolabilidade ilimitada.[185]

---

184 Considerando a atuação do deputado eleito inadequada, o Presidente da Associação Petropolitana dos Estudantes, junto do Grêmio Estudantil do Colégio Estadual Dom Pedro II – CENIP, protocolou uma denúncia, solicitando apuração da conduta e tomada das devidas providências, no Ministério Público Federal, no Ministério Público Estadual, na Comissão de Educação da Assembleia Legislativa do Rio de Janeiro e na Comissão de Educação da Câmara Municipal de Vereadores de Petrópolis.

185 DALLARI, Dalmo de Abreu. A limitada imunidade parlamentar. JOTA, 31 ago. 2018. Disponível em: <https://www.jota.info/opiniao-e-analise/colunas/diretos-humanos-e-constituicao/a-limitada-imunidade-parlamentar-31082018>. Acesso em: 11 fev. 2019.

A imunidade formal, por sua vez, abrange o foro por prerrogativa de função, pela qual deputados e senadores são submetidos a julgamento apenas perante o STF; a proibição de prisão, exceto em caso de flagrante de crime inafiançável; e a não obrigação de testemunhar acerca de informações recebidas ou prestadas em razão do exercício do mandato, nem sobre as pessoas que lhes confiaram ou receberam essas informações. No caso da imunidade processual, a Constituição é clara ao dizer que ela passa a vigorar apenas após a expedição do diploma.

Quanto ao início de vigência da imunidade parlamentar material, a Constituição é silente. Acreditamos, porém, que da mesma forma como ocorre com a imunidade formal, a material também se inicia com a diplomação, numa interpretação analógica entre os institutos e a partir de uma análise teleológica.

A diplomação ocorre em momento posterior à finalização do pleito, depois que os votos foram apurados e que os prazos de questionamento e de processamento do resultado das eleições foram esgotados. Consiste no momento solene em que a Justiça Eleitoral declara formalmente, através da entrega do título, que o parlamentar foi eleito e está apto a tomar posse. Esta, por sua vez, marca o início do exercício das funções ligadas ao mandato. Em 2018, o prazo final para a diplomação foi dia 19 de dezembro, conforme calendário eleitoral do TSE.[186]

O fato de se tratar de prerrogativa ligada à função ficou claro quando da resolução da controvérsia sobre se a imunidade incidiria apenas quando o parlamentar estivesse no recinto do Congresso ou também fora e se se aplicava a qualquer manifestação. O entendimento adotado pelo Supremo Tribunal Federal preceitua que as manifestações

186 O calendário eleitoral do TSE: Cf.:TRIBUNAL SUPERIOR ELEITORAL. Calendário eleitoral - Eleições. Disponível em: <http://www.tse.jus.br/eleicoes/calendario-eleitoral/calendario-eleitoral>. Acesso em: 11 fev. 2019.

protegidas são aquelas que se dão no exercício[187] do mandato[188] ou emrazão dele, [189] [190] de modo que, mesmo fora do Congresso, o parlamentar estaria protegido, desde que se apresentasse como tal e que sua fala estivesse ligada à sua função. Como mencionado, o que é preciso estar claro é a vinculação entre a declaração e o desempenho do mandato, com base no alcance das atribuições dos deputados[191] e senadores.[192]

Assim, só se aplica a imunidade parlamentar a fatos praticados no exercício do mandato. Nas palavras do Min. Celso de Mello,[193] "[...] o

---

187 BRASIL. Supremo Tribunal Federal. AI 473092. Decisão Monocrática. Relator Min. Celso de Mello. Julg. 07 mar. 2005. DJ 28 mar. 2005. Disponível em: <http://stf.jus.br/portal/jurisprudencia/listarJurisprudenciaDetalhe.asp?s1=000018900&base=baseMonocraticas>. Acesso em: 11 fev. 2019.

188 BRASIL. Supremo Tribunal Federal. Inq 2134. Tribunal Pleno. Rel. Min. Joaquim Barbosa. Julg. 23 mar. 2006. DJ 02 fev. 2007. Disponível em: <http://redir.stf.jus.br/paginadorpub/paginador.jsp?docTP=AC&docID=402356>. Acesso em: 11 fev. 2019.

189 BRASIL. Supremo Tribunal Federal. Inq 1958. Tribunal Pleno. Relator Min. Carlos Velloso. Relator para Acórdão Min. Carlos Britto. Julg. 29 out. 2003. DJ 18 fev. 2005 Disponível em: <http://redir.stf.jus.br/paginadorpub/paginador.jsp?docTP=AC&docID=80671>. Acesso em: 11 fev. 2019.

190 BRASIL. Supremo Tribunal Federal. HC 115.397. Primeira Turma. Rel. Min. Marco Aurélio. Julg. 16 maio 2017. DJe 03 ago. 2017. Disponível em: <http://redir.stf.jus.br/paginadorpub/paginador.jsp?docTP=TP&docID=13287503>. Acesso em: 11 fev. 2019.

191 BRASIL. Supremo Tribunal Federal. Inq. 3677. Tribunal Pleno. Relatora Min. Cármen Lúcia. Relator p/ Acórdão Min. Teori Zavascki. Julg. 27 mar. 2014. DJe 30 out. 2014. Disponível em: <http://redir.stf.jus.br/paginadorpub/paginador.jsp?docTP=TP&docID=7065139>. Acesso em: 11 fev. 2019.

192 BRASIL. Supremo Tribunal Federal. AO 2002. Segunda Turma. Relator Min. Gilmar Mendes. Julg. 02 fev. 2016. DJe 26 fev. 2016. Disponível em: <http://redir.stf.jus.br/paginadorpub/paginador.jsp?docTP=TP&docID=10349824>. Acesso em: 11 fev. 2019.

193 BRASIL. Supremo Tribunal Federal. Inq-QO 1024. Tribunal Pleno. Relator Min. Celso de Mello. Julg. 21 nov. 2002. DJ 04 mar. 2005. Disponível em: <http://redir.stf.jus.br/paginadorpub/paginador.jsp?docTP=AC&docID=80786>. Acesso em: 11 fev. 2019.

exercício do mandato atua como verdadeiro suposto constitucional",[194] sem o qual não se pode invocar essa prerrogativa.[195]

O segundo caso apontado no início deste artigo é o de candidatos reeleitos para o mesmo cargo ou que, já desempenhando algum cargo com imunidade parlamentar, foram eleitos para um novo e distinto cargo com imunidade. Aqui também há dúvidas, mas podem ser resolvidas a partir dos mesmos critérios acima. Assim, declarações de congressista que se candidate a cargo eletivo não estarão abrigadas pela imunidade parlamentar, uma vez que o candidato não está no desempenho de suas atribuições enquanto congressista.

Nesse sentido, o STF já declarou que a imunidade material

> [...] não se estende ao congressista, quando, na condição de candidato a qualquer cargo eletivo, vem a ofender, moralmente, a honra de terceira pessoa, inclusive a de outros candidatos, *em pronunciamento motivado por finalidade exclusivamente eleitoral, que não guarda qualquer conexão com o exercício das funções congressuais.*[196]

Isso ainda estaria ligado a uma exigência do princípio republicano, que veda que determinados candidatos, por serem parlamentares, tenham privilégios em face de candidatos não congressistas, o que violaria a igualdade no contexto do processo eleitoral.

Esses são temas que o Supremo tem revisitado em alguns aspectos, adotando uma jurisprudência restritiva em relação à abrangência da imunidade parlamentar. Quanto à imunidade material, o rece-

---

194 Na ocasião, o Min. Celso de Mello também pontuou que "[o]s fatos imputados ao ora denunciado – suposta prática de crimes contra a honra (fls. 02/04) – ocorreram quando ele ainda não ostentava a condição de membro do Congresso Nacional, não lhe assistindo, portanto, quanto a tais eventos delituosos, a prerrogativa da imunidade parlamentar em sentido material".

195 BRASIL. Supremo Tribunal Federal. Inq 617. Decisão Monocrática. Relator Min. Celso de Mello. Julg. 24 jun. 2002. DJ 28 jun. 2002. Disponível em: <http://stf.jus.br/portal/jurisprudencia/listarJurisprudenciaDetalhe.asp?s1=000038151&base=baseMonocraticas>. Acesso em: 11 fev. 2019.

196 BRASIL. Supremo Tribunal Federal. Inq-QO 1400. Tribunal Pleno. Relator Min. Celso de Mello. Julg. 04 dez. 2002. DJ 10 out. 2003. Disponível em: <http://redir.stf.jus.br/paginadorpub/paginador.jsp?docTP=AC&docID=80803>. Acesso em: 11 fev. 2019. (grifo nosso)

bimento da denúncia[197] contra Bolsonaro por sua fala direcionada à deputada Maria do Rosário de que ela "não merece ser estuprada" é um exemplo disso, mostrando que tal imunidade não é ilimitada.

Quanto à imunidade processual, historicamente, o Tribunal entendia que ela levava ao deslocamento de competência da primeira instância para o Supremo. Em caso decidido em 2004, o STF julgou crime cometido por um deputado federal em época em que ele era prefeito. Apesar do crime ter sido declarado prescrito, o ministro relator Celso de Mello observou[198] no relatório que a competência para processar e julgar a causa deslocou-se para o STF em virtude da "superveniente investidura do denunciado no cargo de Deputado Federal", entendimento que também foi adotado em outros[199] casos.[200] Em sentido similar, a denúncia contra deputado estadual que foi eleito deputado federal foi remetida para o STF.[201]

197 BRASIL. Supremo Tribunal Federal. Inq. 3932. Rel. Min. Luiz Fux. Primeira Turma. Julg. 21 jun. 2016. DJe 09 set. 2016. Disponível em: <http://redir.stf.jus.br/paginadorpub/paginador.jsp?docTP=TP&docID=11627210>. Acesso em: 11 fev. 2019.

198 BRASIL. Supremo Tribunal Federal. *Ação Penal* n° 355. Tribunal Pleno. Relator Min. Celso de Mello. Julg. 19 fev. 2004. DJe 09 ago. 2007. SUPREMO TRIBUNAL FEDERAL. Ação Penal, 355-0 Rio de Janeiro, 19/02/2014. Disponível em: <http://redir.stf.jus.br/paginadorpub/paginador.jsp?docTP=AC&docID=477016>. Acesso em: 11 fev. 2019.

199 Por exemplo, BRASIL. Supremo Tribunal Federal. Inq. 2767. Tribunal Pleno. Rel. Min. Joaquim Barbosa. Julg. 18 jun. 2009. DJe 04 set. 2009. SUPREMO TRIBUNAL FEDERAL. Inquérito 2.767-7 São Paulo, 18/06/2009. Disponível em: <http://redir.stf.jus.br/paginadorpub/paginador.jsp?docTP=AC&docID=602248>. Acesso em: 11 fev. 2019.

200 Nesse sentido, outro exemplo seria a decisão dada na AP 563/SP BRASIL. Supremo Tribunal Federal. AP 563. Segunda Turma. Rel. Min. Teori Zavascki. Julg. 21 out. 2014. DJe 28 nov. 2014. SUPREMO TRIBUNAL FEDERAL. Ação Penal 563 São Paulo 21/10/2014. Disponível em: <http://redir.stf.jus.br/paginadorpub/paginador.jsp?docTP=AC&docID=630120>. Acesso em: 11 fev. 2019).

201 BRASIl. Supremo Tribunal Federal. Inq 1145. Tribunal Pleno. Relator Min. Maurício Corrêa. Relator para Acórdão Min. Gilmar Mendes. Julg. 19 dez. 2006. DJe 04 abr. 2008. SUPREMO TRIBUNAL FEDERAL. Inquérito 1.145-2 Paraíba 19/12/2006. Disponível em: <http://redir.

Recentemente, contudo, o Supremo decidiu que a imunidade processual se aplica apenas em relação aos crimes cometidos durante o exercício do cargo, de modo que os crimes cometidos anteriormente à diplomação permanecem nas instâncias inferiores. Negando aplicação de imunidade a candidato a prefeito, o Tribunal fixou a seguinte tese,[202] sugerida pelo relator ministro Roberto Barroso:

> (i) O foro por prerrogativa de função aplica-se apenas aos crimes cometidos durante o exercício do cargo e relacionados às funções desempenhadas; e (ii) Após o final da instrução processual, com a publicação do despacho de intimação para apresentação de alegações finais, a competência para processar e julgar ações penais não será mais afetada em razão de o agente público vir a ocupar outro cargo ou deixar o cargo que ocupava, qualquer que seja o motivo.

Nesse cenário, congressista eleito, mas ainda não diplomado e sequer empossado, não está protegido por qualquer imunidade. Ser eleito é necessário, mas insuficiente sem os procedimentos jurídicos que conferem o título de parlamentar, e que só virão no tempo certo. Antes disso, trata-se de uma tentativa de "dar carteirada" sem sequer ter a carteira.

---

stf.jus.br/paginadorpub/paginador.jsp?docTP=AC&docID=518197> Acesso em: 11 fev. 2019.

202 BRASIL. Supremo Tribunal Federal. AP 937. Rel. Min. Roberto Barroso. Julg. 3 maio 2018. DJe 11 dez. 2018. Disponível em: <http://redir.stf.jus.br/paginadorpub/paginador.jsp?docTP=TP&docID=748842078>. Acesso em: 11 fev. 2019.

38

VOTAÇÃO SECRETA NO SENADO: UMA QUESTÃO APENAS DE TRANSPARÊNCIA?

Luiz Fernando Esteves Gomes
18 | 01 | 2019

Votação aberta abre caminho para uma rígida influência do Executivo sobre o Senado.

No atacado de decisões monocráticas no fim de 2018, o ministro Marco Aurélio determinou que a escolha do próximo presidente do Senado seja feita por voto aberto, e não secreto. Essa decisão não chamou tanta atenção quanto às decisões monocráticas sobre execução provisória da pena[203] – do próprio Marco Aurélio, inicialmente, e depois de Toffoli. Mas obrigar voto aberto nesse processo no Senado tem graves implicações para a separação de poderes, alterando a dinâmica de funcionamento do Legislativo e tornando-o mais vulnerável a ataques do Executivo. Apesar da liminar de Marco Aurélio ter sido suspensa por Toffoli, a discussão sobre a forma de votação parece não ter sido encerrada, sobretudo porque há no STF recurso de um deputado que teve negado o pedido de votação aberta na Câmara.[204]

Na decisão de sete páginas, o ministro Marco Aurélio argumenta que a transparência deve ser aplicada a todos os atos de exercício dos três poderes. Especificamente quanto ao Legislativo, afirma que a Constituição é clara ao prever votações fechadas apenas nas três

203 ARGUELHES, Diego Werneck. A liminar de Marco Aurélio: da monocratização à insurreição? JOTA, 27 dez. 2018. Disponível em: <https://www.jota.info/especiais/a-liminar-de-marco-aurelio-da-monocratizacao-a-insurreicao-27122018>. Acesso em: 11 fev. 2019.

204 REDAÇÃO JOTA. Kim Kataguiri vai ao STF para tentar garantir candidatura à presidência da Câmara. JOTA, 16 jan. 2018. Disponível em: <https://www.jota.info/stf/do-supremo/kim-kataguiri-vai-ao-stf-para-tentar-garantir-candidatura-a-presidencia-da-camara-16012019>. Acesso em: 11 fev. 2019.

hipóteses nos incisos III, IV e XI do Art. 52 da Constituição, que não dizem respeito à eleição para presidente do Senado, mas sim à escolha de magistrados e outras autoridades, nos casos indicados no próprio texto constitucional, bem como para a exoneração do Procurador Geral da República, antes do término de seu mandato. Fora desses casos, para o ministro, apenas uma emenda à Constituição, e não uma lei ou resolução do Senado, poderia criar novas exceções à regra da transparência.

O argumento geral de transparência não faz sentido, ao menos nesses termos tão rígidos. A Constituição determina que os atos judiciais sejam públicos, mas não fala nada sobre outros atos realizados no âmbito do Poder Judiciário. Isso significa que a eleição para Presidente do Supremo só pode ocorrer por voto aberto? Estaria o próprio Supremo, nesse raciocínio, violando um dever geral de publicidade e transparência a cada eleição de seu presidente? Se aplicarmos essa lógica, no limite, reuniões presidenciais com seus ministros ou mesmo as razões que levam à escolha dos processos que irão compor a pauta de julgamentos de um tribunal deveriam ser abertas ao público, já que nada na Constituição excepciona a regra da transparência nesses casos. Mais razoável seria ler, na Constituição, uma exigência ou princípio geral de transparência que precisa ser compatibilizada com outras razões, também constitucionais, em sentido contrário – como, por exemplo, eficiência e capacidade decisória na administração pública, independência de certos atores de pressões externas, preservação da privacidade de atores privados em seus contatos com o poder público.

O argumento mais específico sobre votações no legislativo parece mais promissor. Aqui, porém, as implicações continuam sendo graves, por uma razão muito peculiar: ela interage com o papel da Presidência da casa, alterando o perfil da liderança que os senadores estariam escolhendo. Ao fornecer informação pública sobre como votam os senadores nessa eleição interna, a regra de voto aberto transforma a natureza institucional do Presidente do Senado.

Ao estudar diferentes tipos de presidência de parlamentos, os pesquisadores Marcelo Jenny e Wolfgang Müller encontraram 4 espécies de presidentes:[205]

---

205 JENNY, Marcelo; WOLFGANG, Mueller. Presidentes of Parliament: Neutral Chairmen or Assets of the Majority? DÖRING, Herbert. Parliaments and Majority rule in Western Europe. Frankfurt: Campus

I. o líder partidário;

II. o líder da minoria;

III. o representante do parlamento;

IV. o líder neutro.

O líder neutro seria aquele escolhido por uma eleição consensual, e não se envolveria em conflitos partidários. Assim, teria uma estabilidade reforçada, já que provavelmente não seria de interesse dos membros da casa legislativa a criação de uma crise que colocasse em risco a manutenção do poder presidencial. O principal exemplo indicado pelos autores é o do presidente da Câmara dos Comuns, no Reino Unido, que normalmente é recrutado entre aqueles parlamentares que não se envolvem em conflitos partidários antes da escolha e, após assumir o cargo, deixa de participar das reuniões de seu partido, se isola dos eventos sociais promovidos pela própria Câmara dos Comuns e não vota nas questões submetidas à sua casa legislativa.

O líder da minoria teria poucos poderes para atuar no processo legislativo e na relação com outros poderes. De forma simples e direta, o líder partidário nada mais seria do que uma figura decorativa. Até por isso, as eleições sequer seriam objeto de grande disputa, e pouco risco haveria de instabilidade, dada a falta de importância do cargo, reduzido a mero simbolismo.

Por outro lado, o presidente do tipo líder partidário seria escolhido em uma eleição cercada de disputas e conflitos, e o vencedor, além de possivelmente ter a eleição contestada, rapidamente poderia ser sugado por crises, diante da falta de apoio dos perdedores nas eleições. Isso ocorre porque esse tipo de presidente tem grandes poderes para atuar no processo legislativo e para dialogar com os outros poderes em nome da casa legislativa que representa. Porém, está autorizado a fazer tudo isso não em nome do Legislativo, mas sim para beneficiar seu próprio partido e seus aliados. Caso simbólico e pontual desse tipo de presidente no Brasil é o de Eduardo Cunha, que utilizou seus amplos poderes para tentar sufocar a oposição que não o apoiava, como no caso das sucessivas votações da proposta de redução da maioridade

---

Verlag, 1995, p. 326-364. Disponível em: <https://www.researchgate.net/publication/265563491_Presidents_of_Parliament_Neutral_Chairmen_or_Assets_of_the_Majority>. Acesso em: 11 fev. 2019.

penal,[206] ou mesmo no prosseguimento do pedido de impeachment formulado contra a presidente Dilma Rousseff como resposta à falta de apoio que recebera do PT.[207]

A figura do representante do parlamento se aproximaria do líder neutro, na medida em que não tomaria frente em disputas partidárias, mas também guarda relações com o líder partidário, na medida em que possui grandes poderes para atuar no processo legislativo. Aqui, a escolha não decorreria de um consenso entre os membros do parlamento, sendo possível que o escolhido não contasse com estabilidade reforçada no momento de crises. Além disso, na figura do representante do parlamento são concentrados importantes poderes, tanto para atuar no processo legislativo, quanto para lidar com o público e o poder Executivo, daí o nome "representante do parlamento".

Um exemplo curioso dessa última figura pode ser extraído da própria experiência recente brasileira. O senador Aécio Neves nunca fez questão de esconder que não apoiava Renan Calheiros para a presidência do Senado,[208] declarando à imprensa, ainda em 2013, que o peemedebista deveria abrir mão do cargo para abrir caminho para alguém que representasse todo o parlamento. Além disso, Aécio se envolveu em discussões acaloradas com Calheiros durante sessões

206 BRAGA, Isabel; BRESCIANI, Eduardo; SOUZA, André de. Com manobra de Cunha, Câmara aprova redução de maioridade penal. O Globo, 1 jul. 2018. Disponível em: <https://oglobo.globo.com/brasil/com-manobra-de-cunha-camara-aprova-reducao-da-maioridade-penal-16623458>. Acesso em: 11 fev. 2019.

207 GÓIS, Fábio. Temer admite que Cunha só autorizou impeachment porque petistas não o apoiaram na Câmara. Congresso em Foco (UOL), 16 abr. 2017. Disponível em: <https://congressoemfoco.uol.com.br/especial/noticias/temer-admite-que-cunha-so-autorizou-impeachment-porque-petistas-nao-o-apoiaram-na-camara/>. Acesso em: 11 fev. 2019.

208 AGÊNCIA ESTADO. Aécio Neves sugere que Renan Calheiros desista de presidir Senado. Gazeta do Povo, 28 jan. 2013. Disponível em: <https://www.gazetadopovo.com.br/vida-publica/aecio-neves-sugere-que-renan-calheiros-desista-de-presidir-senado-27wzkdishuotbuy6oo4rz0ft8/>. Acesso em: 11 fev. 2019.

do Senado.[209] Nada disso impediu, no entanto, que o mesmo Renan Calheiros, enquanto presidente do Senado, criticasse a decisão do STF que havia afastado Aécio de seu mandato de senador.[210]

O presidente do Senado brasileiro pode reunir características dos quatro diferentes tipos de presidentes indicados. Contudo, o presidente eleito não sabe quais colegas o escolheram. Ou, no lado mais importante da moeda, o escolhido não pode responsabilizar pessoalmente aqueles membros que não o escolheram. Isso encoraja o desenvolvimento de uma presidência em um papel de representante do parlamento.

Imagine o cenário em que o presidente é eleito com 50 votos, contra 31 do segundo colocado. Em um cenário de votação secreta, a informação oficial que o escolhido terá é a de que não conta com 1/3 dos votos de seus colegas, o que possivelmente levará a uma atuação prudente e guiada aos interesses da casa que representa. Por outro lado, se a votação aberta for aplicável no mesmo exemplo hipotético, um escolhido com muitos poderes poderá utilizá-los para boicotar aqueles que não contribuíram para sua eleição. Isso pode ocorrer ao não pautar projetos de lei para votação, ao não conceder a palavra para falar no plenário, ou mesmo para usar o seu poder presidencial de comandar as sessões legislativas para tratar os derrotados nas eleições como se fossem inimigos.

Nesse cenário, a decisão de Marco Aurélio poderia ter a reorganizado completamente a lógica de funcionamento do Senado, com o surgimento de uma radicalização partidária capaz de gerar ainda mais crises.

Há uma segunda consequência, semelhante à primeira. Porém, em vez de os membros do Senado ficarem submetidos ao poderoso presidente e seu partido, ficariam frágeis diante do poder do Presidente

---

209 JUNGBLUT, Cristiane; LIMA, Maria. Renan e Aécio batem boca no Senado por causa de escolha de cargos na Mesa Diretora. O Globo, 4 fev. 2015. Disponível em: <https://oglobo.globo.com/brasil/renan-aecio-batem-boca-no-senado-por-causa-de-escolha-de-cargos-na-mesa-diretora-15246812>. Acesso em: 11 fev. 2019.

210 REDAÇÃO. Renan critica decisão do STF de afastar Aécio do mandato. Senado Notícias, 26 set. 2017. Senado Notícias, 26 set. 2017. Disponível em: <https://www12.senado.leg.br/noticias/materias/2017/09/26/renan-critica-decisao-do-stf-de-afastar-aecio-do-mandato>. Acesso em: 11 fev. 2019.

da República. No Brasil, desde a redemocratização se aponta que a relação entre Executivo e Legislativo se pauta por um modelo de presidencialismo de coalizão. Nesse sistema, o Presidente da República, para fazer avançar sua agenda, necessita do apoio de uma quantidade significativa de aliados no parlamento. Esse apoio é construído de diversas formas diferentes, com a distribuição de cargos, de distribuição de orçamento, ou mesmo através da imposição de certos constrangimentos, como o troca-troca de membros nas comissões e a pressão pública para aprovação de certas medidas.

Apesar de ser quase sempre apontado como um mecanismo que, se bem gerido, favorece o protagonismo do Executivo no processo legislativo e leva a uma centralidade decisória na figura do Presidente da República, fato é que o Legislativo conserva para si inúmeros poderes. Pode jogar duro no momento da aprovação de certas medidas, para que a equação de poderes, afiançada na coalização, seja reequilibrada. Nos últimos anos tivemos alguns exemplos importantes da força do Legislativo em relação aos outros poderes, como o *impeachment* da presidente Dilma, a não votação da reforma da previdência,[211] ou mesmo o não cumprimento de decisão do Supremo Tribunal Federal.[212]

Contudo, ao determinar a votação aberta para escolha do presidente do Senado, o Ministro Marco Aurélio concede a Bolsonaro um grande poder em um momento decisivo. Notícias dão conta de que o partido do Presidente da República lançará candidato próprio na disputa do Senado.[213] Caso isso ocorra, Bolsonaro poderá fazer uso

---

211 SADI, Andréia. Maia admite que Previdência pode não ser votada semana que vem: 'ainda não há votos'. G1, 30 nov. 2017. Disponível em: <https://g1.globo.com/politica/blog/andreia-sadi/post/2017/11/30/maia-admite-que-previdencia-pode-nao-ser-votada-semana-que-vem-ainda-nao-ha-votos.ghtml>. Acesso em: 11 fev. 2019.

212 GARCIA, Gustavo; RAMALHO, Renan. Senado decide descumprir liminar para afastar Renan e aguardar plenário do STF. G1, 6 dez. 2016. Disponível em: <https://g1.globo.com/politica/noticia/renan-senado-decide-nao-cumprir-liminar-e-aguardar-decisao-do-plenario-do-stf.ghtml>. Acesso em: 11 fev. 2019.

213 CALGARO, Fernando. PSL lança pré-candidatura de Major Olimpio à Presidência do Senado. G1, 3 jan. 2019. Disponível em: <https://g1.globo.com/politica/noticia/2019/01/03/psl-lanca-pre-candidatura-de-major-olimpio-a-presidencia-do-senado.ghtml>. Acesso em: 11 fev. 2019.

de um constrangimento público para punir aqueles parlamentares que não escolherem o candidato por ele apoiado. Esse não é um risco hipotético no caso de Bolsonaro, que já vem se manifestando dentro de uma lógica de ataque ao que identifica como o *establishment* da política "velha" no Congresso.

Em um cenário de votação secreta, o Presidente da República apoia um candidato, que pode vencer ou não as eleições, mas nunca saberá quem de fato seguiu sua linha na votação. Caso a votação seja aberta, no entanto, o Presidente da República pode antecipadamente declarar que o senador que não votar em seu candidato não deseja o melhor para o país – um tipo de declaração que faria bastante sentido dentro da retórica política de Bolsonaro. Ao fazer isso, Bolsonaro criaria custos para os parlamentares votarem no sentido contrário, para que não fiquem privados do apoio orçamentário e político do governo para satisfazer sua base eleitoral.

A votação aberta, portanto, abre caminho para uma rígida influência do Executivo sobre o Senado Federal, minando a capacidade de resistência e barganha do Senado e de seus membros diante do Presidente da República.

Em tese, ninguém afasta a importância da transparência no funcionamento do Estado. Mas há outros valores relevantes em jogo, e promover cegamente transparência neste caso pode acabar fortalecendo demais o Poder Executivo. O destino do arranjo de separação de poderes não deveria jamais ser decidido pelo Supremo – muito menos em uma decisão monocrática – com base em uma interpretação unilateral e abstrata de uma ideia de transparência.

DIREITOS FUNDAMENTAIS: ATIVISMOS E OMISSÕES

39

MANDADO DE BUSCA COLETIVO É SUSPENSÃO DA CONSTITUIÇÃO NAS FAVELAS

Carolina Haber
21 | 02 | 2018

Constituição que não vale para todos não é carta de direitos, é rol de privilégios.

Talvez pela reação negativa de vários setores da sociedade, o governo parece ter recuado na ideia de utilizar mandados coletivos para operações nas favelas. Mesmo se o recuo se mantiver, é curioso observar que este tenha sido o primeiro tema a ganhar destaque logo após o decreto de intervenção militar no Rio de Janeiro. Se havia alguma dúvida sobre a repercussão negativa da intervenção para as camadas mais pobres da população, as declarações de autoridades do governo dissipam qualquer ilusão no sentido contrário. Os mais vulneráveis continuarão sujeitos a incursões violentas em seus lares, colocando em risco a vida de famílias inteiras, sob a justificativa de combate ao crime organizado. Mas, agora, essa ameaça diária viria pelas Forças Armadas, cuja função ainda mais explícita é combater inimigos, não proteger a população.

O recuo do governo, além de tudo, pode ser provisório. O debate sobre o tema não pode depender de idas e vindas da conjuntura. Afinal, os mandados coletivos são constitucionais?

De acordo com o art. 5º, XI da Constituição Federal, a casa é um local inviolável, a não ser em casos de flagrante delito ou desastre, para prestar socorro ou mediante a existência prévia de ordem judicial.

O art. 243 do Código de Processo Penal esclarece quais são os parâmetros para a concessão da ordem judicial, dizendo que deve indicar o mais precisamente possível a casa em que será realizada a diligência e o nome do respectivo proprietário ou morador. É esse o ponto que gera interpretações divergentes. É a concepção do que significa o trecho "[...] o mais precisamente possível" que autoriza a afirmação de que seria possível conceder um mandado para uma área inteira, como uma rua ou um bairro.

Mas nossa leitura do 243 deve ser feita à luz da Constituição, que coloca a violação do domicílio como exceção, e a proteção da intimidade e da vida privada como regras. Se é assim, a interpretação do que seria "o mais precisamente possível" deve ser muito restrita. E, quando não for possível individualizar os mandados, o que não é o caso das comunidades no Rio de Janeiro, é preciso reconhecer que não há nada que se possa fazer, pelo menos não até que os setores de investigação consigam obter alguma informação mais precisa sobre o local. Às vezes, seguir a Constituição impõe assumir o custo de aguardar – mesmo em situações de crise.

Outro argumento a favor dos mandados coletivos é a sua concessão desde que haja fundada suspeita de algum ilícito ocorrendo no local. Esse parece ser um argumento jurídico plausível para sustentar essas incursões. Na verdade, porém, não se trata aqui da hipótese de mandado judicial, mas sim de casos de flagrante delito, que dispensam essa autorização judicial prévia, mas exigem um juízo de quase certeza sobre a prática do crime naquele local.

Foi essa a linha de argumentação seguida pelo ministro Gilmar Mendes no julgamento do RE 603.616 pelo Supremo. No caso, os policiais ingressaram na residência do réu com base nas declarações do motorista flagrado com cocaína, que indicou o endereço onde seria encontrado o restante da droga.

De acordo com o ministro, seria possível fazer um controle judicial posterior da atuação policial, verificando se estavam presentes, no caso concreto, as fundadas razões que levaram ao ingresso não autorizado em situação de flagrante. Trata-se de algo muito diferente de conceder uma ordem judicial que determine o ingresso nas residências de forma indiscriminada – uma carta branca autorizando arbitrariedades.

Os outros argumentos a favor da concessão de mandados coletivos não são realmente jurídicos. O medo da violência e a insegurança vivenciados pela sociedade com frequência se refletem nas decisões judiciais. Quando o judiciário fluminense autorizou as operações coletivas de busca e apreensão na Cidade de Deus, o fez sob o argumento de que "[...] em tempos excepcionais, medidas também excepcionais são exigidas com intuito de restabelecer a ordem pública."[214]

A ideia de que uma área inteira da cidade estaria comprometida com o crime organizado ignora o fato de que nessa mesma área há moradores que trabalham, estudam, tem filhos. Esses moradores precisam certeza – a mesma de quem mora em outras regiões da cidade – de que não terão suas casas invadidas por policiais sem fundada suspeita de que praticaram crimes, apenas com base em mandado judicial que sequer reconhece quem são essas pessoas e quais são seus endereços.

Nunca haveria um mandado coletivo para que a Polícia Federal entrasse em cada apartamento do Leblon em busca de sonegadores, mesmo que os indícios apontem para a existência de vários naquela região da cidade. A aceitação do mandado de segurança coletivo em determinadas regiões equivale à suspensão da Constituição nas áreas mais pobres da cidade. Constituição que não vale para todos não é carta de direitos, é rol de privilégios.

214 CARNEIRO, Luiz Orlando. STF e TJRJ enfrentaram limites para entrada de polícia em casa sem aval da Justiça. JOTA, 19 fev. 2018. Disponível em: <https://www.jota.info/stf/do-supremo/stf-e-tjrj-enfrentaram-limites-para-entrada-de-policia-em-casa-sem-aval-da-justica-19022018>. Acesso em: 12 fev. 2019.

40

PESSOAS TRANS: O MUNDO MUDOU E O SUPREMO TAMBÉM

Ligia Fabris Campos | Juliana Cesario Alvim

01 | 03 | 2018

Há cerca de três anos, uma decisão do Supremo como essa talvez fosse impensável.

O Supremo decidiu que pessoas trans têm direito a alterar nome e gênero no registro de nascimento de acordo com sua identidade de gênero. E que, para isso, não há necessidade de cirurgia ou intervenção judicial. Há cerca de três anos, uma decisão do Supremo como essa talvez fosse impensável. Mas o que mudou? Nesse intervalo, direitos de pessoas trans ganharam visibilidade. Adquiriram novos significados. Ocuparam cada vez mais espaços, dentro e fora do tribunal.

Na primeira ação envolvendo o tema, em 2015, a discussão no plenário indicava estranhamento dos ministros com relação à situação de pessoas trans e da natureza das violações que sofrem. O recurso a estereótipos dominava o debate. Em determinado momento, a discussão chegou a girar em torno da aparência da pessoa cujos direitos haviam sido violados: pareceria "mesmo" uma mulher? Como havia sido identificada como "transexual"?

O julgamento foi interrompido por um pedido de vista.

Na sessão de hoje, o cenário foi outro. Todos os ministros concordaram que é inconstitucional a exigência de realização de cirurgia para a retificação de nome e gênero no registro civil, como muitas vezes era judicialmente exigido. O próprio ponto de partida da discussão mudou. A inexigibilidade de intervenção corporal foi a base comum sobre a qual se fundamentou a decisão, unânime nesse ponto. A divergência, por sua vez, se concentrou em determinar qual seria a natureza do procedimento exigido: seria necessária intervenção do judiciário, ou bastaria a mera alteração cartorária para garantir o direito de adequação dos registros? Essa última posição, mais protetiva dos direitos dessas pessoas, prevaleceu.

Na verdade, a mudança do ponto de partida alterou também o ponto de chegada. Há três anos, a desnecessidade de cirurgia era o horizonte possível. Hoje, esse espectro se ampliou, possibilitando que a maioria fosse além e dispensasse decisão judicial para que seja reconhecida a identidade de gênero das pessoas trans.

Essa mudança, no entanto, não foi resultado de um processo espontâneo e isolado na consciência individual dos ministros do Supremo. O mundo ao redor deles mudou, e muito. Nos últimos anos, as reivindicações relativas a direitos de pessoas trans deixaram de ser invisíveis. As mobilizações de movimentos sociais e ativistas, além do avanço do reconhecimento de direitos no plano internacional e em outras instâncias do próprio Judiciário, trouxeram a questão para a agenda pública. Com isso, construíram um novo parâmetro de plausibilidade na discussão do tema.

No plano cultural, a temática trans ganhou espaço e repercussão. No plenário do Supremo, em um momento histórico, Gisele Alessandra Schmidt e Silva, advogada trans, realizou sustentação oral defendendo o reconhecimento da identidade de gênero de pessoas trans. É raro que o Supremo tenha chance de, literalmente, ouvir a voz de alguém cujo destino está julgando. Dessa vez, escutou e decidiu ouvir.

A influência desses fatores ficou clara nesse julgamento. Diversas vezes, os ministros destacaram o papel dos *amici curiae* e a relevância da opinião consultiva expedida pela Comissão Interamericana de Direitos Humanos em novembro de 2017. Alguns, como o ministro Roberto Barroso, expressamente afirmaram ter avançado em seu posicionamento a partir dos dados, informações e experiências difundidas nos últimos anos.

A decisão de hoje representa não apenas um marco na jurisprudência do tribunal: é também um emblema das mudanças sociais que ocorram nos últimos três anos em torno do tema. E, acima de tudo, uma nova perspectiva para um grupo historicamente estigmatizado, marginalizado e atacado.

Por um lado, o Supremo demonstrou, nesse caso, ser possível escutar os grupos diretamente afetados pela questão julgada. Por outro, e ainda mais importante, os grupos em questão mostraram ser capazes de se mobilizar e contribuir para a construção do significado da Constituição. Não foi a mera passagem do tempo que levou os ministros do Supremo a rever certos posicionamentos: os grupos afetados souberam se mobilizar, dentro e fora do tribunal, para transformar a morosidade do Supremo em oportunidade, visibilidade e convencimento.

41

REFORMA TRABALHISTA E SINDICATOS: DO AÇODAMENTO À INSEGURANÇA

Luiz Guilherme Moraes Rego Migliora |
Bruno Leandro Palhares Perez
07 | 03 | 2018

Até que o Tribunal decida o tema, corre-se o risco de viver situação "lotérica".

Independentemente de seus eventuais méritos, a Reforma Trabalhista aprovada a toque de caixa deixou muitos fios soltos. Várias mudanças foram adotadas sem maior reflexão quanto aos seus efeitos práticos e suas interações com outras partes da legislação brasileira e da própria Constituição. A reforma legislativa está formalmente concluída, mas, agora, diversas de suas inovações começam a produzir incerteza.

É o caso da alteração que tornou facultativa a contribuição sindical antes obrigatória.

Há tempos o sistema sindical brasileiro sofre duras críticas. Uma delas diz respeito à crise de representatividade proporcionada pelo sistema. O monopólio de representação – resultado do engessado regime da unicidade sindical – e a existência de uma fonte compulsória de custeio incentivaram a proliferação de sindicatos de fachada, sem capacidade organizacional ou sequer compromisso em representar suas categorias.

Hoje existem no Brasil mais de 16.000 sindicatos. Poucos desses são capazes de negociar com eficiência e defender os interesses de suas categorias usando as fontes de renda estabelecidas pela lei. O problema, portanto, vai além da forma de custeio dos sindicatos.

A Lei nº 13.467/17, Lei da Reforma Trabalhista, buscou trazer algumas mudanças nesse sentido. A contribuição sindical passou a ser facultativa. Os empregadores apenas poderão descontar a contribuição dos salários dos empregados que assim tenham autorizado prévia e expressamente. Da mesma forma, contribuem aos sindicatos patronais os empregadores que assim optarem.

A Reforma parece partir de duas premissas. Primeiro, a de que os trabalhadores teriam um acesso súbito de civismo e, em plena crise econômica, seguiriam contribuindo para os sindicatos "de verdade", que realmente trabalham em seu favor. Segundo, a de que seriam capazes de separar o joio do trigo: de um lado, os sindicatos bons e sérios, comprometidos com os trabalhadores; do outro, os de fachada, "pelegos" criados para enriquecer seus dirigentes e/ou promover negociações mais amigáveis com o empresariado.

As duas premissas são problemáticas. Em sua maioria, os trabalhadores não conhecem a qualidade do trabalho de seus sindicatos, e tendem a não aceitar contribuir para quem não conhecem. Assim, eliminou-se a fonte de custeio oficial dos bons e dos maus sindicatos indiscriminadamente.

Em resposta à Reforma, muitos sindicatos têm defendido que transformar a contribuição sindical em facultativa é inconstitucional. O argumento é o de que, sendo a contribuição sindical um tributo – o que já foi afirmado diversas vezes pelo Supremo em outros contextos –, seu regime não poderia ser alterado por lei ordinária, mas apenas por lei complementar.

Primeiro, porque, segundo alguns, a própria criação – e, por consequência, alteração do regime – da contribuição sindical dependeria de lei complementar. Segundo, porque, ao transformar a contribuição em facultativa, a lei criaria um conflito com o art. 3º do CTN – diploma recepcionado pela Constituição Federal como lei complementar –, segundo o qual "[...] tributo é toda prestação pecuniária *compulsória* [...]."

O primeiro fundamento não parece correto. Não há dispositivo na Constituição exigindo, expressamente, que a União estabeleça e regule a contribuição sindical por meio de lei complementar. Aliás, a contribuição foi estabelecida e vinha sendo cobrada por força da CLT, um decreto-lei recepcionado pela Constituição Federal como lei ordinária.

O segundo fundamento, porém, merece análise mais detida. A alteração legal criou, de fato, um tipo que desafia a própria definição tradicional de tributo, que é dada por lei complementar. Interessante notar, no entanto, que esse "tributo" reverte para um ente privado, o sindicato, e não para a Administração Pública. Seria a contribuição sindical realmente um tributo, ou foi como tal tratada por aplicação atécnica do termo por ser até recentemente obrigatória?

Nesse cenário, alguns sindicatos têm obtido, na Justiça do Trabalho, medidas liminares acolhendo a tese da inconstitucionalidade e determinando às empresas o desconto e o repasse das contribuições sindicais dos salários de seus empregados. Decisões como esta já foram proferidas por juízes do Rio de Janeiro (RJ),[215] de Florianópolis (SC)[216] e de Lages (SC).[217] Algumas destas decisões já foram suspensas por meio de liminares deferidas em mandados de segurança.[218]

Está instalada a incerteza, e, com ela, o desequilíbrio. A incerteza será, principalmente, dos empregados e das empresas que, desde já, não sabem se terão ou não que pagar suas contribuições. O desequilíbrio, por sua vez, será causado pelo provável emaranhado de decisões em sentidos diferentes que está se criando. Alguns sindicatos movem ações, outros não; alguns obtêm decisão favorável, outros não. Como resultado, algumas entidades continuarão com sua principal fonte de renda, tendo maior capacidade de defender as classes representadas, enquanto outros sindicatos – talvez até particularmente sérios e comprometidos – terão que trilhar caminhos mais difíceis.

---

215 Ação Civil Pública nº 0100111-08.2018.5.01.0034, em trâmite perante a 34ª Vara do Trabalho do Rio de Janeiro/RJ, em que são partes o Sindicato dos Auxiliares e Técnicos de Enfermagem do Rio de Janeiro e Prolar ID Serviços Médicos Ltda.

216 Ação Civil Pública nº 0000084-35.2018.5.12.0026, em trâmite perante a 3ª Vara do Trabalho de Florianópolis/SC , em que são partes o Sindicato dos Empregados em Posto de Venda de Combustíveis e Derivados de Petróleo da Grande Florianópolis e Auto Posto Imperador EIRELI – ME.

217 Ação Civil Pública nº 0001183-34.2017.5.12.0007, em trâmite perante a 1ª Vara do Trabalho de Lages (SC), em que são partes o Sindicato dos Auxiliares em Administração Escolar da Região Serrana – SAAERS e Sociedade Educacional Santo Expedito Ltda. – EPP, e Ação Civil Pública nº 0001193-78.2017.5.12.0007, em que são partes a Federação dos Trabalhadores no Serviço Público Municipal de Santa Catarina e o Município de Lages (SC).

218 É o caso da decisão liminar proferida na Ação Civil Pública nº 0001193-78.2017.5.12.0007, suspensa por força de decisão liminar proferida pelo TRT da 12ª Região no bojo do Mandado de Segurança nº 0000094-60.2018.5.12.0000, impetrado pelo Município de Lages (SC).

Mais ainda, esse cenário aumenta o poder das empresas, que podem facilitar ou dificultar a comunicação dos sindicatos com seus trabalhadores, para tentar convencê-los a manter a contribuição antes obrigatória. Podem também até mesmo concordar em fazer novas contribuições em favor dos sindicatos de trabalhadores – atitude questionável do ponto de vista de conformidade com a lei, na medida em que essa contribuição voluntária do empregador pode funcionar como efetivo "lubrificante" das relações negociais com o sindicato.

Há hoje, no Supremo, oito ações diretas de inconstitucionalidade discutindo o tema da facultatividade da contribuição sindical.[219] Até que o Tribunal decida o tema, corre-se o risco de viver situação "lotérica": a contribuição será obrigatória à categoria (ou não), a depender da propositura de ação pelo sindicato e do juiz que a análise.

Mas a insegurança pode não acabar por aí. Imaginemos que o Supremo decida, por exemplo, pela constitucionalidade dos dispositivos da Reforma que trataram do tema e, por consequência, pela facultatividade da contribuição. Como ficam aquelas sentenças que chancelaram os pedidos dos sindicatos e condenaram as empresas a fazer os recolhimentos, e já transitaram em julgado? Prevalece a coisa julgada ou prevalecem os efeitos *erga omnes* da decisão tomada em ADI?

Esse imbróglio é idêntico àquele vivido pela Fazenda Pública Nacional e pelas empresas beneficiadas por decisões que as isentaram de recolher a Contribuição Social sobre o Lucro Líquido (CSLL), desde 2007, quando o Supremo decidiu pela constitucionalidade da lei de 1988 que instituiu o tributo. Empresas beneficiadas pelas decisões judiciais transitadas em julgado alegam não ter que cumprir a lei reconhecida constitucional pelo Supremo. O tema deve ser decidido pela Corte no julgamento do RE 949.297.

Levará tempo para conhecermos os desfechos destas novelas. O que se espera é que, superada a natural e inevitável fase de insegurança trazida pelas novidades da Reforma, cheguemos a um ambiente mais confiável e equilibrado para as relações sindicais. Se a Reforma só vale para alguns sindicatos, o risco de assimetria criado pelo fim da contribuição obrigatória se tornará um desequilíbrio concreto entre sindicatos – e sem que a sua capacidade de representar bem o trabalhador seja de fato determinante.

---

219 ADI's nº 5.794, 5.810, 5.811, 5.813, 5.815, 5.850, 5.859, 5.865.

42

GREVE DOS CAMINHONEIROS E O PERIGO DA INEFICÁCIA JUDICIAL

Diego Werneck Arguelhes | Thomaz Pereira
28 | 05 | 2018

Quem garante que a liminar de Moraes será obedecida, quando todas as decisões até aqui não foram?

O ministro Alexandre de Moraes, em decisão monocrática,[220] autorizou o governo federal[221] a empregar força para desobstruir as rodovias federais diante de manifestações de caminhoneiros em greve.

Na medida em que a decisão de Moraes for percebida como um posicionamento "do Supremo", ela fez do tribunal um "avalista" da repressão aos grevistas – como observou Eloísa Machado.[222]

Mas a decisão de Moraes tem outras implicações. A liminar compromete o tribunal não só na força que o governo Temer venha a empregar para reprimir a greve, mas também na eventual ineficácia dessas medidas para contornar a situação.

---

220 Conferir o acórdão e os detalhes do processo: SUPREMO TRIBUNAL FEDERAL. ADPF 519. Disponível em: <http://portal.stf.jus.br/processos/detalhe.asp?incidente=5469789>. Acesso em: 12 fev. 2019.

221 CARNEIRO, Luiz Orlando; TEIXEIRA, Matheus. Moraes autoriza uso da força para liberar rodovias e multa para quem não seguir ordem. JOTA, 25 maio 2018. Disponível em: <https://www.jota.info/stf/do-supremo/moraes-uso-da-forca-rodovias-25052018>. Acesso em: 12 fev. 2019.

222 ALMEIDA, Eloísa Machado de. Ao lado de Forças Armadas, STF virou avalista de ações repressivas de Temer. Folha de S. Paulo, 26 maio 2018. Disponível em: <https://www1.folha.uol.com.br/mercado/2018/05/ao-lado-de-forcas-armadas-stf-virou-avalista-de-acoes-repressivas-de-temer.shtml>. Acesso em: 12 fev. 2019.

Ao contrário de um protesto localizado na Av. Paulista, na Av. Rio Branco, ou na Praça dos Três Poderes, por exemplo, as manifestações dos caminhoneiros são dispersas, móveis e nacionais. As lideranças do movimento são regionalizadas e difíceis de identificar; os grevistas podem rapidamente mudar de posição e local de atuação; focos de protestos e bloqueios podem facilmente aparecer em qualquer lugar da malha rodoviária do país.

Assim, é difícil imaginar que medidas repressivas do governo produzam os efeitos esperados. Não é à toa que, antes da decisão de Moraes, 26 decisões judiciais em todo o país já haviam sido tomadas sobre o tema, determinando medidas concretas para desobstrução de rodovias e dispersão dos caminhoneiros. Até a decisão de Moraes, essas decisões judiciais vinham sendo amplamente desobedecidas.

No fundo, o que o descumprimento das decisões judiciais anteriores mostra é que as maiores dificuldades enfrentadas pelo governo nesse caso não são jurídicas, mas sim práticas e políticas.

Em sua dimensão prática, uma decisão judicial, mesmo do Supremo, não poderá resolver o que dúzias de decisões inferiores não haviam conseguido. O problema não é de hierarquia judicial, mas de autoridade estatal – e do seu uso legítimo, realista e inteligente – de maneira mais ampla. Longe de resolver essas dificuldades, o Supremo agora se tornou também refém delas. Quem garante que a liminar de Moraes será obedecida, quando todas as decisões até aqui não foram?

Em sua dimensão política, o governo recebeu do Supremo uma benção para atuar contra os grevistas, além de apoio para as críticas contra a sua legitimidade. Ocorre, no entanto, que o país não parece preocupado com ilegalidade das manifestações. Talvez porque ela pareça, a muitos, tão legítima quanto o governo parece ilegítimo.

Nesse embate, a decisão de Moraes, colocando o Supremo ao lado de Temer e contra os grevistas, penhora e arrisca a própria legitimidade do tribunal – inclusive se as medidas do governo daqui em diante forem marcadas pela ineficácia, e não necessariamente pela sua violência.

Em uma democracia, a maior ameaça para o judiciário não precisa ser um ataque frontal, pela força, à instituição. Ignorar uma decisão judicial é bem menos drástico, mas tem efeitos graves para o tribunal. O envio de tanques às suas portas coloca o tribunal na posição de vítima, talvez heroica. Mas a decisão ignorada, que cai no vazio, pode colocá-lo em uma posição potencialmente ridícula. Uma ordem drástica, que ninguém cumpriu; uma ameaça que ninguém temeu; uma decisão que não tem nenhum efeito concreto sobre o conflito que pretendia resolver e encerrar.

Na época do Plano Collor, o Supremo foi colocado em um dilema com aspectos semelhantes. O problema era uma medida provisória que vedava a concessão de liminares, por juízes em todo o país, contra o congelamento das cadernetas de poupanças. Apesar da legalidade duvidosa da medida, os ministros pareceram hesitar antes de assumir responsabilidade por bloquear completamente, naquele momento, um plano econômico cujos efeitos poderiam – quem sabe – se mostrar positivos para uma economia em crise. Por outro lado, não seria recomendável impedir, de antemão, toda e qualquer possibilidade de intervenção judicial em potenciais violações de direitos que o plano implicaria.

A saída encontrada pelo tribunal foi engenhosa: decidiu que a medida era constitucional em tese, mas poderia ser inconstitucional em casos concretos específicos, que o tribunal não determinou de antemão. Quem definiria isso em cada caso seriam os outros juízes do Brasil, ficando o Supremo apenas como a última instância recursal. O tribunal deu um sinal verde ao Plano Collor, mas, entendendo que as liminares seriam admissíveis em casos excepcionais, autorizou que juízes as concedessem caso a caso. Não atou as mãos do governo, mas não assumiu responsabilidade prévia e total por ilegalidades que pudessem surgir do plano econômico – nem se colocou em uma posição na qual sua decisão pudesse ser descumprida ou cair no vazio.

No caso da repressão às manifestações dos caminhoneiros, era isto que já vinha acontecendo na prática: juízes individuais deram autorizações específicas, sobre medidas específicas em casos concretos. Manter essa situação – negando a liminar na ADPF – poderia ter sido a melhor saída para o tribunal. Além de tudo, evitaria o perigo de a voz do Supremo ser irrelevante na prática. No entanto, Moraes optou por fazer o seu oposto. Assumiu a responsabilidade por decidir a questão, de maneira prévia, abstrata e generalizada. Uma decisão cuja utilidade jurídica e prática é difícil de entender, para além dos efeitos simbólicos eventualmente desejados pelo governo. Ao chancelar de antemão medidas ainda desconhecidas, mas cujo cumprimento e eficácia serão improváveis, o tribunal não resolve, nem sequer diminui o perigo da irrelevância – que as decisões judiciais anteriores e o atual governo já vinham enfrentando.

43

AUDIÊNCIA PÚBLICA SOBRE ABORTO FOI UM "TEATRO ARMADO"?

Miguel Gualano de Godoy

13 | 08 | 2018

Pesquisa empírica indica que audiências públicas, de fato, impactam nas decisões dos ministros do Supremo.

Na audiência pública sobre a criminalização do aborto (ADPF 442),[223] o padre representante da Conferência Nacional dos Bispos do Brasil (CNBB) afirmou estar em um "teatro armado" pela Corte. O padre afirmou que o Supremo está "[...] fingindo ouvir as partes, mas, na realidade, está-se apenas legitimando o ativismo que virá em seguida. Esta audiência é parcial, a própria maneira como está sendo conduzida viola a Constituição."

Essa acusação procede? As audiências públicas influenciam as decisões do Tribunal, ou são apenas um "teatro armado" para legitimar decisões já tomadas de antemão?

Desde a primeira, em 2007, no caso da Lei de Biossegurança, já houve mais de duas dezenas de audiências públicas no Supremo. Os ministros e ministras costumam defender o instituto como instrumento de abertura ao diálogo e à participação popular. Mas, será que essa abertura, na prática, promove maior consideração às informações e aos argumentos apresentados por especialistas e pela sociedade civil?

Pesquisa empírica sobre o tema[224] indica que sim – as audiências públicas, de fato, impactam nas decisões dos ministros do Supremo.

---

223 Os detalhes do processo estão disponíveis em: SUPREMO TRIBUNAL FEDERAL. ADPF 442. Disponível em: <http://portal.stf.jus.br/processos/detalhe.asp?incidente=5144865>. Acesso em: 12 fev. 2019.

224 GODOY, Miguel Gualano. As audiências públicas e os amici curiae influenciam as decisões dos ministros do Supremo Tribunal Federal? E por que isso deve(ria) importar? *Revista da Faculdade de Direito -*

Os dados mostram que há referências expressas, nos votos de praticamente todos os ministros, às razões e aos argumentos expostos nas audiências públicas analisadas. No mínimo, portanto, os votos dos ministros do Supremo foram permeáveis à participação de representantes da sociedade.

Por outro lado, a pesquisa também mostra déficits na operação das audiências públicas. Entre esses problemas, estão os poderes discricionários do relator sobre a convocação da audiência, os critérios arbitrários e pouco transparentes de escolha dos participantes, a metodologia "passiva" de realização das audiências – com foco mais informativo e pouco espaço para debates.

Nessa abertura relativa do Supremo, portanto, ainda é possível encontrar alguns problemas típicos do funcionamento do Tribunal em geral – o isolamento de cada ministro em seu gabinete e na elaboração de seu voto, já que mesmo as próprias audiências públicas apresentam um caráter mais monológico que dialógico.

Outra relevante pesquisa empírica sobre o tema, foi conduzida por Lívia Gil Guimarães.[225] A autora aponta problemas[226] como a preponderância de participações individuais e, no que tange à participação de grupos, da sobre-representação de atores e organizações que já contam com amplo acesso à Corte.

Uma pesquisa mais ampla, com análise das audiências públicas realizadas na última década (2007-2017), feita por pesquisadores da FGV Direito Rio e Universidade Federal do Rio de Janeiro[227]

UFPR, v. 60, n. 3, p. 137-159, set./dez., 2015. Disponível em: <https://revistas.ufpr.br/direito/article/view/42513>. Acesso em: 12 fev. 2019.

225 GUIMARÃES, Lívia Gil. Audiências públicas no Supremo Tribunal Federal: discurso, prática e lobby. Universidade de São Paulo, 2017. Disponível em: <https://bdpi.usp.br/item/002876710>. Acesso em: 12 fev. 2019.

226 GUIMARÃES, Lívia Gil. Audiências Públicas no Supremo merecem aperfeiçoamento e inovação. JOTA, 16 jul. 2018. Disponível em: <https://www.jota.info/opiniao-e-analise/artigos/audiencias-publicas-no-supremo-merecem-aperfeicoamento-e-inovacao-16072018>. Acesso em: 12 fev. 2019.

227 HERDY, Raquel; LEAL, Fernando; MASSADAS, Júlia. Uma década de audiência públicas no Supremo Tribunal Federal (2007-2017). *Revista de Investigações Constitucionais*, Curitiba, vol. 5, n. 1, p. 331-372,

mostrou as inconsistências e incoerências na utilização pelo STF de audiências públicas. Um dos autores dessa pesquisa – Fernando Leal – tem, inclusive, apontado há tempos[228] diversos problemas externos e internos às audiências públicas,[229] como, por exemplo, a compreensão que os ministros do STF têm sobre as audiências ou a perniciosa tendência de identificação entre as figuras dos *amici curiae* e o instituto da audiência pública.

Como podemos, então, pensar a ADPF 442 e a audiência pública sobre a criminalização do aborto a partir desse conjunto de estudos, pesquisas empíricas e análises?

A ministra Rosa Weber, seguindo a iniciativa pioneira que teve com o ministro Fachin quando da convocação conjunta de audiência pública no caso do Marco Civil da Internet e bloqueio do WhatsApp[230] – ADI 5.527[231] e ADPF 403[232] –, buscou enfrentar alguns dos desafios apontados pela academia.

---

jan./abr. 2018. Disponível em: <https://revistas.ufpr.br/rinc/article/view/56328/35017>. Acesso em: 12 fev. 2019.

228 LEAL, Fernando. Pra que servem as audiências públicas no STF? JOTA, 16 jun. 2015. Disponível em: <https://www.jota.info/opiniao-e-analise/artigos/para-que-servem-as-audiencias-publicas-no-stf-16062015>. Acesso em: 12 fev. 2019.

229 LEAL, Fernando. O mito da sociedade aberta de intérpretes da Constituição. JOTA, 8 mar. 2018. Disponível em: <https://www.jota.info/stf/supra/o-mito-da-sociedade-aberta-de-interpretes-da-constituicao-08032018>. Acesso em: 12 fev. 2019.

230 O acórdão está disponível em: SUPREMO TRIBUNAL FEDERAL. AÇÃO DIRETA DE INCONSTITUCIONALIDADE 5.527 DISTRITO FEDERAL. Disponível em: <http://portal.stf.jus.br/processos/downloadPeca.asp?id=311897742&ext=.pdf>. Acesso em: 12 fev. 2019.

231 As informações do processo estão disponíveis em: SUPREMO TRIBUNAL FEDERAL. ADI 5527. Disponível em: <http://portal.stf.jus.br/processos/detalhe.asp?incidente=4983282>. Acesso em: 12 fev. 2019.

232 As informações do processo estão disponíveis em: SUPREMO TRIBUNAL FEDERAL. ADPF 403. Disponível em: <http://portal.stf.jus.br/processos/detalhe.asp?incidente=4975500>. Acesso em: 12 fev. 2019.

Ao convocar a audiência pública,[233] a ministra Rosa Weber estabeleceu de forma explícita os critérios de admissão daqueles que quisessem participar da audiência:

I. representatividade, especialização técnica e expertise do expositor ou da entidade interessada;

II. garantia da pluralidade da composição da audiência e das perspectivas argumentativas a serem defendidas. A ministra relatora exigiu ainda que os postulantes apresentassem justificativas que demonstrassem sua capacidade de contribuição. Uma decisão, portanto, com critérios prévios e transparência na forma de escolha dos participantes.

A decisão de habilitação dos participantes, ordem dos trabalhos e programação da audiência pública foi publicada com antecedência, no mês de junho. Contemplou diversas pessoas e grupos, a fim de cumprir o compromisso prévio que havia estabelecido em favor da pluralidade de perspectivas e argumentos. A ministra Rosa Weber aceitou até mesmo a participação de pessoas e grupos religiosos, em que pese a laicidade seja um imperativo constitucional (art. 19, I, CF/88) e a crença religiosa e moral de organizações religiosas jamais possa ser imposta através do Estado aos demais cidadãos. Ou seja, garantiu-se efetivamente espaço para todas as vozes, até mesmo aquelas que, por serem natural e intrinsicamente proselitistas, poderiam eventualmente ficar de fora. Por isso mesmo o representante da CNBB pôde acusar o Supremo de dentro da própria audiência pública.

O conjunto de pessoas e organizações que puderam se manifestar em favor de uma ou outra posição foi equilibrado. E equilibrado aqui não precisa ser obrigatoriamente idêntico. Ou seja, não é necessário que haja o mesmo número de agentes defendendo uma determinada posição ou argumento de índole constitucional e igual número defendendo outros. O que pode ser exigido, ao contrário, é que o número de participantes seja equivalente, e na medida da garantia da pluralidade e diferentes perspectivas a serem vocalizadas.

---

233 A decisão de convocação da audiência pública está disponível em: SUPREMO TRIBUNAL FEDERAL. ARGÜIÇÃO DE DESCUMPRIMENTO DE PRECEITO FUNDAMENTAL 442 DISTRITO FEDERAL. Disponível em: <http://portal.stf.jus.br/processos/downloadPeca.asp?id=313996268&ext=.pdf>. Acesso em: 12 fev. 2019.

Houve exposições baseadas em pesquisas e dados públicos de ambos os lados. Puderam falar personalidades e organizações de diferentes expertises, perspectivas, credos e crenças, a favor das principais posições em disputa. Houve ainda efetiva participação das principais afetadas pela decisão – as mulheres –, em contraste com a infeliz prática de se chamar apenas homens para debater temas e questões envolvendo gênero. A audiência, ademais, oportunizou a exibição de argumentos, dados científicos, sociais, criminais, entre outros. Todos esses elementos plurais, desde a presença e participação efetiva de mulheres, a diversidade de expositores, até os diferentes campos de saberes e argumentos, são ingredientes que parecem ser ignorados, ou pouco têm sido levado em conta, pelo Poder Legislativo. Vide a realização de seminário pela Câmara dos Deputados sobre a ADPF 442 e a descriminalização do aborto, que, conforme observou Conrado Hübner Mendes,[234] não contou com a participação substantiva de mulheres e tampouco contou a presença de especialistas em políticas públicas ou cientistas.

As falas de quase todos os participantes, incluindo os representantes de religiões e organizações religiosas, foram compromissadas com a exigência feita pela ministra Rosa Weber de que eles oferecessem razões substantivas para o debate. A mobilização em torno do tema qualificou o debate no Brasil, permitiu um aprofundamento dos argumentos e posições sobre um tema tão controverso e sensível.

Por fim, ao final das exposições, a ministra abriu um espaço deliberativo, de perguntas e desafios às posições apresentadas. Essa iniciativa é um importante passo e sinalização de mais compromisso dialógico do Supremo com as diversas vozes da sociedade.

Esse importante espaço, mesmo assim, pode ser aprimorado para ser mais efetivo no desafio e troca de razões. A audiência pública deve servir não apenas para trazer argumentos e fazer vozes audíveis, mas também para poder testar argumentos e razões que poderão ser impostos a todos pela decisão judicial que será tomada. Isso é levar a sério não apenas o caso em análise, mas também aqueles que se empenharam em trazer contribuições para a Corte e permitir que erros, equívocos, dúvidas, sejam dirimidos publicamente, com con-

234 MENDES, Conrado Hübner. Aborto, assunto de homens. Época, 31 maio 2018. Disponível em: <https://epoca.globo.com/politica/Conrado-Hubner/noticia/2018/05/aborto-assunto-de-homens.html>. Acesso em: 12 fev. 2019.

sistência e transparência. Os participantes foram mais altivos em suas apresentações do que em suas perguntas uns aos outros, que foram bastante tímidas. A ministra Rosa Weber mais escutou do que se engajou no debate para levantar seus próprios questionamentos. Além disso, qualquer espaço de diálogo promovido na audiência encontrará limites no fato de que a grande maioria dos ministros não acompanhou esse momento. Os poucos que apareceram – ministra Cármen Lúcia, ministros Ricardo Lewandowski e Luís Roberto Barroso –, se fizeram presentes por brevíssimo tempo. Sequer participaram.

Nesse cenário, como podemos avaliar a acusação do padre José Eduardo de Oliveira, da CNBB, de que a audiência pública era um "teatro armado" para legitimar um indevido ativismo do Supremo?

A audiência pública da ADPF 442 sobre a criminalização do aborto seguiu uma experiência inovadora no formato e metodologia de realização de audiências públicas. Ao mesmo tempo, contribui e deu um passo à frente numa atuação mais dialógica, plural e profunda. Além disso, a realização da audiência foi, na prática, plural, equitativa e razoavelmente deliberativa. Até o momento, estão dados os elementos para que a acusação seja refutada pela prática. Contudo, o caráter dialógico desse processo ainda está em aberto, e a pergunta que a acusação enseja permanece importante. Ainda é preciso que os ministros do Supremo nos mostrem, através de seus votos, que de fato levarão em conta o resultado dessa qualificada audiência pública conduzida pela ministra Rosa Weber.

44

QUEERMUSEU: MUITO ALÉM DA CENSURA

Joaquim Falcão
22 | 08 | 2018

Quem detém a competência de educar as crianças? Qual o limite da estatização de nossas vidas familiares?

O juiz Pedro Henrique Alves, da 1ª vara da Infância, da juventude e do idoso do Rio de Janeiro, proibiu, na última sexta-feira, dia 17 de agosto, que menores de 14 anos, mesmo acompanhados de seus pais, pudessem visitar a exposição de Queermuseum, aberta no Parque Laje.

Ontem, dia 20 de agosto, o desembargador Fernando Foch derrubou esta decisão.[235] Menores de 14 anos, acompanhados de seus pais podem sim ter acesso.

Esta exposição, por conter cenas de sexo, de críticas às religiões, tem levantado polêmica, colocando em conflito aparentemente dois princípios constitucionais.

De um lado, a defesa da liberdade de expressão, da liberdade artística, mesmo em seus aspectos mais radicais. De outro, a defesa da criança e do adolescente, e das religiões.

A polêmica é, porém, muito maior.

Como assinalaram os advogados da Associação dos Amigos da Escola de Artes Visuais (EAV), diz respeito a quem deve deter o pátrio poder, ou manter poder, ou seja, o poder familiar.

É o Estado ou a sociedade?

---

235 PÁDUA, Luciano. Queermuseum: TJRJ permite entrada de menores de 14 anos na exposição. JOTA, 21 ago. 2018. Disponível em: <https://www.jota.info/coberturas-especiais/liberdade-de-expressao/queermuseum-14-anos-21082018>. Acesso em: 12 fev. 2018.

Se a opção for pelo Estado, quem, dentro dele, detém este poder? O Ministério da Justiça, pela competência de defender os direitos políticos e constitucionais? O Ministério da Cultura, que concede patrocínio via Lei Rouanet? Ou o Poder Judiciário? O Juiz?

Se a opção for pela sociedade, quem? O museu que exibe? Porque nada impede que um museu, sobretudo particular, ou mesmo vinculado ao Estado, venha a determinar condições de acessos às suas instalações e atividades. Ou a empresa patrocinadora, nos contratos privados que houver por bem assinar? Ou a família?

Este é o ponto. Quem detém a competência de educar as crianças? Pode o juiz, representante de um poder estatal, substituir a família? Por melhores que sejam, e foram, as suas intenções?

Um dos problemas que a juíza Andréa Pachá, também do Rio de Janeiro, sempre assinala é a crescente pressão de famílias para que o juiz assuma suas responsabilidades. Uma pressão para um lavar de mãos.

Sobretudo, quando a relação entre pais e filhos pesa e se transforma em drama. Como nos casos de filhos envolvidos com drogas.

Qual o limite da estatização de nossas vidas familiares?

O desembargador entendeu que são os pais os únicos "juízes" do poder familiar.

Quanto mais não seja, esta proibição judicial estatal é pouco eficaz. O jovem menor de quatorze anos tem todo acesso a imagens e a críticas na internet muito mais intensas do que as apresentadas no Queermuseu.

Permitir o acesso é uma maneira de chamar os pais às suas responsabilidades. O objeto da tutela são as crianças e os adolescentes. E não a família.

45

LIBERDADE DE EXPRESSÃO E DIREITO AUTORAL NA UNIÃO EUROPEIA[236]

Clara Iglesias Keller
13 | 09 | 2018

Até quando vamos sacrificar a liberdade de expressão tentando regular a Internet?

Ontem, 12 de setembro, foi aprovada pelo Parlamento Europeu a proposta[237] de revisão da Diretiva de Direitos Autorais, trazendo em seus artigos 11 e 13 graves consequências para o exercício da liberdade de expressão online.

O artigo 11 cria para os veículos de imprensa um direito exclusivo de gerenciar a divulgação de suas publicações digitais. Segundo sua redação, até 20 anos após a publicação de um conteúdo pelo veículo, o mesmo só poderá ser compartilhado – ao todo ou em partes – através de um licenciamento. A disposição tem o objetivo de garantir a remuneração das publicações pelo valor que seus conteúdos podem agregar às plataformas onde são compartilhados – um motivo no mínimo razoável.

No entanto, é preciso levar em conta o efeito dessa disposição para veículos menores, que têm menos poder de barganha perante as plataformas, e correm o risco real de perder espaço. Além disso, mecanismos semelhantes já foram implementados,[238] por exemplo,

236 O título original do artigo publicado no Jota era "Direito autoral na União Europeia".

237 A íntegra da proposta se encontra disponível em: European Commission Directive of the European Parliament and of the Council on Copyright in the Digital Single Market. Disponível em: <https://eur-lex.europa.eu/legal-content/EN/TXT/PDF/?uri=CELEX:52016PC0593&from=EN>. Acesso em: 12 fev. 2019.

238 GIANNOPOULOU, Alexandra. Proposed Directive on Copyright in the Digital Single Market: a missed opportunity? Zenodo, 11 set. 2018.

na Espanha e Alemanha, sem que se tenham atingidos os fins pretendidos de remuneração do autores.

Por sua vez, o artigo 13 traz para as plataformas de compartilhamento a obrigação de impedir a disponibilização de conteúdos que infrinjam direitos autorais através de filtros de *upload*. Conforme abordei em artigo anterior,[239] essas ferramentas serão operadas por atores privados, sem garantias de transparência e responsabilização.

Possuem, ainda, inúmeras limitações técnicas, que comprometem direitos individuais e até a sua própria eficácia. Não à toa, tiveram sua implementação amplamente repudiada por uma série de acadêmicos especializados,[240] pela Relatoria das Nações Unidas para Promoção e Proteção do Direito à Liberdade de Opinião e Expressão[241] e por parcela relevante do próprio parlamento europeu.[242]

Em um processo legislativo amplamente informado por todas essas perspectivas – e pelo arcabouço técnico e empírico a elas pertinente –, a decisão do Parlamento Europeu é uma mensagem clara. A liberdade de expressão *on-line* será sacrificada, ainda que sem garantia de resultado.

Disponível em: <https://www.hiig.de/en/proposed-directive-on-copyright-in-the-digital-single-market-a-missed-opportunity/>. Acesso em: 12 fev. 2019.

239 KELLER, Clara Iglesias. Controle de conteúdo na internet: filtros de upload e o perigo da censura prévia. JOTA, 25 jun. 2018. Disponível em: <https://www.jota.info/opiniao-e-analise/artigos/controle-de-conteudo-na-internet-filtros-de-upload-e-o-perigo-de-censura-previa-25062018>. Acesso em: 12 fev. 2019.

240 O documento encontra-se disponível em: INSTITUUT VOOR INFORMATIERECHET. Academics launch final appeal to European Parliament. Disponível em: <https://www.ivir.nl/academics-against-press-publishers-right/>. Acesso em: 12 fev. 2019.

241 O documento encontra-se disponível em: UNITED NATIONS HUMAN RIGHTS. Mandate of the Special Rapporteur on the promotion and protection of the right to freedom of opinion and expression. Disponível em: <https://www.ohchr.org/Documents/Issues/Opinion/Legislation/OL-OTH-41-2018.pdf>. Acesso em: 12 fev. 2019.

242 A carta aberta de membros do Parlamento Europeu encontra-se disponível em: DIGITAL AGENDA INTERGROUP. More than a hundred MEPs oppose new publishers right. Disponível em: <https://www.digitalagendaintergroup.eu/more-than-a-hundred-meps-oppose-new-publishers-right/>. Acesso em: 12 fev. 2019.

Já aprovada, a proposta agora passará por um período de negociação sobre os termos de sua implementação. A base é o seu texto, o que já significa que ele produzirá algum efeito prático, seja maior ou menor.

Foram institucionalizados mecanismos que interferem em dois dos avanços mais celebrados das tecnologias digitais: o aquecimento do livre fluxo de informação e o democratização da produção de conteúdo. O avanço tecnológico permitiu que as pessoas deixassem de ser apenas consumidoras de conteúdo, tendo a possibilidade de também de produzir o seu próprio em ampla escala e com baixo custo.

Apesar da norma visar a coibição da circulação de conteúdo sem autorização legal, seus conhecidos e imprecisos efeitos abarcarão uma série de situações que fazem parte da experiência dos usuários na Internet em total conformidade com a legislação.

Somadas, as medidas dos artigos 11 e 13 impedirão, por exemplo, a livre divulgação de notícias e vídeos de veículos de imprensa em quaisquer plataformas, a publicação de memes, gifs, paródias, trechos específicos de conteúdo com finalidades legítimas, enfim, todo e qualquer uso de material que seja identificável pelos filtros de *upload*. Imagine, por exemplo, que diante de uma notícia de um site jornalístico – possivelmente independente ou de menor tamanho – você não consiga publicar o *link* na sua página do Facebook, pois não foi acertada remuneração entre este a publicação. Ou que use a foto da famosa personagem Nazaré com expressão intrigada para fazer um meme e não consiga postá-lo na página do seu irmão, pois a imagem foi detectada por um filtro de *upload* como infringente.

Não se trata de questionar a pertinência da proteção autoral, mas sim a eficácia e proporcionalidade dos mecanismos utilizados para garanti-la. Uma medida como esta, por si, tem um impacto imensurável nos direitos de liberdade de expressão e de acesso à informação – devido ao volume de situações sob sua égide e à literal impossibilidade de aferir-se seus efeitos. Como se não isso não fosse suficiente, ela também não garante a devida proteção e remuneração de autores, pela falibilidade dos mecanismos eleitos e sua pouca aderência à realidade das dinâmicas sociais que acontecem na Internet.

Agrava-se, ainda, pelo potencial de ser estendida para outros fins de direito – como o combate ao discurso de ódio, por exemplo; e, ou de ser copiada por outros países – especialmente o nosso. Não custa lembrar que a revisão da Lei de Direitos Autorais Brasileira ainda está pendente no Congresso Nacional.

46

A DUPLA INCONSTITUCIONALIDADE DO PROJETO CONTRA CASAMENTO DE PESSOAS DO MESMO SEXO

Gustavo Bambini
08 | 11 | 2018

Proposta de Magno Malta não só merece ser rejeitada, como também deve ser objeto de contestação jurídica e social.

O Projeto de Decreto Legislativo[243] que pretende impedir a realização de casamentos entre pessoas do mesmo sexo é duplamente inconstitucional.

A proposta, de autoria do senador Magno Malta, pretende sustar os efeitos de Resolução do Conselho Nacional de Justiça (CNJ)[244] que regula a celebração de casamento civil entre pessoas de mesmo sexo, editada em 2013, após o reconhecimento unânime pelo Supremo do direito à união estável a casais homoafetivos (ADPF 132),[245] e após o STJ decidir inexistirem óbices legais para a celebração do casamento civil entre pessoas do mesmo sexo.[246]

---

243 Para mais detalhes do Projeto de Decreto Legislativo n. 106/2016, acessar: SENADO FEDERAL. Projeto de Decreto Legislativo (SF) n° 106, de 2013. Disponível em: <https://www25.senado.leg.br/web/atividade/materias/-/materia/112745>. Acesso em: 12 fev. 2019.

244 A íntegra da resolução encontra-se disponível em: CONSELHO NACIONAL DE JUSTIÇA. Resolução N° 175 de 14/05/2013. Disponível em: <http://www.cnj.jus.br/busca-atos-adm?documento=2504>. Acesso em: 12 fev. 2019.

245 REDAÇÃO. Supremo reconhece união homoafetiva. Notícias STF, 5 maio 2011. Disponível em: <http://www.stf.jus.br/portal/cms/verNoticiaDetalhe.asp?idConteudo=178931>. Acesso em: 12 fev. 2019.

246 O entendimento foi firmado pelo STJ no REsp 1183378, e o acórdão pode ser consultado em: SUPERIOR TRIBUNAL DE JUSTIÇA. REsp 1183378 (2010/0036663-8 - 01/02/2012) (inteiro teor). Disponível

Magno Malta alega que o CNJ infringiu a competência do Legislativo e fundamenta a autoridade para sustar os efeitos dessa Resolução na competência exclusiva do Congresso para sustar atos do Executivo que exorbitem do poder regulamentar (art. 49, V). Eis aí a primeira inconstitucionalidade: o CNJ não faz parte do Executivo.

A Constituição Federal é taxativa ao conceder ao Congresso o poder de sustar atos normativos do Executivo. E tão somente do Executivo. É o Projeto, portanto, que ao propor sustar uma Resolução de órgão do Judiciário, ignora o texto da Constituição e viola, ele sim, a Separação de Poderes que deveria defender.

Tanto é assim que tramita no Congresso proposta de emenda à Constituição (PEC 3/2011), cujo objetivo é alterar este dispositivo para conceder ao Congresso o poder de sustar atos dos "demais poderes". Ou seja, o projeto do senador Magno Malta se propõe a fazer por meio de uma interpretação ampliativa e contrária ao texto literal da Constituição, algo que apenas uma emenda constitucional poderia realizar.

Mas vou além. Além desta inconstitucionalidade formal, o projeto também é materialmente inconstitucional. No mérito, entendo que a Resolução do CNJ apenas reconheceu nova roupagem jurídica a uma garantia constitucional consagrada pelo Supremo no julgamento da ADPF 132. Na esteira de reconhecimento de direitos e garantias trazidos pelo texto constitucional originário, aprovado pelo próprio Congresso, é dever do Judiciário o reconhecimento constitucional da igualdade, da liberdade em suas mais diferentes concepções, como também promover combate ao preconceito como elemento desestabilizador de garantias sociais.

Se a união estável já se configura como garantia fundamental aos casais do mesmo sexo, por qual motivo a possibilidade de sua conversão em casamento civil – e não religioso – não seria um reconhecimento decorrente da decisão do Supremo?

Ainda que a exposição de motivos do projeto em questão foque apenas na usurpação de competência legislativa, resta evidente que se trata de uma pauta moral, desprovida, na forma, de sua roupagem legislativa correta, e em seu conteúdo, coibidora de garantia de direi-

---

em: <https://ww2.stj.jus.br/processo/revista/inteiroteor/?num_registro=201000366638&dt_publicacao=01/02/2012>. Acesso em: 13 fev. 2019.

tos. E é por essas duas razões evidentes que a proposta não só merece ser rejeitada, como também deve ser objeto de contestação jurídica e social, nas suas mais variadas formas.

A utilização do processo legislativo tem seu custo pro Estado e para os cidadãos. É necessário que essa atividade seja exercida de forma racional e desprovida de preconceitos, até para evitar, em um futuro não distante, sua invalidação na análise de controle de constitucionalidade.

AS ELEIÇÕES DE 2018

47

SER OU NÃO SER ESCRUTINÁVEL

Joaquim Falcão
08 | 01 | 2018

O financiamento eleitoral e o uso da tecnologia de informação nas eleições de 2018.

Financiamento eleitoral e uso da tecnologia de informação tendem a ser fatores decisivos nas eleições de 2018, não só no Brasil. Em todo o mundo.

Diminuem em importância, embora ainda tenham muitas alianças partidárias, propostas programáticas, ética e personalidade dos candidatos.

Não se desconsidera o peso da propaganda eleitoral televisiva – capital significativo principalmente para pequenos partidos. Mas, de forma geral, são novos tempos.

Por "ausência de fundamentação publicamente escrutinável", o Presidente de Portugal Marcelo Rebelo de Sousa vetou a nova lei portuguesa de financiamento de partidos aprovada pelo Parlamento.

A lei retirava limites para arrecadação dos próprios partidos e isentava impostos. Diminuía o controle do Tribunal Constitucional sobre as contas eleitorais.

Eis aí um critério decisivo para a criação e aplicação de leis na democracia: ser ou não ser escrutinável.

Os partidos portugueses estavam unidos. Os parlamentares votaram. A matéria era de competência legislativa. Formalmente, tudo em ordem.

Mas a lei fora aprovada na véspera do recesso natalino, em uma tramitação de poucos dias. Sem maior possibilidade de debate público, inclusive das mídias e da sociedade.

Não havia clara indicação nem mesmo do parlamentar responsável pela proposição da lei. As atas estavam confusas.

Os parlamentares de lá, como os daqui, temem a reação dos eleitores nas urnas quando agem contra os interesses públicos. Foi o caso. Usaram o que foi denominado "secretismo".

O Presidente Marcelo pegou os partidos com a "mão na botija", ou melhor, com a mão na urna.

É grande a importância desse exemplo para o Brasil. Primeiro, constatar que os problemas de nossa democracia não são exclusivos. A democracia passa por *stress* global.

Segundo, reconhecer que mesmo com todas as novidades, inclusive *fake news*, censura e oligopólio das plataformas, a informação escrutinável é ainda critério útil e fundamental para democracia. Seja para o controle da representatividade do processo legislativo, seja para controle do processo administrativo e judicial.

É coerente que esse critério venha do Presidente Marcelo Rebelo de Sousa, cuja formação é de professor de Direito, aliada à intensa atividade de comunicação nos meios televisivos de Portugal.

A massificação do conhecimento jurídico é matéria-prima da liberdade eleitoral. Todos os eleitores têm direito de saber o que originou cada norma.

48

ATIVISMO DO STF EM MATÉRIA ELEITORAL: SOLUÇÃO PARA O PASSADO, INCERTEZA PARA O FUTURO

Silvana Batini
12 | 03 | 2018

As sucessivas alterações legislativas e a composição instável da justiça eleitoral geram insegurança em nossos processos eleitorais.

As eleições de outubro já ocupam a pauta do Supremo. Na última semana, dois julgamentos na Corte fixaram interpretação de leis eleitorais. É bom que essas incertezas sobre o processo eleitoral sejam superadas o quanto antes. Mas, para além da velocidade e o resultado explícito dessas decisões, é importante analisar o que se esconde atrás destas ações.

A legislação eleitoral brasileira é hoje um emaranhado de normas – algumas antigas, outras novíssimas –, cuja convivência harmônica desafia, muitas vezes, a lógica. A cada dois anos o tema da reforma política retorna. Mas, ao final, o que se produz são alterações pontuais das leis, via de regra para atender a interesses específicos da classe política que disputará o próximo pleito. As dificuldades interpretativas que resultam deste quadro são notórias, como mostraram os julgamentos da semana passada.

Estavam em jogo a ADPF 167 e a ADI 5525.

Na primeira, o Supremo decidiu que o TSE é o órgão competente para julgar Recurso contra Expedição de Diploma (RCED) relativo a eleições estaduais. RCED é uma medida prevista no Código Eleitoral e sempre provocou controvérsias – afinal, é recurso ou ação? – quanto ao rito a ser adotado. Em 2009, quando a ADPF 167 foi proposta, o RCED era utilizado para cassar diplomas por vários fundamentos: desde fraude na contagem dos votos, passando por fatores relativos à elegibilidade do candidato e especialmente por abuso de poder econômico ou político. E já naquela época a jurisprudência se sedimentara no sentido de dar competência ao TSE para julgamento do RCED. Ocorre que infrações como abuso de poder econômico também podiam – e ainda podem – ser objeto de outras duas ações eleitorais: a Ação de Investigação Judicial Eleitoral (AIJE) e a Ação de Impugnação de Mandato Eletivo (AIME), para as quais a competência sempre foi e continua sendo do juízo de origem.

Em outras palavras, um candidato a deputado estadual, por exemplo, poderia responder por abuso de poder econômico em uma AIJE tramitando no TRE de seu estado e ao mesmo tempo e pelos mesmos fatos em um RCED que tramitava perante o TSE. Isto, obviamente, gerava um tumulto processual e uma insegurança jurídica enormes. Por este ângulo, a competência do TSE para julgar originariamente estas ações era de fato questionável e justificava a provocação ao Supremo.

Em 2013, a lei mudou e restringiu o objeto do RCED, hoje destinado exclusivamente a questões relativas a condições de elegibilidade e fatores de inelegibilidade. Não mais abuso de poder econômico. O problema de superposição de competências sobre um mesmo fato foi superado pelo próprio legislador. Assim, quando o Supremo, após 9 anos de tramitação, definiu na quarta-feira pela competência do TSE em RCEDs, julgou uma realidade totalmente diversa daquela que inspirou a ação.

Decidiu sobre algo que, de certa forma já estava resolvido. Choveu no molhado.

Na ADI 5525, o movimento foi diverso. Aqui, o Supremo agiu para limitar alterações legais produzidas há pouco mais de dois anos atrás, em 2015, cuja relevância ficou patente no julgamento da chapa Dilma/Temer em 2017.

Até então, se a justiça eleitoral cassasse prefeitos, governadores ou presidentes na primeira metade de seus mandatos, teria que realizar eleições diretas. Se fosse na segunda metade, eleições indiretas.

Em 2015 a lei passou a prever eleições indiretas apenas se a cassação se desse nos últimos seis meses do mandato. Esqueceu-se da regra constitucional específica que previa de forma análoga ao texto anterior, no caso de vacância do cargo de Presidente.

Por ocasião do julgamento da chapa Dilma/Temer, não se sabia ao certo que tipo de eleições teríamos, caso a chapa fosse cassada e esta dúvida era fonte de muita apreensão.

O julgamento da semana passada chegou tarde para apaziguar os ânimos e aclarar o ambiente do julgamento de Temer, mas definiu o destino dos eventuais municípios e estados, cujos eleitos venham a ser cassados daqui para frente: para eles serão eleições diretas, salvo se a cassação se der nos últimos seis meses de seus mandatos. Para a cassação de presidentes e senadores, valerá a Constituição.

Na mesma ADI o Supremo decidiu ser inconstitucional aguardar o trânsito em julgado de decisões de cassação de mandato ou indeferimento de registro. Neste ponto, aparentemente apenas referendou um posicionamento já assumido pelo TSE em passado recente. Na verdade, é a projeção desta decisão para um futuro próximo que preocupa: se Lula vier a ser candidato e tiver seu registro cassado ou indeferido pelo TSE, os efeitos desta decisão seriam imediatos e não dependeriam de um posicionamento do Supremo.

Os dois julgamentos parecem apontar para um ponto comum: as sucessivas alterações legislativas e a composição instável da justiça eleitoral são fatores que geram insegurança latente em nossos processos eleitorais. Emendas pontuais de normas esparsas geram incongruências que comprometem a segurança jurídica. Em um quadro de intensa jurisdicionalização das eleições, o problema se torna ainda mais complexo: nem a jurisprudência se pacifica, já que a composição das cortes também se altera com velocidade incomum, quando comparada a outros tribunais. A mudança de composição do TSE, em particular, é bastante rápida.

Um modelo estável de legislação eleitoral, que atenda a anseios de legitimidade e segurança parece utópico em um quadro de democracia ainda não amadurecida, como é o nosso.

O ativismo do Supremo em matéria eleitoral se alimenta disto. Para o bem e para o mal, sempre há um espaço de incerteza para o tribunal agir. Nesse cenário, porém, muitas vezes o tribunal acaba resolvendo a incerteza de ontem, sem conseguir realmente promover segurança para o futuro.

49

FINANCIAMENTO ELEITORAL POR EMPRESAS: O JOIO E O TRIGO

Evandro Proença Sussekind

18 | 06 | 2018

Tornar constitucional a doação de empresas ao Fundo Partidário e ao FEFC pode ser um meio de reeducar empresas.

A inconstitucionalidade da doação de empresas às campanhas (ADI 4650) afetou tipos diferentes de doação. Antes da decisão, pessoas jurídicas poderiam doar:

1. Para o financiamento das atividades dos partidos, as quais, em ano eleitoral incluem as eleições;
2. Para candidatos, partidos e coligações para financiamento das campanhas;
3. Para o Fundo Partidário, caso que, nas palavras do ministro Toffoli, "beneficia todas as agremiações".

O último nunca despertou interesse ou preocupação, uma vez que não há interesse em doar a um fundo que beneficiará todos os partidos.

Apesar da impopularidade do mecanismo, não devemos misturá-lo com as outras formas de doação julgadas inconstitucionais, tampouco descartar o papel que poderia ter no futuro. Possibilidades diferentes têm efeitos distintos, e podem ser justificadas ou criticadas com base em diferentes fundamentos. Os ministros constataram que as doações por empresas violavam ideias de isonomia, pluralismo e republicanismo, resultando na captura da democracia pelo poder econômico, favorecendo os atores convergentes com os interesses empresariais. Mas será esse o caso?

Quanto à isonomia, o que a viola são as regras injustas de rateio do fundo entre os partidos, as quais favorecem os partidos maiores. Outro violador seria a cláusula de desempenho adotada na última minirreforma. No entanto, o montante do fundo diz respeito ao tamanho do bolo e não ao tamanho de cada pedaço e quem terá acesso a ele. Da mesma forma, recursos doados ao fundo não atacariam os princípios democrático e republicano. A doação de empresas os ameaçaria na medida em que as permitissem elegerem representantes que definirão o destino da coisa pública, hipótese não disponível em doações direcionadas ao fundo e não aos partidos, a qual não possibilita o "toma lá dá cá" acusado pelos ministros.

Diferente do afirmado por Toffoli, a questão não é se a democracia é financiada pelas corporações ou pela cidadania, mas se as doações se destinam a financiar o processo democrático ou campanhas específicas. Na ADI, os ministros pouco se aprofundaram nas variações das regras, com raras constatações de que o dinheiro do Fundo Partidário é diferente daquele doado diretamente para partidos e campanhas.

Por que mexer nesse vespeiro? A saída das empresas do jogo foi uma vitória custosa para a sociedade, a qual custeia hoje não só o Fundo Partidário como o Fundo Especial de Financiamento de Campanha (FEFC). Assim, o objetivo das doações para o fundo não seria aumentar o montante, mas reformar a legislação para abater o que é pago pela sociedade. O mesmo vale para o FEFC – que financia somente campanhas eleitorais –, o qual poderia passar a receber doações diretas de empresas abatidas de seu montante.

Para os que temem as contribuições de empresas para os fundos, vale lembrar que empresas – mesmo proibidas de doar para o Fundo Partidário – contribuem, por meio de tributos, para o montante destacado não só para ele, como para a Propaganda Eleitoral, e contribuíam para a extinta Propaganda Partidária.

Mas, assim como empresas doavam para dois partidos e pressionavam o vencedor, uma empresa não poderá pressionar o vencedor baseada nos cálculos de quanto do Fundo ele recebeu? Novamente, a ideia não é aumentar o montante dos fundos, mas abater de seu montante o doado pelas empresas. Nada mudaria para os partidos, somente para a sociedade. Ao cobrar o favor do partido político, a empresa ouviria: eu receberia o valor de qualquer jeito, você não doou para mim, mas para os eleitores.

A pergunta que fica é: quem se interessaria em doar para os fundos sem a possibilidade de – no caso das empresas de boa-fé – financiar visões próximas aos seus interesses, nem – no caso das demais – cobrar favores pelos montantes depositados? Precisamos decidir se vamos incluir as empresas que causaram danos à sociedade na democracia dando a elas a oportunidade de pagar pelo dano causado; e as empresas têm que decidir se utilizarão a oportunidade para se reconciliarem conosco.

Nos anos 90, a British Petroleum saiu na frente quando seu CEO foi o primeiro a reconhecer o aquecimento global e a responsabilidade da empresa, abandonando o negacionismo das concorrentes. Dez anos antes, dificilmente alguma empresa do ramo seria convencida a investir em sustentabilidade. Esse se tornou um *leading* case das chamadas *non market strategies*, ou seja, estratégias das empresas para gerar valor entre seus *stakeholders*, mas que não envolvem sua atividade fim.

Há algum tempo, pareceria impossível que empresas desenvolvessem campanhas pela diversidade, de gênero, pelo meio ambiente, de *compliance*, e para se tornarem mais responsivas como um todo. Não seria o mesmo caso para a democracia? Quanto às empresas investigadas na operação Lava Jato, muito além de promover sua imagem, é preciso repará-la. Vamos afastá-las quando elas deveriam ser compelidas a pagar a conta?

No julgamento, Toffoli indaga como as empresas lançam as doações em seu balanço. Alega que consegue entender o investimento na área cultural, a publicidade institucional, e os programas sociais já que eles agregam à imagem junto ao público, mas que as doações só podem ser um investimento. A ideia de doar para o processo é fazer com que as doações se tornem algo como uma aproximação com a sociedade – mesmo que com fins indiretos de lucro, como outras empresas fazem por meio de programas sociais – e deixe de ser um investimento à espera de retorno.

Ou seja, tornar constitucional a doação de empresas ao Fundo Partidário e ao Fundo Especial de Financiamento de Campanha (FEFC) – mantendo a vedação das doações a campanhas, dando a possibilidade de abatimento do montante pago do que será pago pela sociedade – pode ser um meio de reeducar as empresas ao invés de tratá-las como um Midas que inabilita tudo que toca. Talvez seja uma oportunidade também para aproximar as entidades sindicais, injustamente excluídas do processo eleitoral desde antes da ADI. Pode ser que nenhuma delas se interesse pela alternativa, mas pode ser interessante – com o devido cuidado, fiscalização, transparência e exigência de regras rígidas de *compliance* – deixar essa porta aberta, para elas e para nós.

50

PODEM AS *FAKE NEWS* ANULAR AS ELEIÇÕES?

Clara Iglesias Keller
16 | 07 | 2018

Nas eleições de outubro, desafio da eficiência algorítmica na propagação de informação falsa toma lugar central.

O ministro Luiz Fux entende que sim. Segundo reportado,[247] o presidente do Tribunal Superior Eleitoral (TSE) afirmou que "[o] artigo 222 do Código Eleitoral prevê que, se o resultado de uma eleição qualquer for fruto de uma *fake news* difundida de forma massiva e influente no resultado, prevê inclusive a anulação".[248]

Nas eleições de outubro, o desafio da eficiência algorítmica na propagação de informação falsa toma pela primeira vez um lugar central. É fundamental compreender esses fenômenos e os mecanismos disponíveis e necessários para lidar com eles. Anular uma eleição por decisão judicial é algo grave e complexo em termos constitucionais e eleitorais, unindo problemas de liberdade de expressão, democracia e o funcionamento da inteligência artificial.

Por isso, é preciso refletir sobre o significado e o impacto das palavras do ministro.

Sabemos que *fake news* são histórias falsas difundidas em massa por pessoas, organizações e principalmente por exércitos de *bots*. Sob a perspectiva da liberdade de expressão, é importante lembrar que a interferência na disseminação de informações não é novidade

247 REDAÇÃO. Eleições influenciadas por fake news podem ser anuladas, diz presidente do TSE. Folha de S. Paulo, 21 jun. 2018. Disponível em: <https://www1.folha.uol.com.br/poder/2018/06/eleicoes-influenciadas-por-fake-news-podem-ser-anuladas-diz-presidente-do-tse.shtml>. Acesso em: 12 fev. 2019.

248 *Idem.*

do mundo digital. Os sofistas gregos já eram acusados de fazer da manipulação da informação uma arte do discurso, por exemplo, e os arcabouços regulatórios sobre a propriedade dos meios de comunicação expressam também a preocupação em garantir um debate público minimamente imparcial. A manipulação do discurso é uma contingência natural da liberdade de expressão.

A novidade, hoje, é a possibilidade de manipulação dolosa em massa dos fatos através da tecnologia, dando nova proporção aos efeitos da distorção. É natural para o processo democrático que o que ecoa na coletividade se espelhe, para o bem ou para o mal, nos resultados do processo político. Mas e quando esse eco é artificial? Será que podemos comparar a argumentação pessoal ou institucional com a replicação automatizada e dissimulada de uma mesma voz? O impacto pode acabar sendo o mesmo – mas os dois fenômenos merecem ser tratados da mesma forma em uma democracia?

Parece intuitivo que não, e foi no contexto deste combate que o ministro Luiz Fux declarou a possibilidade de anulação, dependendo das provas e dos efeitos da notícia falsa. A legislação eleitoral já cuida da ilegalidade de divulgação de fatos sabidamente inverídicos sobre os candidatos, mas a redação do art. 323 do Código Eleitoral não abrange o aparato tecnológico por trás de um eco artificial. Teria o poder judiciário as ferramentas necessárias à difícil apuração e mensuração destes efeitos?

Diferentemente de outros ilícitos eleitorais – como, por exemplo, a compra de votos – o alcance de uma notícia falsa não é quantificável. Números de compartilhamentos, visualizações e até de alcance de um *post* são informações que, embora não necessariamente devam, poderiam, em tese, ser rastreadas. Mas, ainda assim, pouco contribuiriam para a apuração dos efeitos de uma notícia falsa. Entre o acesso a uma notícia falsa e o voto, há todo um caminho de formação da vontade; acessar aquele conteúdo, acreditar nele ou não, identificar-se com sua perspectiva, levá-lo em consideração de forma absoluta para o voto final. Por exemplo, se o leitor apenas soma a notícia falsa a todo um repertório de crenças e interpretações de notícias verdadeiras que já seriam suficientes para definir seu voto? Trata-se, enfim, de um processo também interno e subjetivo, cujo reflexo no resultado final das eleições não se pode mensurar com a segurança exigida por uma decisão judicial – e sobre um tema tão grave.

O combate às notícias falsas é imprescindível, e é importante encará-lo para além da corrida desenfreada que legislativo, executivo e judiciário costumam empreender atrás das tecnologias, na ânsia de enquadrá-las dentro de conceitos e lógicas estabelecidas em contextos diferentes. Além do uso do aparato já existente, é preciso informar esse processo com as noções políticas de liberdade de expressão, consenso democrático e um conhecimento sobre como a tecnologia opera, o que ela permite e como pode nos auxiliar.

Uma eventual decisão judicial sobre a influência de notícias falsas em eleições precisa reconhecer essas diferentes camadas, e junto com elas, os seus limites para reverter o resultado de um pleito popular. Uma notícia falsa pode produzir um eco artificial capaz de sobrepujar a legítima voz das urnas – mas uma decisão judicial que anule as eleições pode acabar correndo o mesmo risco.

51

BOLSONARO, CANDIDATO E RÉU: A INSEGURANÇA PROVOCADA PELO STF

Thomaz Pereira | Diego Werneck Arguelhes
29 | 08 | 2018

A Constituição é clara, mas Supremo gera incertezas em cenário já conturbado.

Pode um réu ser eleito presidente da República? Ter uma denúncia recebida contra si, sem ainda uma condenação, impediria alguém de se eleger à presidência?

O ministro Celso de Mello disse que "[...] é algo que temos que debater mais";[249] o ministro Marco Aurélio, por sua vez, vê aqui uma questão "em aberto", que gera insegurança para a eleição.[250]

Essa pergunta e essas reações não apareceram em abstrato. Nesse momento, surgem diante da possibilidade de Jair Bolsonaro, candidato à Presidência, virar réu perante o Supremo.[251] Mas, em 2017,

---

249 AMORIM, Felipe. Celso de Mello sobre eleição de réu à Presidência: "temos que debater mais". UOL, 23 ago. 2018. Disponível em: <https://noticias.uol.com.br/politica/eleicoes/2018/noticias/2018/08/23/celso-de-mello-diz-que-eleicao-de-reu-a-presidencia-deve-ser-debatida.htm>. Acesso em: 12 fev. 2019.

250 MOURA, Rafael Moraes; PUPO, Amanda. Marco Aurélio diz que dúvida sobre réu assumir Planalto gera "insegurança". UOL, 22 ago. 2018. Disponível em: <https://noticias.uol.com.br/politica/eleicoes/2018/noticias/agencia-estado/2018/08/22/marco-aurelio-diz-que-duvida-sobre-reu-assumir-planalto-gera-inseguranca.htm>. Acesso em: 12 fev. 2019.

251 FALCÃO, Márcio; TEIXEIRA, Matheus. No julgamento de Bolsonaro, Roberto Barroso fala em tipificar crime de homofobia. JOTA, 29 ago. 2018. Disponível em: <https://www.jota.info/stf/do-supremo/bolsonaro-barroso-em-tipificar-crime-de-homofobia-29082018>. Acesso em: 12 fev. 2019.

o ponto foi levantado pelo ministro Fux em conexão com a situação de Lula,[252] cuja situação não se enquadrava na Lei da Ficha Limpa por, na época, ainda não ter sido condenado em 2ª instância. Em ambos os cenários, a questão foi rapidamente repercutida por uma imprensa ávida por declarações bombásticas de ministros do Supremo e em meio a um clima geral – dentro e fora do STF – de querer tutelar o eleitor.

Mais importante do que as respostas dos ministros é a existência da pergunta. Por que essa questão estaria "em aberto"? Quem fez essa pergunta ao Supremo? Qual a origem dessa alegada "insegurança"?

A resposta a essas três perguntas é: os próprios ministros do Supremo.

A Constituição brasileira estabelece expressamente que: "O Presidente da República, na vigência de seu mandato, não pode ser responsabilizado por atos estranhos ao exercício de suas funções (art. 86, § 4º)".

A consequência prática dessa imunidade temporária é a impossibilidade, enquanto dure o mandato, de que "*tenha curso* ou *se instaure* processo penal contra o Presidente da República por crimes não funcionais" (Sepúlveda Pertence, HC 83.154[253])

O significado dessa regra, portanto, parecia bastante claro para o Supremo. É possível um réu ser eleito presidente – e a Constituição determina que quaisquer ações penais que corressem contra ele antes da data de sua posse, envolvendo crimes não-funcionais, ficariam suspensas até o fim do seu mandato.

Não haveria motivo, portanto, para qualquer "insegurança" em relação a essa questão, ou qualquer indicação de que ela precisaria ser debatida pelo Supremo. Ela não estava "em aberto" – não porque não tivesse sido colocada, mas porque os constituintes a enfrentaram e a responderam, e sua interpretação pelo Supremo vinha sendo estável.

---

252 BERGAMO, Mônica. 'Não tem sentido candidato com denúncia concorrer', diz ministro Fux. Folha de S. Paulo, 05 nov. 2017. Disponível em: <https://www1.folha.uol.com.br/poder/2017/11/1932898-nao-tem-sentido-candidato-com-denuncia-concorrer-diz-ministro-fux.shtml>. Acesso em: 12 fev. 2019.

253 O acórdão encontra-se disponível em: SUPREMO TRIBUNAL FEDERAL. Coord. de Análide de Jurisprudência. Disponível em: <http://redir.stf.jus.br/paginadorpub/paginador.jsp?docTP=AC&docID=79272>. Acesso em: 12 fev. 2019.

Quem começou a alimentar insegurança foi o próprio Supremo. As declarações de Fux, Marco Aurélio e Celso de Mello têm uma origem comum – a ADPF 402[254], proposta pela REDE em 2016.

A Constituição também prevê que, "[...] nas infrações penais comuns, se recebida a denúncia ou queixa-crime pelo Supremo Tribunal Federal" e "[...] nos crimes de responsabilidade, após a instauração do processo pelo Senado Federal" "[...] o Presidente ficará suspenso de suas funções" por até 180 dias. Com base nesse dispositivo, a REDE criou uma controvérsia interpretativa inédita,[255] e de grande impacto sobre organização dos poderes no Brasil. Pedia ao Supremo que entendesse, a partir dessa regra aplicável apenas ao Presidente, que outros membros da linha sucessória – vice-presidente, presidente da Câmara, presidente do Senado, ministros do Supremo – teriam que ser suspensos de suas funções caso se tornassem réus, pois eventualmente viriam a ocupar a cadeira de Presidente. Essa ação tinha Eduardo Cunha como seu alvo original, mas ele saiu do cargo antes de o Supremo começar a julgar.

O julgamento da ADPF 402 foi interrompido por um pedido de vista quando já havia seis votos concordando com a REDE. Mas, mesmo ainda sem decisão, esse caso já gerou improváveis frutos. Foi utilizado na polêmica liminar do ministro Marco Aurélio[256] que removeu Renan Calheiros da presidência do Senado. Submetida ao plenário, a liminar não foi confirmada, em especial diante do voto do ministro Celso de Mello, que retificou seu voto anterior para

254 As informações do processo encontram-se disponíveis em: SUPREMO TRINUL FEDERAL. ADPF 402. Disponível em: <http://portal.stf.jus.br/processos/detalhe.asp?incidente=4975492>. Acesso em: 12 fev. 2019.

255 ARGUELHES, Diego Werneck. Linha sucessória: os perigos da ação da Rede no Supremo. JOTA, 3 nov. 2016. Disponível em: <https://www.jota.info/stf/supra/linha-sucessoria-os-perigos-da-acao-da-rede-no-supremo-03112016>. Acesso em: 12 fev. 2019.

256 PEREIRA, Thomaz. Um Supremo enfraquecido. Folha de S. Paulo, 11 dez. 2016. Disponível em: <http://www1.folha.uol.com.br/opiniao/2016/12/1840218-um-supremo-enfraquecido.shtml>. Acesso em: 12 fev. 2019.

permitir que, mesmo réu em ação penal, Renan poderia se manter na presidência do Senado, com a condição de não assumir a cadeira do presidente da República.[257]

Ou seja, na ADPF 402, pede-se ao Supremo que faça uma analogia seletiva entre o Presidente e outros chefes de poder. *Seletiva*, porque, ao contrário do que a Constituição expressamente prevê para o Presidente, a analogia imaginada não diferencia crimes cometidos no cargo de crimes anteriores, não impõe o limite de 180 dias para a suspensão, e não inclui a exigência de autorização prévia da Câmara para que deputados e senadores sejam denunciados perante o Supremo.

O que se pedia ao Supremo, portanto, era que inventasse para senadores e deputados réus uma regra *implícita e mais severa* do que a regra *explícita menos severas existente* para o caso do Presidente.

A partir dessa tentativa de analogia seletiva, os ministros Celso de Mello e Marco Aurélio se perguntam: o presidente eleito pode assumir o cargo, caso seja réu em uma ação penal por crime anterior ao cargo e estranho à função?

Há muito pouco tempo, essa pergunta poderia figurar, sem qualquer receio ou controvérsia, na primeira fase da prova da OAB ou de qualquer concurso para juiz ou promotor. A resposta, conforme a regra expressa na Constituição, seria que um réu pode assumir o cargo de presidente da república, mas esta ação ficará suspensa durante o seu mandato e, ao seu fim, voltará a correr – suspendendo-se também, durante esse período o curso da prescrição.

De onde vem, então, a força da ideia de impedir um "réu Presidente" ou mesmo um "réu candidato" – alternativa que, segundo os ministros, ainda estaria em aberto e precisaria ser debatida?

Essa tese exigiria que, por uma *analogia da analogia* imperfeita na ADPF 402, levantada como argumento em julgamento ainda não finalizado, fosse deixada de lado a regra expressa que regula a situação específica do presidente, e a partir do qual se fez a analogia inicial. A base do salto, portanto, é o julgamento inconcluso da tese

257 BOLDRINI, Angela; CARVALHO, Daniel; CASADO, Letícia; TUROLLO JR., Reynaldo. Por 6 a 3, plenário do STF mantém Renan na presidência do Senado. Folha de S. Paulo, 7 dez. 2016. Disponível em: <https://www1.folha.uol.com.br/poder/2016/12/1839371-plenario-do-stf-mantem-renan-na-presidencia-do-senado.shtml>. Acesso em: 12 fev. 2019.

controversa da ADPF 402. Note-se que o ministro Marco Aurélio, em especial, afirmou que a candidatura de Bolsonaro "gera insegurança" justamente por causa dos votos já proferidos na ADPF 402[258].

Se o leitor está com dificuldade de entender como chegamos até aqui, talvez seja porque o caminho não faz sentido mesmo. Ele começa ignorando o significado até hoje pacífico de uma regra constitucional expressa, e termina por restringir, por criação judicial, a elegibilidade à presidência em nível mais severo do que faria a própria Lei da Ficha Limpa.

Esse movimento lembra cena típica de antigos desenhos animados. Um personagem ignora a lei da gravidade para se alçar às alturas empilhando apenas duas caixas – removendo sucessivamente a de baixo para rapidamente colocá-la sobre a outra, ganhando assim altura em uma torre erguida sobre crescente vazio.

Da mesma forma, nesse caso, empilha-se analogia sobre analogia – e decisão em aberto sobre decisão em aberto – para alçar-se a uma interpretação construída sem qualquer apoio relevante no texto constitucional.

Há muitas incertezas em relação às próximas eleições. Mas, se há insegurança quanto a esta questão constitucional específica, ela existe apesar da Constituição, e não por causa dela. E a responsabilidade por isso é também, mais uma vez, dos ministros do Supremo.

---

258 TEIXEIRA, Matheus. Para Marco Aurélio, fato de Bolsonaro ser réu gera insegurança à candidatura. JOTA, 22 ago. 2018. Disponível em: <https://www.jota.info/eleicoes-2018/para-marco-aurelio-fato-de-bolsonaro-ser-reu-gera-inseguranca-a-candidatura-22082018>. Acesso em: 12 fev. 2019.

52

AS REDES TRIBAIS E AS NOTÍCIAS FALSAS VENCERAM A JUSTIÇA ELEITORAL

Felipe Recondo | Iago Bolivar
22 | 10 | 2018

TSE subestimou o desafio que teria pela frente com um misto de desconhecimento dos riscos e falta de informação.

Há exatamente um ano, o JOTA publicou um texto com uma pergunta aparentemente retórica cuja resposta já nos era evidente e que os fatos apenas escancararam: "TSE consegue fiscalizar políticos de mil faces nas redes?"[259].

A aposta – já segura naquele momento – era de que as redes sociais com todas as suas engrenagens – robôs, impulsionamento, *fake news*, velocidade e invisibilidade de rastros) driblariam a Justiça Eleitoral e transformariam a campanha eleitoral numa disputa cujas regras seriam de difícil aplicação.

Havia no Tribunal Superior Eleitoral (TSE) um misto de desconhecimento dos riscos potenciais e falta de informação segura para lidar com os novos instrumentos. As informações que a Justiça Eleitoral recebia vinham mais diretamente de Google e Facebook, ambos interessados nas novas possibilidades de negócios abertas pela nova lei eleitoral, que, por exemplo, abriu as portas para anúncios das campanhas nas redes.

Questionado depois da publicação do artigo, um membro do TSE nos disse que o WhatsApp não era um problema para as eleições deste ano. Afinal, já era possível fazer campanha por SMS nas outras eleições e não houve contratempos ou manipulações por causa disso.

---

259 BOLIVAR, Iago; RECONDO, Felipe. TSE consegue fiscalizar políticos de mil faces nas redes? JOTA, 28 out. 2017. Disponível em: <https://www.jota.info/opiniao-e-analise/artigos/tse-consegue-fiscalizar-politicos-de-mil-faces-nas-redes-28102017>. Acesso em: 12 fev. 2019.

Outro integrante simplesmente não sabia como era feito um impulsionamento de conteúdo pelas redes sociais. Nem tinha ideia do que fazer se um eleitor – empresário, por exemplo – impulsionasse por conta própria material a favor de um candidato. Como fiscalizar? Como provar? Como controlar?

E o então presidente do TSE, ministro Luiz Fux, avocou para o tribunal a tarefa de combater as fake news. Com a confiança de quem não sabia exatamente do que estava falando, aventou o uso da bomba atômica – a anulação das eleições – como mecanismo para combater as notícias falsas. Uma das lições do caso Dilma Rousseff é que não podemos contar com o TSE para isso.

Uma promessa vazia que, pela óbvia falta de resultados, só poderia terminar como terminou – levantando dúvidas sobre a efetividade da Justiça Eleitoral. O problema não era impedir a existência das fake news. Algo impossível. Mas o fundamental era regular o uso das redes sociais pelas campanhas para evitar os efeitos da disseminação de mentiras.

Quem acreditou em Fux pergunta-se hoje por que o TSE não foi capaz de impedir a disseminação de notícias falsas por diversas campanhas. Quem acredita que a Justiça Eleitoral é capaz, com seus parcos instrumentos, de proteger o eleitor de fake news, por exemplo, deveria repensar sua fé.

O que sobra deste processo?

Primeiro, o discurso de Fernando Haddad, candidato do PT, que já levou ao TSE o pedido de impugnação da candidatura de Jair Bolsonaro, do PSL. O resultado das urnas, projetam as pesquisas, será contundente, mas as suspeitas levantadas sobre manipulação do processo eleitoral servirá de discurso aos anti-Bolsonaro. E podem dar ensejo a um terceiro turno das eleições, em tribunais que podem ser vistos como corresponsáveis pelo problema.

Apenas a título de lembrança, quando encerrada a contagem dos votos em 2014, o candidato derrotado Aécio Neves acionou o TSE, pedindo a cassação da chapa Dilma-Temer. O então presidente do tribunal, Dias Toffoli, levantou a voz para dizer que não haveria terceiro turno. Mas houve, inclusive com seu beneplácito. O tribunal manteve sobre o governo Dilma Rousseff uma ameaça permanente. E há quem agora defenda – ou recomende – o mesmo estratagema: que o processo contra Bolsonaro por se beneficiar de um ainda não comprovado envio em massa de mensagens de WhatsApp de forma ilegal funcione como instrumento de pressão para que ande na linha. Seria uma espécie de realpolitik judicial – dar ao TSE os seus dias de "centrão".

> Se tiverem a solução para que se evitem ou se coíbam *fake news*, por favor nos apresentem, nós ainda não descobrimos o milagre.
> Rosa Weber, presidente do TSE

Depois, restará a confissão da atual presidente do TSE, ministra Rosa Weber, de que a Justiça Eleitoral ainda está aprendendo a lidar com as *fake news*. E, portanto, com as redes sociais, robôs etc. "Se tiverem a solução para que se evitem ou se coíbam *fake news*, por favor nos apresentem, nós ainda não descobrimos o milagre", ela disse.

Enquanto o ministro do tribunal, Luís Felipe Salomão mandava tirar do ar propagandas de rádio e TV razoáveis ou irrazoáveis, como a que relacionava Bolsonaro e tortura – usando frases realmente ditas no passado a favor da tortura e tratando como herói nacional um militar responsável por torturas e mortes na ditadura –, a realidade acontecia ao largo dos gabinetes do TSE.

Se o tribunal não sabia como lidar com isso, por que permaneceu inerte? Por que assistiu passivamente à tramitação da legislação no Congresso que permitia o impulsionamento de campanha nas redes sociais sem alertar para os problemas potenciais? Ou por que não fechou as brechas via resolução?

Perguntas como estas servem como provocação para o futuro, para rediscussão das campanhas eleitorais, aperfeiçoamento do sistema e debate a frio do uso das redes sociais no processo. As regras aprovadas pelo Congresso ajudaram a criar o cenário para estas eleições de apenas 45 dias de campanha em que as mentiras espalhadas pela internet têm, às vésperas do segundo turno, mais importância que as propostas ainda desconhecidas do candidato que sairá vencedor.

Também ajudaram a compor o quadro a disseminação do WhatsApp como ferramenta ubíqua de comunicação entre os brasileiros, em parte permitida pelos planos de dados que limitam a web, mas dão acesso ilimitado a mensagens e redes. Dentro dos grupos do WhatsApp, seja da família ou da escola, vale menos a pequena bio do autor, seus títulos e validações profissionais, e mais seus laços microssociais (tio, irmão, colega) em um ambiente que dá um bônus para quem fala mais alto, com mais veemência. Nessas "redes tribais", os moderados tendem a se manifestar no início, mas depois a desistir em nome dos laços de intimidade ou sob o peso da contundência semiprogramada dos memes e das notícias falsas. Nesse contexto, as razões políticas para o resultado que se avizinha são mais decisivas do que mensagens em massa – via caixa 2 ou caixa paralelo.

Sobre estes últimos aspectos, trataremos em um próximo artigo, já com o novo presidente eleito. Uma última observação é o momento em que todas estas discussões estão sendo feitas. Nos Estados Unidos, o choque veio no momento da apuração, da qual Donald Trump emergiu como o vencedor improvável. Aqui, a surpresa é notícia velha, já prefigurada nas pesquisas e no espanto cada vez mais visível das autoridades eleitorais.

53

NAS UNIVERSIDADES, (NEM) TUDO PODE SER DITO

Rachel Herdy
04 | 12 | 2018

Liberdade acadêmica – ou liberdade de cátedra – é a mesma coisa que liberdade de expressão?

"Universidades são espaços de liberdade" – escreveu a ministra Cármen Lúcia, às vésperas da eleição passada, ao votar pela suspensão das decisões de juízes eleitorais autorizando ingresso de policiais em universidades (ADPF 458).[260] A justiça eleitoral havia determinado a busca e apreensão de materiais que configurassem "propaganda eleitoral"; a interrupção de aulas, palestras, debates ou eventos similares que constituíssem "apreço ou reprovação" a candidatos das eleições de 2018; e, ainda, a inquirição de docentes, discentes e outros cidadãos que estivessem "em local definido como universidade pública ou privada". O voto da ministra foi referendado por unanimidade no Plenário do Supremo Tribunal Federal, em julgamento aplaudido pela imprensa e pelos acadêmicos.

O caso julgado pelo Supremo parecia relativamente fácil – eram cartazes e debates contra o fascismo, a tortura e a ditadura. As mensagens não negavam fatos ou teorias geralmente aceitas, não constituíam discurso de ódio ou violação dos interesses das minorias e estavam em perfeito acordo com os ideais da própria Constituição Federal. Essas características em parte explicam a unanimidade da decisão.

Mas tudo indica que situações mais difíceis estão por vir. Esta semana, foi adiado o julgamento das Ações Diretas de Inconstitucionalidade

260 CARNEIRO, Luiz Orlando; TEIXEIRA, Matheus. STF confirma liminar e faz defesa da liberdade de expressão e autonomia universitária. JOTA, 31 out. 2018. Disponível em: <https://www.jota.info/eleicoes-2018/stf-liminar-defesa-enfatica-autonomia-universitaria-31102018>. Acesso em: 12 fev. 2019.

5537, 6038 e 5580[261], que questionam o Programa Escola Livre instituído pela Lei 7.800/2016 do Estado de Alagoas. O principal objetivo deste Programa, que representa o equivalente estadual do controvertido Projeto de Lei 7.180/2014**262** (Escola Sem Partido), é vedar a "doutrinação política e ideológica" em sala de aula. Segundo o relator do caso, ministro Roberto Barroso, a Lei 7.800/2016 é integralmente inconstitucional.

Para além dos vícios formais, Barroso argumenta que a Lei 7.800/2016 é materialmente inconstitucional porque a suposta "neutralidade política e ideológica" que se busca alcançar é questionável e – talvez mais importante do que isso – incompatível com os deveres ético-profissionais do professor. Espera-se que um professor ensine as teorias que são geralmente aceitas como verdadeiras na comunidade científica, independentemente de seu valor político. Critérios epistêmicos, e não políticos, devem orientar a formação dos conteúdos ensinados em sala de aula.

Ao deferir a liminar, Barroso tocou num ponto importante: "Não se pretende, com as considerações acima, afirmar que, em nome da liberdade de ensinar, toda e qualquer conduta é permitida ao professor em sala de aula." Segundo o ministro, a liberdade acadêmica deve pautar-se por standards profissionais específicos a cada disciplina, e apresenta limites distintos quando comparada à liberdade de expressão.

O que teriam dito os ministros, no julgamento da ADPF 458, se os cartazes e as aulas contestassem a ocorrência de eventos históricos, como o holocausto ou o golpe militar brasileiro no ano de 1964? E se, ao invés da realização de aulas sobre fascismo, tortura e ditadura militar, fossem ensinadas algumas das teorias em voga que propõem uma explicação criacionista para a vida, um modelo plano para o planeta Terra, uma base científica para a homeopatia, uma

---

261 REDAÇÃO. Ações contra indulto natalino e Escola Livre estão na pauta do STF desta quarta-feira (28). Notícias STF, 27 nov. 2018. Disponível em: <http://www.stf.jus.br/portal/cms/verNoticiaDetalhe.asp?idConteudo=396799>. Acesso em: 12 fev. 2019.

262 O Projeto de Lei está disponível em: CÂMARA DOS DEUOTADRES. PROJETO DE LEI N° , DE 2014 (Do Sr. ERIVELTON SANTANA). Disponível em: <https://www.camara.leg.br/proposicoesWeb/prop_mostrarintegra;jsessionid=83576FC8EFBF300907C7FE6A2D0EDE61.proposicoesWebExterno2?codteor=1230836&filename=PL+7180/2014>. Acesso em: 12 fev. 2019.

correlação entre vacinas e autismo ou a tese de que o aquecimento global antropogênico é uma grande fraude? Para Cármen Lúcia, "o pluralismo de ideias está na base da autonomia universitária". Mas será que os princípios da liberdade de cátedra e da autonomia universitária exigem uma tolerância a todo e qualquer tipo de discurso no ambiente acadêmico?

Essas controvérsias não estão tão distantes da nossa realidade. A negação do holocausto foi objeto de apreciação no "caso Ellwanger", em 2003. Por maioria, o Supremo negou HC ao escritor e editor de livros, Siegfried Ellwanger, por crime de racismo. Vencido na época, o ministro Marco Aurélio reiterou há poucos meses seu posicionamento generoso quanto ao discurso de ódio, quando relatou e rejeitou a denúncia de racismo contra o então parlamentar Jair Bolsonaro.[263] "Em direito penal, condutas passíveis de censura no plano moral são insuficientes para que se caracterize o crime. Sociedade livre e plural se constrói com diversas correntes de ideias e pensamentos", disse o ministro.

Por sua vez, teorias que questionam a ditadura militar e a própria teoria da evolução foram levantadas recentemente pelo General Aléssio Ribeiro Souto, nome da área de Educação do futuro Presidente Bolsonaro. Em entrevista, o General afirmou que "[a] questão toda é que muito da escola na atualidade está voltada para a orientação ideológica, tenta convencer de aspectos políticos e até religiosos. Houve Darwin? Houve, temos de conhecê-lo. Não é para concordar, tem de saber que existiu".

Nesse contexto, a distinção que Barroso traçou parece ser fundamental. Liberdade acadêmica – ou liberdade de cátedra, como se costuma dizer em referência ao artigo 206, II da Constituição Federal – não é a mesma coisa que liberdade de expressão. A liberdade acadêmica é, ao mesmo tempo, "mais exigente e mais limitadora do que as normas de liberdade de expressão" – é o que também sugere Sigal Ben-Porath, em seu recente livro Free Speech on Campus (2017).

Por um lado, a autonomia intelectual de professores contra pressões de toda sorte é um dos objetivos cobertos pela liberdade acadêmica. Ela inclui ainda a autonomia didático-científica das universidades e

263 CARNEIRO, Luiz Orlando; TEIXEIRA, Matheus. 1ª Turma do STF rejeita denúncia por racismo contra Jair Bolsonaro. JOTA, 11 set. 2018. Disponível em: <https://www.jota.info/stf/do-supremo/stf-absolve-bolsonaro-do-crime-de-racismo-11092018>. Acesso em: 12 fev. 2019.

a estabilidade do professor – uma marca do ofício do professor universitário nas melhores instituições de ensino superior do mundo. Professores devem poder criticar os seus superiores e pesquisar temas impopulares; e instituições de ensino não devem sofrer interferência externa política ou de outro tipo. Nesses termos, a liberdade acadêmica parece ir além quando comparada com a liberdade de expressão de outros profissionais e instituições.

Mas, por outro lado, ela inclui limitações específicas, de caráter ético-profissional. O professor não é absolutamente livre para ensinar o que bem entender; e pesquisadores sujeitam-se a um procedimento de revisão por pares que pode inviabilizar a divulgação de suas ideias. Sob este segundo aspecto, a liberdade acadêmica parece restringir mais a circulação do pensamento do que a liberdade de expressão.

Evidentemente, isso não significa que esses limites possam ser aplicados por juízes ou policiais. Professores e pesquisadores jamais deveriam sofrer qualquer tipo de interrupção em suas atividades profissionais por autoridades judiciais ou policiais. Este é um assunto interno que diz respeito à autonomia e gestão democrática da universidade.

A ideia de que a liberdade acadêmica deve pautar-se por *standards* profissionais específicos – e que, portanto, nem tudo pode ser dito nas universidades – inspira-se na suposição de que o respeito à verdade é um valor prioritário das atividades de ensino e pesquisa. Mas alguém poderia dizer que também parece razoável acreditar que esses ambientes estão mais bem preparados para lidar com falsidades e mentiras. Talvez as universidades sejam mesmo o melhor cenário para se testar o argumento de John Stuart Mill – em *Sobre a liberdade* – a favor de um livre-mercado de ideias – afinal de contas, professores estão prontos para debater racionalmente quaisquer desafios intelectuais, e pesquisadores admitem a falibilidade de suas hipóteses. Talvez não.

ARTICULISTAS

BRUNO LEANDRO PALHARES PEREZ Associado de Veirano Advogados.

CAROLINA HABER Mestre e Doutora em Direito pela Universidade de São Paulo (USP). Diretora de pesquisa da Defensoria Pública do Rio de Janeiro e professora de Direito Penal.

CLARA IGLESIAS KELLER Pesquisadora visitante no Alexander von Humboldt Institute for Internet and Society (Berlim), Doutoranda e Mestre em Direito Público pela Universidade do Estado do Rio de Janeiro (UERJ) e Mestre em Direito da TI, Mídia e Comunicações (LL.M) pela London School of Economics and Political Science.

DIEGO WERNECK ARGUELHES Professor Associado do Instituto de Ensino e Pesquisa (Insper). Foi professor adjunto (2011-2019) da Fundação Getulio Vargas do Rio de Janeiro (FGV Direito Rio). Doutor e Mestre em Direito (LL.M.) pela Universidade Yale, EUA, e Mestre em Direito Público pela Universidade do Estado do Rio de Janeiro (UERJ).

DIMITRI DIMOULIS Mestre em Direito público pela Universidade de Paris-I (Panthéon-Sorbonne), Doutor em Direito pela Universidade de Saarland, Professor da Fundação Getulio Vargas de São Paulo (FGV Direito SP) e Presidente do Instituto Brasileiro de Estudos Constitucionais.

EVANDRO PROENÇA SUSSEKIND LL.M. Candidate na Harvard Law School, Mestre em Ciência Política pelo Instituto de Estudos Sociais e Políticos (IESP) da Universidade do Estado do Rio de Janeiro (UERJ) e Bacharel em Direito pela Fundação Getulio Vargas do Rio de Janeiro (FGV Direito Rio).

FELIPE RECONDO Sócio-fundador do JOTA. Jornalista formado pela Universidade de Brasília (UNB). Autor de *Tanques e Togas: o STF e a ditadura militar* e *Os Onze: O STF, seus bastidores e suas crises*, ambos pela Companhia das Letras. Recebeu o Prêmio Esso de Jornalismo em 2012.

FERNANDO LEAL Doutor em Direito pela Christian-Albrechts Universität zu Kiel. Doutor e Mestre em Direito Público pela Universidade do Estado do Rio de Janeiro (UERJ). Professor da Fundação Getulio Vargas do Rio de Janeiro (FGV Direito Rio).

GUSTAVO BAMBINI Mestre e Doutor em Direito do Estado pela Universidade de São Paulo (USP), onde também é Professor Doutor. Foi Secretário Parlamentar do Senado Federal e assessor de Ministro do STF.

IAGO BOLIVAR Jornalista e Consultor Digital.

IGOR SUZANO MACHADO Professor do Departamento de Ciências Sociais da Universidade Federal do Espírito Santo (UFES).

JOAQUIM FALCÃO Membro da Academia Brasileira de Letras (ABL). Professor titular de Direito Constitucional da Fundação Getulio Vargas (FGV Direito Rio). É Mestre em Direito (LL.M.) pela Universidade Harvard, e Mestre e Doutor em Educação pela Universidade de Genebra. Foi membro do Conselho Nacional de Justiça (2005 – 2008) e Diretor da FGV Direito Rio (2002-2017).

JULIA WAND-DEL-REY CANI Mestre em Direito pela Faculdade Nacional de Direito pela Universidade Federal do Rio de Janeiro (UFRJ).

JULIANA CESARIO ALVIM Doutora e Mestre em Direito Público pela Universidade do Estado do Rio de Janeiro (UERJ), Master of Laws (LL.M) pela Yale University (EUA).

LIGIA FABRIS CAMPOS Doutoranda em Direito na Universidade Humboldt de Berlim (Alemanha), Mestre em Direito pela Pontifícia Universidade Católica do Rio de Janeiro (PUC – Rio) e professora da Fundação Getulio Vargas do Rio de Janeiro (FGV Direito Rio).

LUIZ FERNANDO GOMES ESTEVES Doutorando em Direito do Estado na Universidade de São Paulo (USP). Mestre em Direito Público pela Universidade do Estado do Rio de Janeiro (UERJ) e professor de Direito no Centro Federal de Educação Tecnológica do Rio DE Janeiro (CEFET – RJ), no campus Valença.

LUIZ GUILHERME MORAES REGO MIGLIORA Especialista pela Harvard Law School. Bacharel em Direito pela Universidade do Estado do de Janeiro (UERJ). Professor da Fundação Getulio Vargas (FGV Direito Rio). Sócio de Veirano Advogados.

MIGUEL GUALANO DE GODOY Membro do Centro de Estudos da Constituição (CCONS/UFPR). Mestre e Doutor em Direito Constitucional pela Universidade Federal do Paraná (UFPR). Pós-doutorando pela Faculdade de Direito da Universidade de São Paulo (USP). Autor dos livros: *Devolver a Constituição ao Povo: crítica à supremacia judicial e diálogos institucionais* (Ed. Fórum, 2017); *Caso Marbury v. Madison: uma leitura crítica* (Ed. Juruá, 2017); *Constitucionalismo e Democracia: uma leitura a partir de Carlos Santiago Nino e Roberto Gargarella* (Ed. Saraiva, 2012). Ex-assessor de Ministro do STF. Advogado.

RACHEL HERDY Doutora em Sociologia pela Universidade do Estado do Rio de Janeiro (UERJ) e Mestre em Teoria do Estado e Direito Constitucional pela Pontifícia Universidade Católica do Rio de Janeiro (PUC – RJ). Professora da Faculdade Nacional de Direito da Universidade Federal do Rio de Janeiro (UFRJ).

RENAN MEDEIROS DE OLIVEIRA Mestrando em Direito Público e Bacharel em Direito pela Universidade do Estado do Rio de Janeiro (UERJ).

SILVANA BATINI Doutora em Direito Público e Mestre em Teoria do Estado e Direito Constitucional pela Pontifícia Universidade Católica (PUC – RJ). Procuradora Regional da República e professora da Fundação Getulio Vargas (FGV Direito Rio).

SORAYA LUNARDI Doutora em Direito pela Pontifícia Universidade Católica de São Paulo (PUC – SP), Pós-doutorado pela Universidade Politécnica de Atenas. Professora dos cursos de graduação e mestrado da Universidade Estadual Paulista (UNESP). Avaliadora do Sistema Nacional de Avaliação da Educação Superior (Sinaes).

THIAGO BOTTINO Pós-Doutor pela Columbia Law School. Doutor e Mestre em Direito pela Pontifícia Universidade Católica do Rio de Janeiro (PUC-Rio). Bacharel em Direito pela Universidade Federal do Estado do Rio de Janeiro (Uni-Rio). Professor da Fundação Getulio Vargas do Rio de Janeiro (FGV Direito Rio).

THOMAZ PEREIRA Professor pesquisador da Fundação Getulio Vargas (FGV Direito Rio). Doutorando e Mestre em Direito (LL.M.) pela Universidade Yale, EUA, e Mestre em Direito Processual Civil pela Universidade de São Paulo (USP) e em Direito Empresarial pela Pontifícia Universidade Católica de São Paulo (PUC-SP).

FSC
www.fsc.org
MISTO
Papel | Apoiando uma gestão florestal responsável
FSC® C092828

2023
CARBON
NEUTRAL
SAVE
cerrado

Grupo
Editorial
LETRAMENTO